쉬바파Śaiva 일원론의 연구

— 재인식론Pratyabhijñā을 중심으로 —

쉬바파Śaiva 일원론의 연구

2013년 4월 10일 초판 1쇄 인쇄
2013년 4월 20일 초판 1쇄 발행

지은이 심준보
펴낸이 정창진
펴낸곳 도서출판 여래
출판등록 제2011-81호(1988.4.8)
주소 서울시 관악구 행운2길 52 칠성빌딩 5층
전화번호 (02)871-0213
전송 (02)885-6803

ISBN 89-85102-44-3 03270
Email yoerai@hanmail.net

값은 뒤표지에 있습니다.

ㅐ 동양철학 시리즈

쉬바파Śaiva 일원론의 연구

재인식론Pratyabhijñā을 중심으로

심준보 지음

여래

| 머리말 |

이 책은 3년 전에 쓴 필자의 박사논문이다. 원래는 대중적인 새로운 책을 쓰려 했으나 뜻을 이루지 못하였다. 이미 학위논문이 나왔는데 단행본 형태로 다시 나온다고 무슨 의미가 있겠나하는 생각이 없지 않았지만, 그럼에도 나름의 의미를 부여한 이유는 함께 공부하는 이들 때문이었다.

올해 원광대 동양학 대학원에 출강하며 『쉬바경*Śivasūtra*』과 쉬바교를 강의할 소중한 기회가 있었다. 소수이지만 쉬바교의 교설과 수행에 관심 있는 분들이 있다는 것을 알게 되었고, 그런 분들에게 박사논문보다는 단행본 형태가 좀 더 접하기 쉬울 것이라는 필요성을 인지하였다. 마침 여래출판사의 정창진 사장님의 적극적인 권유와 지지로 이 책이 출간되었다. 앞으로 대중적이면서도 내용을 갖춘 쉬바교 개설서를 쓰겠다는 약속으로 미안한 마음을 스스로와 독자들께 대신한다.

원래 이 주제로 박사논문을 구상하게 된 건 하타요가의 역사적 기원과 그 철학적 핵심에 대한 관심에서였다. 실천수행에 관심이 많았던 필자는 지난 20년 가까이 하타요가 수련장 근처를 배회해왔는데, 그러다 보니 하타요가의 기본서로 알려진 『하타[요가]의 등불*Haṭha(yoga)pradīpikā*』을 읽을 기회가 있었다. 인도 비하르Bihar요가센터에서 출판된 묵타보드하난다Muktabodhananda의 4권본 『하타[요가]의 등불』의 대중적 해설서를 번역하며 읽었는데, 4장의 철학 부분은 도통 이해하기가 어려웠다. 뭔가 탄트라적인 내용인 것 같은데 그 철학이 구체적으로 어떤 갈래에서 파생되어 나온 것인지 알 수 없었다. 그러다 보니 탄트라라는 용어도 학문적으로는 사실상 정의되지 않은 개념이라는 것을 알게 되었다. 또한 하타요가 수행자들에게 익히 알려진 6+1의 차크라 체계, 쿤달리니의 개념과 다른 다양한 차크라 체계와 쿤달리니 개념들이 있다는 것을 비로소 알게 되었다.

하타요가의 근간을 이루는 이런 개념들의 시초는 아직 모르겠지만, 여하간 하타요가는 쉬바파의 수행과 사상에 밀접한 관련을 가지고 있다는 것을 알게 되면서 관심은 자연히 쉬바파들에게 집중되었다. 그런데 쉬바파 내에서도 매우 다양한 유파들이 존재해 이들의 갈래를 나누는 작업이 꾸준히 학계에서 진행되어 왔고, 현 옥스퍼드의 교수 산더슨A. Sanderson의 논문인 「쉬바교와 탄트라의 전통들Śaivism and the Tantric Traditions」이 발표된 1980년대 후반에 들어서야 대략적이나마 쉬바교 제 파들의 갈래가 분명해졌다.

일반적으로 쉬바교는 인도 선주민들의 루드라신앙 전통에서 시작하여 베다적 가치를 인정하는 푸라나적 쉬바교, 그리고 베다적 가치보다는 쉬바교 자체의 교리를 중시하는 비푸라나적 쉬바교로 대별된다. 베다적 가치를 인정한다는 것은 인도의 전통적 사회체계 내에 존재한다는 것을 의미한다. 반면 비푸라나적 쉬바교의 많은 유파들은 고행자, 포기자의 비사회적 전통을 가진다.

그래서 산더슨은 그들을 격외의 길Ati-mārga이라고 지칭한다. 여기에는 파슈파타Pāśupata, 라쿨라Lākula 등의 쉬바파가 속한다. 이들은 뒤에 샤이바싯단타Śaivasiddhānta, 링가야타Liṅgāyata의 유파를 발생시키게 된다. 그런데 이들은 이원론적 입장을 표명하고 있다. 쉬바를 박티의 대상으로 신앙하며 의례를 행하며 수행하였다.

이들의 사상을 의례를 통한 수행을 중심으로 이원론 철학과 의례체계를 확립한 것이 샤이바싯단타이다. 샤이바싯단타는 이원론적 입장에 서 있지만 기존의 격외의 길에 속한 수행자들과는 다르게 주로 재가의 브라만 학자였다. 그래서 이들은 격외의 길이 아니고 만트라의 길Mantra-mārga로 지칭된다. 이 만트라의 길에는 일원론적인 사고를 가진 쉬바파의 유파들이 주종을 이룬다.

사실 이들을 일원론, 이원론으로 나누기보다는 일원론적으로 해석할 여지가 많은 유파들이었다고 하는 편이 정확할 것이다. 왜냐하면 이 유파들에 속한 경전들을 샤이바싯단타의 학자들이 이원론적으로 주석한 경우도 있기 때문이다.

여하간 이에 속한 쉬바교의 유파들이 카팔리카Kāpālika, 쿨라Kula 등이다. 이들은 기존의 파슈파타나 라쿨라보다도 더욱 비베다적인 의례를 행했다. 예를 들면 라쿨라의 경우 의례에서 술이나 고기를 공물로 올리지만 소위 의례적 성교는 나타나지 않는데, 이들의 경우는 의례적 성교까지도 행하였던 것이다. 그런데 쿨라로 불리는 유파들은 원래 쉬바를 신앙한다기보다는 여성력Śakti을 상징하는 여신들을 신앙하는 유파들Śakta이다. 이 여신들은 점차 쉬바의 일면인 여성력을 대변하는 쉬바의 배우자로 여겨지게 된다. 그래서 이들은 나중에 사상적으로 분간하기가 어려운 상태가 되어 파더A. Padoux같은 학자는 이들을 총칭하여 샥티적 쉬바교Śaktaśaiva라고 지칭한다.

현재 전통이 끊어진 이 유파들을 구체적으로 분류하긴 어렵지만, 이들이 산출해낸 일군의 문헌들을 브하이라바탄트라Bhairavatantra, 혹은 Bhairavāgama라고 부르고, 이것이 쉬바교 일원론의 일차적인 원천을 이룬다. 9세기 이후 인도 카쉬미르의 일단의 브라만 학자들은 이 문헌들에 일원론적인 철학적 주석을 붙여 일원론적 쉬바교를 선양하였는데, 10~11세기 카쉬미르 지역의 브라만 학자였던 아비나바굽타Abhinavagupta와 그의 제자 크세마라자Kṣemarāja에 의해 쉬바교 일원론의 탄트라 사상이 철학적인 체계로 완성되었다.

인도 고대철학은 절대(Brahma, Puruṣa 등)와 현상(Māyā, Prakṛti 등)을 나누고 절대에 가치적 우위를 두면서 일원론적인 관점을 주장하였다. 이에 비해 쉬바교 일원론은 절대Śiva와 현상Śakti을 단일한 것의 두 형태로 보고 절대의 본질을 샥티의 활동성에 두었다. 그래서 산더슨은 브하이라바탄트라에서 샥티의 상징인 여신의 위치가 의례에서 차지하는 중요도의 정도에 따라 문헌의 좌도적인 극단성과 일원론적 입장이 점점 강해지는 것으로 분류하고 쉬바교 일원론의 유파들을 세분하였다.

브하이라바탄트라에 나오는 다양한 탄트라 사상들을 종합한 학자가 10세기의 아비나바굽타이다. 그는 종교의 측면에서는 탄트라 유파들 중 특히 크라마Krama, 칼리Kalī, 트리카Trika의 사상을, 철학적인 측면에서는 재인식론Pratyabhijña, 진동설Spanda, 탄트라적 쉬바파 이원론 사상들(샤이바싯단타, 파슈파타, 라쿨라 등)을 종합하여 탄트라의 체계를 확립한 『탄트라의 광명*Tantāloka*』을 저술하였다.

그의 사상은 트리카의 체계를 기반으로 의례와 수행을 포괄하고, 철학적 내용은 주로 재인식론의 관점을 통해 설명하고 있는데, 방대한 저술과 학식, 수행을 볼 때 불교의 용수나 베단타의 샹카라에 비견할 수 있는 탄트라의 학자요, 수행자이다. 그가 주로 쉬바파 탄트라를 일원론적으로 해설하고 체계화하는데 주안을 두었다면, 이의 선양을 위해 노력한 학자가 그의 상수제자인 크세마라자이다. 아비나바굽타와 크세마라자의 활동을 통해 샤이바싯단타가 득세하던 카쉬미르 지역은 11세기 이후 쉬바교에 대한 일원론적 해석이 힘을 얻게 되었다.

본 연구는 전반부에서 쉬바교의 역사와 문헌에 대한 내용을 주로 다루고, 후반부에는 크세마라자의 저작인 『재인식의 정수*Pratyabhijñā-hṛdayam*』의 내용을 해설한 것이다. 이를 통해 쉬바교의 역사적 흐름을 이해하고, 특히 쉬바교 일원론 철학의 핵심인 재인식론을 설명하여 쉬바교 일원론 철학의 특징을 파악하려했다. 이를 통해 탄트라의 다양한 사상과 의례들, 특히 하타요가의 철학적인 이해를 위한 기초가 무엇인지를 이해하려 하였다.

본 연구는 쉬바교의 역사와 재인식론 철학을 다룬 것으로서, 이것과 하타요가의 관계는 또 다른 연구가 필요하다. 그리고 쿤달리니, 차크라 등 하타요가의 소위 신비생리학적 개념의 이해를 위해서는 쉬바교 일원론의 원천인 브하이라바탄트라의 더 많은 연구가 필요하다. 또 하타요가를 사상적으로 이해하려면 브하이라바탄트라를 철학적으로 정리한 아비나바굽타의 쉬바교 일원론에 대한 연구가 필수적인 것이다. 하타요가의 신비생리학, 역사적 기원의 연구자로는 화이트D. G. White나 말린슨J. Mallinson같은 학자들이 있는데, 이들의 연구 동향이나 결과는 향후 연구를 통해 발표해보려 한다. 쉬바교 일원론, 브하이라바탄트라, 하타요가의 역사와 사상 등은 구미학계에서도 각광받는 분야이니 향후 뛰어난 연구결과가 계속될 것으로 본다. 또 불교유식의 이론이나 선종의 수행론과 연관하여 연구될 가치가 있다. 이런 비교연구는 불교의 인식론이나 수행론을 새롭게 조망해볼 기회를 줄 것이다.

이 책을 출간하면서 감사드리고 싶은 분들이 있다. 먼저 정승석 교수님, 이태영 박사님, 혜봉 오원칠 선생님이다. 필자의 지도교수이자 본 연구를 지도해주신 정승석 교수님의 학자적 성실함과 따뜻함은 학문을 넘어서 삶의 자세에까지 큰 영향을 주셨다. 하타요가의 길에 이끌어주신 존경하는 이태영 박사님, 그리고 수행의 의미를 체험하게 해주신 혜봉 오원칠 선생님께 깊이 감사드린다.

또 탄트라의 실제적 측면을 깨우쳐주셔서, 본 연구의 직접 계기를 만들어 주신 안승준 선배께 깊이 감사드린다. 늘 관심 가져 주시는 이지수 교수님, 김호성 교수님, 허남결 교수님, 문을식 박사님, 차차석 교수님, 박상준 형님, 남수영 박사님, 임승택 교수님, 황순일 교수님과 다른 많은 교수님과 선배님들에게도 감사드린다. 늘 토론하면서 탁마해주는 김재민 박사와 일어 번역과 논문 편집을 통해 물심양면 도움을 주었던 양영순 후배를 포함한 동학후배들에게 깊이 감사드린다.

일선에서 요가를 지도하며 늘 관심가지고 격려해주시는 신석규 (전)회장님과 김성홍 회장님을 비롯한 한국요가연합회 회원님들과 젊은 날 같이 하타요가를 수련하던 한국요가연수원 도반들께 감사드린다. 쉬바교 일원론을 강의할 소중한 자리를 마련해주신 원광대 동양학 대학원의 김순금 교수님과 학생들께 감사드린다.

울산의 부모님과 친지들, 장모님께 감사드린다. 특히 여동생 은주와 그 가족들이 행복하길 기원한다. 아내인 강명희 박사에게 깊이 감사드린다. 더 깊은 연구와 성실한 삶의 자세만이 그녀에게 감사의 표시가 될 것이다. 사랑하는 귀여운 아들 영세가 앞으로도 착하고 티없이 커주길 바란다. 비록 전공과 생활의 길은 다르지만 깊은 철학적 사변으로 토론해주었던 이 시대의 선비인 김덕규를 비롯한 고향친구들과 형제와 같은 벗 성완, 경석, 태원에게 고마움을 전한다.

마지막으로 요가출판계의 대보살이신 여래출판사의 정창진 사장님께 깊이 감사드린다. 베단타와 하타요가 연구자인 박영길 박사의 말처럼 여래출판사에서 요가책을 내는 것은 무한한 영광이다. 여래출판사가 향후 한국요가의 출판 메카가 되리라 믿어 의심치 않는다.

2012년 12월

저자 심 준 보

차례

contents

【머리말】_4

서론_17

1. 연구의 목적_17
2. 연구의 방법과 범위_21

제1장 쉬바교의 연원_27

1. 쉬바교의 개념과 범주_27
2. 쉬바교의 문헌_33
3. 쉬바교의 연원_44
   1) 모헨조다로의 파슈파티 인장印章과 쉬바_45
   2) 베다의 루드라—쉬바_46
   3) 우파니샤드와 루드라—쉬바_53
   4) 마하바라타와 루드라—쉬바_55

제2장 쉬바교의 분파적 전개_61

1. 격외의 길_68
   1) 파슈파타_68
   2) 라쿨라_71
   3) 칼라무카와 링가야타_74
2. 만트라의 길_78
   1) 이원론적 전통 — 샤이바싯단타_81

2) 일원론적 전통 — 카팔리카_92
(1) 만트라피타_95
(2) 비드야피타_99
(가) 요기니신앙_101
(나) 야말라탄트라_103
(다) 트리카탄트라_105
(라) 칼리탄트라_108

제3장 쉬바파 일원론의 대성大成_113
1. 카쉬미르의 쉬바파 이원론과 일원론의 대립_113
2. 카쉬미르 쉬바파 일원론의 발전_119
1) 쿨라의 개혁_119
2) 크라마와 트리카의 사상적 발전_124
(1) 크라마_124
(2) 트리카_131
3) 진동설과 재인식론_135
3. 아비나바굽타의 트리카의 대성大成_140

제4장 재인식론의 개념과 전승_147
1. 재인식의 개념_147
1) 인도 지식론에서의 일반적 의미_147
2) 재인식론에서의 개념과 특징_151
2. 재인식론의 전개_154
1) 재인식론의 전설적 전통_156
2) 쉬바수트라_157
3) 소마난다_159

4) 웃팔라데바_162
5) 아비나바굽타_164
6) 크세마라자_167

제5장 재인식론의 사상_171
1. 궁극적 실재로서 의식_175
1) 절대자유_176
2) 재인식론의 일원론_181
3) 의식의 두 성질_185
(1) 프라카샤_188
(2) 비마르샤_193
2. 우주론_196
1) 36원리설_198
(1) 순수전개원리_201
(2) 6종의 덮개_209
2) 7종의 주관론_212
3. 속박론과 해탈론_215
1) 속박론_215
(1) 개체와 절대의 동일성_216
(2) 응축saṃkoca의 발생_219
(가) 染汚mala_220
(나) 5종 행위의 근원에 대한 무지無知_225
2) 해탈론_242
4. 수행론_245
1) 쉬바파 일원론의 일반적 수행론_245
(1) 무방편_248

(2) 신적인 방편_250
(3) 힘의 방편_252
(4) 개체적 방편_257
2) *PH*에 나타난 재인식론의 수행론—261
(1) 분별의 해소_262
(2) 힘의 응축과 팽창_263
(3) 입출식入出息의 멈춤_268
(4) 시종점始終点의 관찰_269
(5) 여타의 수행법들_270
(6) 『재인신의 정수』에 나타난 수행론의 의의_274

제6장 재인식론의 종교철학적 의의_279
1. 상키야 이원론과 샹카라베단타 일원론의 극복—281
2. 샤이바싯단타 의례주의와 이원론적 인간관의 극복—288
3. 탄트라의 대표적 형이상학 체계로서의 재인식론—292

결론_301

【부록 : 『재인신의 정수』 과단】_309
【약호 및 참고문헌】_314
【색인】_324

서론

서 론

1. 연구의 목적

본 연구는 하타요가의 탄트라[1]적 기원, 특히 사상적 기원에 대한 관심에서 시작되었다. 그런데 이것은 특히 카팔리카Kāpālika, 이하 捉髏派[2]로 불리는 쉬바신을 신앙하던 일단의 고행자들과 관련을 가진 것을 알게 되었다. 이들의 의례와 사상을 알 수 있는 것은 브하이라바탄트라Bhairavatantra로 알려진 문헌들이다. 이 문헌들 사이의 상관관계는 1980년대 말까지도 잘 알려지지 않았다. 이것은 카팔리카를 이루는 여러 집단들의 상관관계 역시 1980년대 말까지는 불명료했다는 것을 의미한다.

1) 이 책에서는 탄트라는 용어를 다양하게 사용하고 있다. 예를 들어 탄트라의 조류, 탄트라 의례, 탄트라의 형이상학, 탄트라적 쉬바파, 탄트라 문헌 등이다. 현재 학계의 사정으로는 정확히 정의할 수 없는 용어이지만, 서술의 편의를 위해 잠정적으로 사용한다. 이 용어와 관련된 문제와 본서에서 정의하는 이 용어의 개념은 뒤에서 언급한다.

2) 많은 자료들에서 카팔리카捉髏派는 大誓者Mahāvratin, 해골을 들고 다니는 자Kapālin, Somasiddhāntin, Tantrika 등으로 표기된다. Lorenzen(1991), p. 82 참조.

이런 의문점은 카팔리카는 아니지만, 역시 쉬바를 신앙하며 고행하던 파슈파타Pāśupata, 獸主派와 그 지파들에 대한 관심으로 확대되었다. 그래서 본서는 다양한 쉬바파들의 갈래를 정리하고, 그들 사이의 상관관계를 이해하는 데 일차적으로 주목하게 되었다.

그런데 또 한편의 관심은 카팔리카를 이루는 다양한 쉬바파 집단들을 하나로 묶는 이념의 규명이었다. 본래의 연구 동기는 하타요가의 사상적 기원을, 특히 탄트라적 측면의 기원을 연구하는 것이었기 때문이다.

카팔리카의 의례와 사상은 11세기 카쉬미르의 탄트라 수행자이며 대학자인 아비나바굽타Abhinavagupta에 의해 대성되었다. 아비나바굽타 당대에 카쉬미르의 쉬바교는 종교, 철학적으로 일원론적인 입장과 이원론적인 입장으로 대분된다. 또 한편으로 다양한 형태의 의례들이 행해지고 있었다. 아비나바굽타는 쉬바교의 다양한 분파들의 공통적인 진리를 드러내기를 원했다. 그는 이 목적을 위해 일원론적 입장에서 주석과 철학적 저술을 행하였다.

그의 사상을 이루는 중요 요소들은, 먼저 탄트라 의례의 측면에서는 카팔리카와 쿨라Kula에 기반한 트리카Trika, 칼리Kālī, 크라마Krama 등, 쉬바파 일원론의 입장을 견지한 신앙들의 의례와 사상이었다. 그는 쉬바파 지파들의 의례와 사상들을 트리카의 의례와 사상을 기반으로 종합했다. 이 과정에서 가장 중요한 형이상학적 기반 역할을 했던 이론이 9세기 이후 카쉬미르 지역에서 발흥한 쉬바파 일원론자들의 이론체계였던 재인식론Pratyabhijñā, 이하 再認識論과 진동설Spanda, 이하 振動說의 교설이었다.

여기서는 특히 재인식론에 관심을 두었다. 그것은 진동설이 실천론에 강한 관심을 보여주는 반면, 재인식론은 형이상학적 측면이 강하기 때문이다. 또 진동설은 자파自派의 도그마적인 교설에 기반한다면, 재인식론은 전통적인 인도철학의 방법론을 기반으로 정치한 사상을 이루고 있다. 그래서 여기서는 비의秘教적인 카팔리카의 전통에 속한 여러 의례와 사상들이 신비주의의 그늘에 가리지 않고, 공정한 철학적 해석의 광장으로 나오기 위해서는 재인식론의 연구가 필수적이라고 생각하였다. 이는 아래와 같은 마크 딕콥스키Mark. S. G Dyczkowski의 말에서도 이해될 수 있을 것이다.

> 카쉬미르의 쉬바교(쉬바파 일원론)의 발전에 있어서 재인식론의 중요성은 카쉬미르의 쉬바 신앙자들이 카쉬미르의 쉬바교의 모든 학파에 본질적으로 공통적인 것이라고 간주했던 일원론적 쉬바파의 근본적인 법칙들을 엄밀하게 철학적으로 설명한 데 있다. 재인식론을 통해 탄트라파들의 일원론과 관념론은 건전한 논의와, 철저한 인도철학이라면 어떤 학파라도 대결했던 근본적인 문제들의 분석을 통해 떠받쳐지게 되었다. 이 문제들은 인과율의 성질, 변화와 영속의 문제, 절대자와 그 현현에 대한 관계, 그리고 신과 인간의 문제를 포함한다.[3]

그래서 여기서는 크게 두 주제를 밝히는 데 목적을 두고 있다. 하나는 다양한 쉬바파들의 갈래를 정리하는 것이다. 특히 일원론적 입장을 견지한 카팔리카들의 갈래가 중심이 될 것이다. 둘째로는 쉬바파 일원론의 공통적 특징을 철학적으로 설명한, 쉬바파 일원론의 대표적 형이상학인 재인식론을 고찰하고 설명할 것이다. 그러나 여기서는 후자의 주제를 더욱 중요시하며, 전자의 주제는 후자의 이해를 위한 기초로써 고찰될 것이다.

이 연구를 통해 그간 국내에 잘 알려지지 않았던 쉬바교의 다양한 종파들을 정리하여 소개하고, 또 재인식론의 고찰을 통해 쉬바파 일원

3) Dyczkowski(1989), p. 19.

론의 형이상학을 이해하려 하였다. 쉬바파 일원론자들은 힌두탄트라의 중핵을 이루고 있다. 따라서 이 연구는 인도철학의 중요 분야인 힌두탄트라의 다양한 형태와 그 철학의 핵심을 보다 깊이 이해하는 데 도움이 될 것이다. 힌두탄트라는 인도 중세철학 제파諸派들에게서 비슷하게 나타나는 사상적 조류이다. 그래서 인도 중세철학의 기본적인 특징을 나타낸다고 할 수 있다. 따라서 이 연구를 통해 6파철학으로 불리는 인도 고대철학과 중세철학 사이의 사상적 차이 역시 파악할 수 있을 것이다. 또 하타요가의 형이상학을 이해하는 기초가 될 것으로 기대한다.

2. 연구의 방법과 범위

여기서는 연구 목적에 따라 다음과 같은 체제로 연구를 진행한다. 우선적으로 쉬바교, 혹은 쉬바파와 관련한 용어들의 범주를 정의한다. 그리고 이 책의 주제와 직접 관련은 없지만, 기초 작업으로 쉬바교의 역사적 연원을 고찰할 것이다.

둘째로 이 책의 주제 중 하나인 다양한 쉬바파들의 갈래를 고찰할 것이다. 이는 각 파들의 교설과 의례를 담은 문헌들을 깊이 고찰, 비교해야 할 것이다. 그러나 다양한 쉬바파들의 방대한 사상들을, 원전 문헌들을 중심으로, 구체적으로 고찰하는 것은 어려운 일이다. 왜냐하면 아직도 많은 원전들의 발굴과 편집, 번역 작업이 이루어지지 않았기 때문에, 세계적으로 이 분야의 연구 성과는 미진하기 때문이다. 최근까지의 학계의 연구 성과를 최대한 반영하여, 국내에 소개한다는 점에 의의를 둔다.

셋째로는 카팔리카 전통의 의례와 사상들이 9세기 이후 카쉬미르에서 철학적으로 확립되는 과정을 고찰한다. 특히 아비나바굽타에 의해 완성된 쉬바파 일원론의 구성 요소인 트리카, 크라마, 재인식론, 진동설의 상호관계를 중심으로 한다. 이를 통해 쉬바파 일원론을 구성하는 교설들의 특징과 상호관계가 고찰되고, 이들이 아비나바굽타의 트리카 교설에서 종합되는 과정을 보게 될 것이다.

넷째로 전통적인 인도 지식론과 재인식론의 재인식 개념의 차이, 그리고 재인식론의 대표적 학자들과 그들의 문헌을 간략히 소개하여 재인식론 연구의 기초로 한다.[4]

다섯째 크세마라자Kṣemarāja의 『재인식의 정수*Pratyabhijñāhṛdayam*, 이하 *PH*』를 주로 이용하여 재인식론을 고찰한다. 재인식론의 최초 저작은 소마난다Somānanda의 『쉬바知見*Śivadṛṣti*, 이하 *SD*』이며, 학파의 명칭을 얻게 된 것은 웃팔라데바Utpaladeva의 『자재신재인식론송*Īśvarapratyabhijñā*, 이하 *IPK*』에 의한 것이다. 그래서 이 두 문헌의 연구가 중요하지만, 난해함과 많은 분량으로 인해 재인식론의 대의를 전체적으로 고찰하기에 적합하지 않다고 생각하였다.

*IPK*의 번쇄한 학파간 대론이나 지식론 관련 내용들은 제외되었지만, *PH*는 *IPK*의 요약으로 재인식론의 요약서 역할을 한다. 그래서 여기서는 재인식론의 대의를 간결히 파악하기 위하여, *PH*를 이용하여 재인식론을 이해하려 했다. 많지 않은 분량임에도, 문헌명 그대로 재인식론의 정수를 간결하게 이해하는 데 적합한 문헌이라고 생각했기 때문이다. 저자인 크세마라자는 아비나바굽타의 상수제자이다. 그래서 *PH*를 통해 완성된 쉬바파 일원론에 포함된 재인식론 사상을 고찰할 수 있을 것이라는 점도 한 이유가 되었다.

그러나 *PH*는 요약서적인 특징에 따라 내용이 간략하다. 또 재인식론은 형이상학적 측면이 강하기 때문에, 쉬바파 일원론의 수행론을 고찰하기에는 부족한 점이 있다. 그래서 쉬바파 일원론의 일반적 수행론에 대한 고찰은 『쉬바수트라*Śivasūtra*, 이하 *SS*』와 이 문헌의 주석서인 크세마라자의 『쉬바수트라 고찰*Śivasūtravimarśinī*, 이하 *SSV*』를 주로 이용한다. *SS*는 쉬바파 일원론 사상이 브하이라바탄트라 문헌의 익명성을 벗어버리고 나타난 최초 문헌이다. 이 문헌은 9세기 이후 카쉬미르의 쉬바파 일원론에 대한 주석적 연구 전통의 시초를 이루는 문헌이라는 데 의의가 있다. 또 실천적인 면을 중심으로 쉬바파 일원론의 근본적

---

4) 재인식은 pratyabhjñā, 재인식론은 Pratyabhjjñā-darśana(혹은 vāda)로 표기해야 할 것이지만 일반적인 관례를 따라 재인식론 역시 pratyabhjñā로 표기한다.

교설을 다루고 있다. 또 *PH*와 *SSV*는 크세마라자의 저작이어서 쉬바파 일원론의 형이상학과 실천론을 사상적 상위相違없이 파악할 수 있을 것이라는 점도 고려하였다. 한편 *PH*에 나온 수행론을 아울러 고찰하여, 특히 재인식론의 수행론을 살펴보았다.

끝으로 재인식론의 의의를 철학적인 면에서 인도 고대철학, 특히 상키야 이원론과 샹카라의 베단타와 비교하여 고찰한다. 그리고 종교적인 면에서 쉬바파 이원론의 의례주의와 그에 기반한 인간관을 극복한 것에 촛점을 두고 고찰할 것이다. 이를 통해 재인식론의 철학, 종교적 특징을 드러내도록 할 것이다.

재인식론은 *SD*, *IPK*, 아비나바굽타의 『자재신재인식론 고찰 *Īśvara-Iijñāvimarśinī*, 이하 *IPV*』를 비교해서 고찰할 때 미묘한 차이들과 발전 양상의 전모를 파악할 수 있을 것이다. 하지만 연구 단계에 있는 이 분야에서 이런 구체적인 고찰은 쉽지 않은 일이다. 그래서 일단 *PH*를 중심으로 재인식론을 소개, 해설하여 아직 본격적으로 소개되지 않은 이 분야의 기초적 연구에 연구 범위를 한정한다.

여기서는 *PH*를 쉬바파 일원론 교설 이해의 기본으로 하지만, 이 문헌들은 다양한 관련 문헌들을 인용하고 있으므로, 상황에 따라 쉬바파 일원론의 다양한 문헌들을 인용할 것이다. 또 2차 문헌들을 적극 활용하여 전체적이고 간결하게 교설 체계를 이해할 수 있도록 하였다.

제1장
쉬바교의 연원

제1장 쉬바교의 연원

1. 쉬바교의 개념과 범주

쉬바교*Śaivism*는 힌두신 쉬바의 가르침으로 인도에 퍼진 신학, 제의, 관습 그리고 수행법을 포함하는, 다양하지만 역사적으로 연관된 교설 체계를 말한다.[1]

쉬바파śaiva는 이런 체계를 실천하는 자들로서 단지 쉬바신을 신앙하는 자뿐만 아니라 쉬바신의 배우자인 여신devī을 신앙하고 그 교설 체계를 따르는 자들도 포함한다. 왜냐하면 여신은 쉬바신의 내재적 힘śakti을 상징하기 때문이다.[2] 이런 점 때문에 이를 샥티쉬바파śaktaśaiva로 부르는 경우도 있다.[3]

---

1) Sanderson(1988), p. 660.

2) Sanderson(1988), p. 660.

3) Pardoux(1992), p. 52. "우리가 여기서 고찰할 문헌들은 주로 '쉬바파', 혹은 요즘 표현을 쓰면 '쉬바파 혹은 샥티파śakta' 이다. 이 후자의 구분은 그러나 두 특별한 종파를 반대하기 위해 취해서는 안 되며, 그를 추종하는 자들이 쉬바를 신앙하든, 여신 형태를 신앙하든 간에 단지 전통적으로 쉬바에게 가탁된 계시의 형태를 다른 신에 의해 계시된 것에서 구분하는 것으로만 취해야 한다. 게다가 어떤 문헌들의 경우 최고신의 여성, 남성적 측면이 신학적, 형이상학적 관점에서 매우 모호

쉬바파 일원론이란 현상과 절대의 근원을 의식citi, cit, saṃvit으로 보는 사상이다. 쉬바파 일원론은 의식을 종교적 측면에서 최상의 쉬바paramaśiva, 최상의 힘paraśakti으로 상징하였다. 여기서는 쉬바파 일원론의 범주에 브하이라바탄트라 문헌들을 산출한 탄트라 수행자들의 일원론적 사상들, 9세기 이후 카쉬미르 지역에서 발전한, 재인식론과 진동설을 포함한, 쉬바교에 대한 일원론적 주석 전통, 특히 아비나바굽타Abhinavagupta에 의해 대성된 트리카의 사상[4]을 포함한다.

쉬바교의 전체적인 역사에 관한 기존 연구들이 있지만[5] 그 불명료성에 대해서 뮬러-오르테가Paul, E. Muller-Ortega는 아래와 같이 말했다.

모헨조다로의 원형적 쉬바에서부터 베다적 루드라, 야주르베다의 샤타

하여 그들을 어떤 범주에 둘 지 난감한 경우가 있다. 이것이 내가 이 문헌들을 샤티쉬바파라고 부른 이유다. 논의거리가 될 수는 있지만 더 이상의 문제가 없다면 샤티파가 쉬바파가 된다는 것이 (혹은 트리카의 경우처럼 그 반대도) 부자연스러운 것이 아니라는 점이 강조되는 어구이다."

4) 특히 아비나바굽타에 의해 대성된 트리카의 사상(제3단계 Trika)은 브하이라바탄트라 문헌들에 나타난 샤티쉬바파의 일원론적 사상들과 재인식론, 진동설의 사상을 포괄하여 대성된 사상이기 때문에, 그 자체로 쉬바파 일원론을 의미하기도 한다. 그래서 학자들에 따라서 쉬바파 일원론과 트리카라는 용어가 혼용되는 경우가 있으나, 일단 여기서는 쉬바파 일원론이란 전자를 의미한다.

5) 20세기에 들어 쉬바교의 전반적 역사에 대한 괄목할만한 초기 연구로는 반다카르Bhandakar의 *Vaiṣṇavism, śavism, and Minor Religious Systems*(1913)가 있다. 여기서 그는 베다시대 이후 쉬바교의 역사를 서술하고 Lakulisa-pāśupata와 카쉬미르의 쉬바파들, 링가야타 등에 대한 종파적 구분과 그 교설들에 대한 해설을 했다. 이런 유형의 쉬바교 역사에 대한 전체적 연구서로 Brajamadhaba Bhattacharya의 *Śavism and the Phallic World*(1970, 2vols), Pranabananda Jash의 *History of Śavism*(1974), Rabindra K. Siddhantashastree의 *Śavism Through the Age*(1975), Jan Gonda의 *Viṣṇuism and Śivaism*(1976) 등의 연구서가 있다. 이들 연구서들은 대개 베다시대 이후 쉬바신의 정체성이 확립되는 과정들부터 푸라나 문헌들까지의 쉬바신의 특성을 설명하고 종파적 쉬바파들의 교설 등을 설명하고 있다. 그러나 베다에서 푸라나에 이르는 시기의 간격이 너무나 크고, 만트라의 길 이전의 문헌 자료가 거의 없는 관계로 그 내용이 빈약한 경우가 많다.

루드리야Śatarudrīya, 스베타스바라타 우파니샤드Śvetāśvatara-Upaniṣad, 이하 *SU*로 표기의 루드라-쉬바, 푸라나적 쉬바교의 쉬바 개념인 다섯 얼굴의 쉬바와 8종 현신[6]의 쉬바 그리고 파슈파타와 같은 초기 종파들의 개념들을 거쳐 마침내 아비나바굽타가 가르친 쉬바 개념으로 귀결되는 다양한 아가마적 계시들 속의 점증해가는 복잡한 쉬바 신학들의 연속에는 너무 많은 간격들이 있다. 우리가 이 과정에서 아는 것은 만신전의 신들 중의 하나였던 쉬바가 점차로 배타적으로 그만을 섬기는 종파들의 중심이 되었다는 것이다. 역사적 발전의 이 긴 과정, 그리고 아비나바굽타 이전의 쉬바교의 선행사와 그 이후로도 계속된 이 역사는 극히 복잡하다.[7]

쉬바교의 상세한 역사적 전개는 불명료하더라도 위의 글에서 뮬러-오르테가가 쉬바교의 역사를 모헨조다로의 원형적 쉬바, 베다적 루드라, 야주르베다의 샤타루드리야Śatarudrīya에 나타난 루드라의 개념, *SU*의 루드라—쉬바, 푸라나적 쉬바로서 쉬바의 다섯 얼굴과 8종 현신現身의 쉬바 개념, 파슈파타를 포함한 초기 종파들, 아가마적 계시를 기반으로 한 복잡한 쉬바 신학들, 그리고 그것들의 통합으로서 아비나바굽타의 쉬바 개념, 마지막으로 아비나바굽타 이후의 쉬바교의 역사 순으로 파악하고 있음을 알 수 있다.[8]

파슈파타를 포함한 '초기 종파들', '아가마적 계시를 기반으로 한 복잡한 쉬바신학들' 이라는 용어에 대해 뮬러-오르테가는 특별한 정의를 주고 있지는 않다. 딕콥스키는 파슈파타를 '아가마적 쉬바파들의 선구자' 라고 하며 이들을 '초기 쉬바파의 종파들' 이라고 하였다.[9]

---

6) 다섯 얼굴의 쉬바와 8종 현신의 의미는 본서 1장 각주 31) 참고.

7) Muller-Ortega(1989), p. 26.

8) 이것은 1913년도에 처음 발표된 반다카르(1982)의 목차와 거의 동일하다. 이런 점에서 반다카르 이후 뮬러-오르테가에 이르는 시기까지의 연구사에서 쉬바교의 시대 구분은 거의 비슷함을 알 수 있다.

두 학자들의 용어를 비교해보면 뮬러-오르테가의 '초기 종파들'과 '아가마적 계시를 기반으로 한 복잡한 쉬바신학들'이라는 용어는 딕콥스키의 '초기 쉬바파 종파들'과 '아가마적 쉬바파 그룹'이라는 용어에 각각 해당하는 것으로 보인다. 전자는 '초기'라는 역사적 의의에 중점을 둔 용어이고, 후자는 아가마 문헌들을 권위로 한다는 점에 의의를 둔 용어이다. 산더슨A. Sanderson은 전자를 atimārga, 즉 '(브라만적인 사회적, 종교적 규범을 초월한) 격외의 길道', 후자를 mantramārga, 즉 '만트라의 길'로 명명하고 있다.[10)]

이 두 범주의 역사적 선후 관계는 거의 확정적이지만, 각 범주의 하위 쉬바파들의 종파적 정체성이나 연관 관계는 자료 부족으로 인하여 불명료한 점이 많다. 듀체John R. Dupuche는 이런 복잡함을 "쉬바파의 탄트라적 전통의 많은 지파들은 몬순의 홍수 때마다 바뀌고 변화하는 갠지즈의 지류들과 같다[11)]"라고 표현할 정도이다.

쉬바교는 9세기 이후 카쉬미르를 중심으로 쉬바파들의 문헌들에 대한 주석서들을 통해 이원론과 일원론적 입장의 세련된 이론으로 더욱 발전하였다. 샤이바싯단타로 알려진 이원론적 주석 전통은 카쉬미

9) Dyczkowski(1989), p. 8.

10) Sanderson(2004), p. 229.no.1. "나는 인도학자들이 공통적으로 탄트라적인 쉬바교tantric śaivism, 혹은 아가마적 쉬바교āgamic śaivism로 부르는 것을 mantramārga라는 용어로 명명한다. 이 용어는 mantramāga 이전과 동시대에 걸친 쉬바교인 파슈파티의 분파인 Pañcārtika, Lākula / Kālamukha, 그리고 Somasiddhānta / Kāpālika를 의미하는 atimārga의 쉬바교에서 mantramārga의 쉬바교를 구분하기 위해 사용한다." 여기서는 앞으로 서술의 편의를 위해 특별한 경우가 아닌 한, 이 시기의 쉬바교를 이 용어를 통해 표기한다. 그런데 앙드레 파더A. Pardoux는 산더슨의 구분과는 달리 아비나바굽타가 아가마적 쉬바교라는 용어를 mantramārga 전체를 포괄하는 개념이 아니라 그 일부인 싯단타(즉, 샤이바싯단타)에 한정해서 사용한 점을 밝히고 있다. Padoux(1992), pp. 54~56 참조. 학자들 간의 용어의 불일치는 아직 이 분야가 연구 진행 중인 주제이며, 따라서 기존 연구자의 용어 한정에 매우 주의를 기울여야 한다는 점을 보여 준다.

11) Dupuche(2003), p. 10~11.

르에서 라마칸타 I (Rāmakaṇṭha I, 10세기 중후반), 그의 제자인 쉬리칸타 Śrīkaṇṭha, 11세기 초), 나라야나칸타(Nārāyaṇakaṇṭha, 11세기 중반) 그리고 그의 제자인 라마칸카 II (Rāmakaṇṭha II, 11세기 중후반)를 중심으로 발전했다.[12] 일원론적 주석의 전통은 9세기 바수굽타Vasugupta의 *SS* 이후 11세기에 카쉬미르의 철학자이며, 미학자이며, 탄트라 수행자였던 아비나바굽타에 의해 대성되었다.

9세기 이후의 쉬바파들의 이런 전통을 산더슨은 "9세기 이후 카쉬미르의 후기—경전적 전통"이라고 하였다.[13] 특히 쉬바파 일원론 전통을 일반적으로 '카쉬미르 샤이비즘Kashmir Shaivism'이라는 용어로 불러왔다. 뮬러-오르테가에 따르면 이 용어는 1914년도에 처음 출판된 챠테르지J. C. Chatterji의 카쉬미르 샤이비즘에서 처음 사용되었다고 한다.[14] 그런데 산더슨에 따르면 10세기에서 11세기에 걸친 카쉬미르 지역의 지배적인 쉬바교의 교설은 이원론의 샤이바싯단타의 교설이며, 지배적인 의례는 스바찬다브하이라바Svacchandabhairava와 그의 배우자인 아고레스바리Agoreśvarī여신에 대한 신앙 형태였다고 한다.[15] 이 신앙은 이원론과 일원론의 성격이 혼합된 형태였다. 이런 점에서 9세기 이후 카쉬미르 지역의 쉬바교의 일부일 뿐인 쉬바파 일원론의 전통에

---

12) Dwivedi(1986), p. 18~23 참조

13) Sanderson(1988), p. 690.

14) Muller-Ortega(1989), p. 17. 그러나 반다카르도 그의 1913년도 저작에서 "Kāshimir śaivaism"이라는 용어를 쓰고 있다. 여기에 진동설과 재인식론의 두 지파가 속해 있다고 한다. Bhandakar(1982), p. 183; J. C. Chatterji는 인도의 다른 지역에서 알려져 있고, 아직 실천되는 다른 형태의 쉬바교와 구분하기 위한 단순한 의도로 "Kashmir shaivism이라는 용어를 사용했다고 한다. 그는 K.S.T.S.의 출판과 편집을 맡았던 학자로, 당시 인도에 알려진 남인도 중심의 샤이바싯단타와는 다른 일원론의 특징을 가진 카쉬미르의 이 문헌들의 전통을 지역적인 특징을 따 이렇게 부른 것으로 보인다. 이 용어가 검토 없이 학자들 간에 사용된 경위는 Dyczkowski(1989), pp. 222~223. no.12를 참조하라.

15) Sanderson(1987), p. 16.

'카쉬미르 샤이비즘' 이라는 넓은 의미를 가진 용어를 쓰는 것은 합당하지 않다.

이런 쉬바파 일원론 전통은 쉬바파의 일파인 트리푸라순다리Tripura-sundarī 여신을 신앙하는 쉬리비드야Śrīvidya의 신앙 형태에 들어가 11세기 카쉬미르에 큰 영향력을 가지게 된다. 또 12세기에는 남인도 카르나타카의 스링게리Śṛṅgerī와 타밀의 칸치푸람Kāñcīpuram의 샹카라차리야Śaṅkarācārya파의 정통적 권위로 채택되어 오늘에 이른다.[16] 반면 13세기의 이슬람 침입 이후 북인도 카쉬미르의 쉬바교는 크게 쇠퇴하였다. 현재 카쉬미르의 일부 브라만들에게 일원론적 쉬바파의 교설과 일부 명상법들이 전수되고 있긴 하지만, 고리니gŏrini로 불리는 승려들에 의해 유지되던 탄트라적인 제의의 전통은 거의 절멸상태에 이르렀다.[17]

이와 같이 쉬바교의 역사는 복잡하고 불명료하다. 이런 점 때문에 현대학자들 간의 용어 사용과 그 범주가 통일되지 못한 점이 있다. 그러나 1980년대 중반 이후 산더슨과 몇몇 학자들은 만트라의 길 이후 쉬바파들의 갈래에 대해서 탁월한 연구 성과를 내놓고 있다.

16) Sanderson(1988), p. 689.

17) Sanderson(1987), p. 17.

2. 쉬바교의 문헌

쉬바교에 대한 연구 자료는 인더스 유역의 고고학적 유물들, 비문碑文들의 내용, 일부 문헌에 나타난 쉬바교에 대한 자료, 푸라나와 쉬바파의 문헌들이 있다. 격외의 길에도 약간의 문헌들이 남아 있지만, 여기서 고찰하는 것은 주로 만트라의 길에 속하는 소위 쉬바파의 아가마로 불리는 문헌들이다.

āgama란 '전승', '전승된 교설' 이라는 의미를 가진다. 이 용어는 쉬바파들의 문헌들뿐 아니라 여타의 힌두 제 종파들과 불교와 자이나교의 경전의 일부에 대해서도 사용된다. 특히 쉬바파들은 ā(pāśa, 끈, 속박), ga(pasū, 인간), ma(pati, 신)로 아가마를 해석한 경우도 있고, 아비나바굽타는 "모든 국면에서 대상을 알게끔 하는 것"[18]을 의미한다고 했다. 여기서 말하는 쉬바파의 아가마는 카쉬미르의 쉬바파 주석자들이 자신의 사상을 구축할 때(9~12세기) 의지하고 인용한 쉬바파의 아가마들을 말한다.[19]

딕콥스키에 따르면[20] 쉬바파가 일군의 집단적 신앙 형태로서 나타난 최초의 문헌은 파탄잘리의 『마하브하사*Mahābhāṣya*, 기원전 2세기 성립 추측』로, 쉬바파들은 이 문헌에서 쉬바바가바트śivabhagavat로 불리는 편력고행자로서 짐승가죽을 입고 철로 된 창을 들고 다녔다고 한다.[21] 또 북인도를 지배했던 그리스, 사카, 파르티아 계열의 왕들의 동전에 쉬

18) Gonda(1977), p. 163.note.1. 재인용.

19) āgamaśāstra라고도 한다. 예를 들어 Padoux(1992), p. 65.

20) Dyczkowski(1989), p. 4.

21) *Mahābhāśya* 5.2.76. Bhandarkar(1982), p. 165 재인용.

바파의 상징이 나타나는 것을 볼 때, 기원전 2세기에서 기원후 1세기 사이에 이미 종파적 신으로서 쉬바신앙이 확립해 있었을 것이라는 점이 어느 정도 인정된다. 그러나 쉬바파아가마 이전의 쉬바교와 직접 관련된 문헌은 현재 발견되지 않았다고 한다.

현재 학계의 사정으로는 초기 쉬바파아가마의 연대를 추정하기는 불가능하다. 곤다J. Gonda는 쉬바파아가마의 형성이 서기 2~3세기에 시작하여 13~14세기까지도 만들어졌다는 다스굽타S. Dasgupta의 설을 소개하면서, 본인은 가장 오래된 쉬바파의 아가마들이 400~800년대 사이에 만들어진 것으로 추측하고 있다.[22] 파더는 『파슈파타경*Pāśupata-sūtra*』이나 최초기 쉬바파아가마의 형성 시기는 연대화할 수 없으나, 기원후의 매우 초기일 개연성을 말하고 있다.[23] 딕콥스키는 쉬바파아가마가 6세기 이전보다 아주 오래 전에 형성되었다는 확증은 없다고 주장한다.[24] 산더슨도 카쉬미르의 저작들이 언급한 초기 탄트라의 문헌들이 얼마나 빠른가에 대해서는 어떤 정확성도 가질 수 없으나, 그저 이 초기 탄트라 문헌들의 주요 부분들이 400년대에서 800년대 정도에 만들어진 것이 틀림없다는 정도의 이야기만 할 수 있다고 했다.[25] 새로운 자료가 나타나지 않는 한 쉬바파아가마의 형성 시기에 대한 현재 학계의 입장은 대략 기원후 400년에서 800년대에 이르는 것으로 본다고 할 수 있다.

이 문헌군을 아비나바굽타나 그의 『탄트라의 광명 *Tantrāloka*(이하 *TA*』를 주석한 자야르타Jayaratha는 3종으로 나누고 있다. 그는 먼저 10종의 이원론적 아가마, 다음으로 18종의 이원론과 일원론적 성격이 혼합된

---

22) Gonda(1977), p. 164.
23) Padoux(1992), p. 54.
24) Dyczkowski(1989), p. 6.
25) Sanderson(1988), p. 663.

아가마, 마지막으로 64종의 일원론적 아가마로 쉬바파의 아가마를 분류하였다. 처음의 10종의 아가마는 쉬바아가마Śivāgama 혹은 샤이바아가마(Śaivāgama)[26]로 불리며, 18종의 아가마는 그 문헌들의 주된 신이 쉬바의 이명異名인 루드라이기 때문에 루드라아가마Rudrāgama 혹은 라우드라아가마(Raudrāgama)로 불린다. 마지막으로 64종의 아가마는 브하이라바아가마Bhairavāgama 혹은 브하이라바탄트라(Bhairavatantra)[27]로 불리는 것으로 브하이라바[28]는 쉬바의 파괴적 측면을 지칭하는 또 다른 이름이다. 특히 이 문헌군은 쉬바파 일원론적 입장의 주석자들이 주로 의지하였다.

앞의 28종의 쉬바 및 루드라의 아가마들은 샤이바싯단타의 기본성

---

26) 이것도 쉬바파 아가마로 번역되는데 이때는 쉬바파 이원론 주석가들의 권위가 된 10종의 문헌들만을 말한다. 여기서는 특별한 주의를 주지 않는 한 쉬바파 아가마라는 용어는 본문의 내용과 같이 정의되는 문헌으로 10종, 18종, 64종의 쉬바파의 모든 문헌들을 말한다.

27) 일반적으로 인도 중세 이후 비쉬누파의 문헌은 상히타, 쉬바파의 문헌은 아가마, 샥티파의 문헌은 탄트라로 불린다. 그러나 이것은 확정적인 것은 아니다. H. Brunner는 "초기 샤이바싯단타의 아가마적 문맥에서 아가마와 탄트라라는 용어는 동의어였다"고 각주했다. Dyczkowski(1989), p. 140.note.27; T. Goudriaan은 "쉬바파와 샥티파의 구분은 늘 명백한 것은 아니며 샥티 신앙(여성력, 즉 늘 쉬바 내지는 그의 변형인 남성신의 동반자로 우주를 만들고 유지하고 파괴하는 샥티가 궁극원리로 신앙되는 믿음)은 말하자면 쉬바교(쉬바가 샥티와 유사한 위치를 차지하는 사상)의 그늘 아래서 성장했다. 그래서 샥티파 문헌을 다룰 때는 쉬바나 기타 남성신에 조명을 맞추어 탄트라적으로 기원한 문헌에도 주의하지 않을 수 없다. 양자의 경계는 없으며 양파는 구분될 망정 분리되지는 않는다"고 하였다. Goudriaan(1981), p. 2; H. Alper는 "아가마와 탄트라는 지리적 차이만을 가진 것으로 북인도의 3/4지역에서 탄트라로 불리는 것이 남인도에서는 아가마로 불린다. 나는 아가마로 남부의 샤이바아가마와 pañcarātnasaṃhita를, 탄트라로 북부에 보존된 동일한 문헌들을 지시한다"고 한다.Alper(1989), p. 416. 이런 학자들의 의견을 종합할 때 아가마와 탄트라라는 용어는 이들 문헌들이 나타나던 초기에 비슷한 의미로 같이 쓰인 경우도 있었으며, 인도 남부에서는 아가마로 불리던 것이 북부에는 탄트라로 불리었던 것으로 보인다. 이와 같이 아가마와 탄트라라는 용어는 이들 문헌들의 형성 초기에는 서로 혼용되었던 것으로 보인다.

28) 브하이라바의 어원적 의미에 대해서는 Dyczkowski(1989), p. 223.note.18~22 참조.

전으로 타밀어로 된 12종의 티루무라이Tirrumuṟai, 14종의 메이칸타샤스트라Meykaṇṭaśāstra[29]와 더불어 후대 남인도 타밀 샤이바싯단타의 경전적 권위를 형성한다. 28종 아가마의 목록은 아래와 같다.

【표 1】 28종의 아가마[30]

	쉬바의 이명	문헌명
10종 쉬바아가마	sadyojāta	*Kāmika, Yogaja, Cintya, Kārana, Ajita*
	vāmadeva	*Dīpta, Sūkṣma, Sahasra, Aṃśumat, Suprabheda*
18종 루드라아가마	aghora	*Vijaya, Ni(ḥ)śvāsa, Svāyaṃbhuva, Anala(Āgneya), Vīra*
	tatpuruṣa	*Raurava, makuṭa, Vimala, Candrajñāna, Bimba(Mukhabimba), Prodgīta(Udgīta), Lalita*
	īśāna	*Siddha, Santāna, śārvokta, Pārameśvara, kirana, Vātula*

쉬바파아가마의 고전적 부분을 구성하는 위의 28종 아가마는 쉬바파 이원론의 전통적 분류에 따르면 쉬바의 다섯 얼굴pañcavaktra, 혹은 다섯

29) *Śiva–jñāna–bodha, Śiva–jñāna–siddhi, Irupavirupathu, Tiruvuntiyar, Tirukkalirrupadiyar, Unmaivilakka, Śiva–prakāśa, Tiruvaruḍpayan, Vinavenba, Porripakrodai, Kodikkavi, Nencuvidutūtu, Uṇmaninerivilakka, Saṅkalpa-nirākaraṇa,* Dasgupta(1975), p. 18; Zvelebil(1974), p. 105 참조.

30) 위 목록은 Rauravāgama, pp. XIXff에서 인용한 것으로, 또 *Mṛgendrāgama*, Caryāpāda. 1.43ff; *Ajitāgama*, 1.35ff에는 위의 목록과 동일한 내용이 나온다. 특히 *Mṛgendrāgama*의 목록에는 pārameśvara가 생략되었다. *Ajitāgama*, 1.106ff에는 다른 방식의 분류가 나타난다. Gonda(1977), p. 181 재인용; '28' 이란 문헌의 숫자는 기원후 7세기경 Tirumūlar의 *Tirumantiram*에 이미 나타나며 이 목록의 아가마 제명들은 *Niḥvāsatattvasaṃhita*와 Jayaratha가 *TA* 1.18의 주석에서 *Śrīkaṇṭhasaṃhitā*를 인용한 부분에서 위와 약간의 차이를 가지고 나타나며, 18종 Rudrāgama의 제명은 *Brahmayāmala*의 39장에서도 나타난다. 이 제명들은 현대의 연구서에도 다시 인용되고 있는데 늘 정확한 것은 아니다. 예를 들어 G. Kaviraj의 *Tāntrik Vāṇmay men śaktdṛṣṭi Sāhitya*(p.46); *S. S. Awasthi Shastri*의 Mantra aur āon kā Rahasya(p.18); Dasgupta(1975), p. 18 등에 위의 문헌명들이 나타난다. Goudriaan(1981), p. 13 참조.

입으로도 불림[31]에서 나왔다고 한다.

아지타아가마*Ajitāgama*에 따르면 10종의 쉬바파아가마와 18종의 루드라파의 아가마의 구분에 대해서 사다쉬바sadāśiva: 영원한 쉬바[32]가 진리를 드러내기 위해 먼저 10명의 쉬바를 창조하고, 그들에게 10종의 쉬바파아가마의 내용을 알려준 후에 18명의 루드라를 역시 창조하고 다른 문헌들을 가르쳤다고 한다. 이 28명의 쉬바의 화신들은 유한한 신들에게 이를 전승하고 이 신들은 성인聖人들에게 전승하고 성인들은 딴 성인들에게, 그리고 마침내 이 성인들은 인류의 스승이 되었다고 한다.[33]

곤다는 "의심스럽게도 마치 이 문헌들이 동시대에 존재한 것처럼 이 목록은 알려진 모든 아가마에 나타난다. 이것은 사실 후대의 삽입으로 간주되어야만 할 것이다"[34]라고 말한다.

이들 각각의 아가마들은 1종에서 16종에 이르는 2차적 아가마upāgama들을 가지고 있다. 라우라바아가마*Rauravāgama*에서는 2차적 아가마의 수를 207종이라고 하며, 다른 자료에서는 120종, 혹은 198종이

31) īśāna, tatpuruṣa, aghora, vāmadeva, sadyojāta; 야주르베다에 나오는 5종 brahma mantra라고도 하는 것으로 이는 후대에 쉬바의 다섯 얼굴로 의인화된다. Sanderson(1988), p. 665; Stella Kramrische는 이 5종의 만트라의 시초는 야주르베다 전통에 속하는 기원전 3세기의 *Tattirīya āraṇyaka* 10.43~47에 나온다고 밝히고 있다. 쉬바교에서 5는 매우 의미심장한 숫자이다. 쉬바만트라, 즉 namaḥ-śi-vā-ya의 5음절은 각각 5종 만트라, 5종 초월적 원리, 5종 우주론적 원리, 5종 감각이나 인식, 행위기관, 5대 요소들, 5종의 방향과 색, 5종의 신격을 상징한다. 이와 관련한 개념의 발전사나 대응되는 도표는 Kramrische(1981), pp. 178~189 참조. 원래 이런 관점은 푸라나적 쉬바교의 입장으로 쉬바의 속성을 5종의 얼굴pañcavaktra로 분류하여 세계를 설명하는 입장과 8종의 현신aṣṭamūrti으로 설명하려는 2종의 입장이 나타난다.Gonda(1977), pp. 157~158 참조.

32) 영원한 쉬바란 의미로 샤이바싯단타가 신앙하는 쉬바의 형태. 이 명칭에 대해서는 Gonda(1976), p. 48; 226 참고.

33) Gonda(1977), p. 182.

34) Gonda(1977), p. 181.

있다고 한다.[35]

64종의 일원론적 아가마에 대한 언급은 비나쉬카탄트라*Vīṇāśikhatantra*에서 처음 나타난다고 한다.[36] 이 64종 목록이 나타나는 가장 오래된 문헌으로 니트야소다시카아르나바*Nityāṣoḍaṣikārnava* 및 *TA* 1.18의 주석에서 자야라타Jayaratha가 인용한 쉬라칸타상히타*Śrīkaṇṭhasaṃhitā*가 있다.[37] 아래는 쉬라칸타상히타의 목록이다.

【표 2】 64종의 브하이라바아가마[38]

그룹명	문헌명
bhairava	*Svacchanda, Bhairava, Kapālīśa Krodha, Unmatta, Asitāṅga, Mahocchuṣma, caṇḍa*
yāmala[39]	*Brahma, Viṣṇu, Svacchanda, Ruru, Ātharvaṇa, Rudra, Vetāla*
mata	*Rakta, Lampaṭa, Lakṣmīmata, Mata, Cālikā, Piṅgala, Utphullaka, Viśvādya*
maṅgala	*Picubhairavī, Tantrabhairavī, Tata, Brāhmīkalā, Vijayā, Candrā, Maṅgalā, Sarvamaṅgalā*
cakra	*Mantra, Varṇa, Śakti, Kalā, Bindu, Nāda, Guhya, Kha*
śikhā	*Bhairavīśikhā, Vīṇā, Vīṇāmaṇi, Sammohana, Ḍāmara, Atharvaka, Kabandha, Śiraścheda*
bahurūpa	*Andhaka, Rurubheda, Aja, Mūla, Varṇabhaṇṭa, Viḍaṅga, Mātṛrodhana, Jvālin*
vāgiśa	*Bhairavi, Citrikā, Haṃsā, Kadambikā, Hṛllekhā, Candralekhā, Vidyullekhā, Vidyutmat*

35) 구체적인 2차적 아가마의 문헌명들은 *Rauravāgama*, pp. XIXff. 참조; 이들의 숫자에 대해서는 Ch. Eliot, *Hinuism and Buddhism*(3vols), Vol.2. p. 205; Farquhar, *An Outline of the Religious Literature of India*(1984, the 1st ed. 1920), p. 19 참조. Gonda(1977), p. 182.note.19.재인용.

36) Goudriaan(1981), p. 14.

37) Goudriaan(1981), p. 14.; Nityāṣoḍaṣikārnava의 64종 제목은 Kulacūḍāmaṇitantra와 Saundaryalahari의 Lakṣmīdhara의 주석에 변형된 제목 리스트들이 나온다. 이들의 목록을 찾아볼 수 있는 문헌 정보는 Goudriaan(1981), p. 14.no.60 참조; *Sarvollāsa*와 *Āgamatattvavilāsa*에 아주 다른 형태의 목록이 있다. 이들의 목록을 찾아 볼 수 있는 문헌 정보는 Goudriaan(1981), p. 14.no.61 참조.

38) Dyczkowski(1989), pp. 121~123

고드리안Goudriaan은 "문헌명의 마지막 부분으로 문헌 장르를 구분하던 법칙을 따라, 여기서도 역시 신을 의미하는 부가적 제목으로 도식을 채우려는 경향이 적용되고 있다. 이를 통해 쉬라칸타삼히타에 나오는 이 모든 문헌들이 거의 실제적이 아니라고 추측할 수 있다"[40]고 한다. 딕콥스키 역시 이들이 8개의 각 그룹 내에 다시 8개의 문헌이 배속된 것을 볼 때, 이를 당시에 현존하던 탄트라 문헌들의 진실한 목록으로 보긴 어렵다고 주장한다. 또 이 문헌 목록의 문헌들이 직접 발견되거나 인용이나 비문같은 여타의 증거가 있기까지는 이 탄트라 문헌들이 정말 존재했는지 확인할 수 없다고 한다.[41]

분명히 브하이라바아가마의 수는 64종보다는 많았을 것이다. 이 10종, 18종, 64종의 쉬바파의 아가마 분류법이 문헌들의 역사적인 순서를 나타낸다든가, 혹은 정확하게 이 숫자만큼의 문헌만이 존재했다는 것은 아니다.[42] 이 분류는 다분히 상징적인 의미를 가진 것으로 아비나바굽타는 이 분류를 통해 자신의 사상을 형성한 기반인 브하이라바아가마의 일원론적 입장이 앞의 28종의 아가마보다 우월하다는 것을 보여주려 하였다.[43] 그래서 이 분류는 쉬바파아가마가 크게 이원론과

---

39) 이 그룹에는 한 문헌이 빠져 7개의 문헌만 나타나는데 이것이 *Śīkaṇṭhasaṃhitā* 원본의 결락 때문인지는 직접 원본을 확인하지 못하였기에 알 수 없지만 8개 그룹 각각에 8권의 책이 배속된 것을 볼 때 이는 결락으로 보인다.

40) Goudriaan(1981), p. 14.

41) Dyczkowski(1989), p. 125.

42) Goudriaan(1981), p. 14. "위의 목록이 나타난 *Śīkaṇṭhasaṃhitā*보다 비인위적인 *Nityāṣoḍaṣikārnava*의 목록에는 아비나굽타가 *TA*에서 인용한 권위 있는 탄트라인 *Mālinīvijaya, Netra, Kulārnava* 등 중요한 여타의 탄트라 문헌명이 빠져 있는데, 이것은 이 문헌들이 *Nityāṣoḍaṣikārnava*보다 후대이기 때문일 수도 있겠지만 초기에 이미 인정된 64라는 수는 광범한 문헌들을 포괄하기에는 이미 충분치 못한 숫자가 되었기 때문이다. 또 많은 문헌들이 역사적 사실보다는 편집자가 속한 전통에 속하지 않았다는 호불호에 의해 결정되었기 때문일 수도 있다."

43) Padoux(1992), p. 55.

일원론, 그리고 그 중간에 위치한 입장을 나타내는 것들로 분류된다는 것을 나타낸다. 이런 의미에 한정해서만 역사적 의의를 가진다고 할 수 있다.

딕쿕스키는 힌두이즘의 발전은 후대의 발전이 앞의 성과를 포섭하는 특징을 보이고, 이런 현상은 쉬바파의 아가마들에도 발생하였다고 한다.[44] 쉬바파의 아가마들에서 경전군을 분류하는 내용이 나타나는 부분에 대해 그는 다음과 같이 말하고 있다.

> 이 부분들은 텍스트의 중요한 부분이다. 왜냐하면 텍스트가 자신의 경전적 권위를 입증하고 동시에, 자신이 문헌군의 가장 세련된 부분에 속한다는 것을 드러내는 것이 바로 이 부분이었기 때문이다. 새로운 발전이 발생하면 이 카테고리는 확장되고 하위구분이 더해지고 다시 정의된다.[45]

힌두의 여타 문헌들과 마찬가지로 쉬바파의 아가마들도 스스로를 문헌군 가운데 가장 높은 위치에 배치시키기 위해 기존의 문헌들을 재분류한다. 그래서 쉬바파의 아가마 문헌들의 역사적 연대나 상호간 선후관계나 관련 여부를 알려면 이 부분의 연구가 매우 중요하다. 그러나 이 부분에서 소개된 문헌들의 다수가 산실되고, 또 이러한 분류가 사실적인 분류가 아니고 단지 도식적으로 행해진 경우도 없지 않는 듯하다. 이런 이유에서 이 부분만으로 문헌간의 연대 문제나 상호관계를 정확히 밝히기는 어려울 것이다.

산더슨은 쉬바파 문헌들과 종파들 사이의 연대나 관계의 문제에 발군의 연구를 해왔다. 그는 각 문헌들에 나타난 만다라 도상 내의 주존의 여성적 성격의 변화를 통해서 각 문헌들 간의 연관성과 발전사를

---

44) Dyczkowski(1989), p. 15.

45) Goudriaan(1981), pp. 13~14.

밝혀 왔다. 각 문헌에 나타난 교판 부분의 연구와 더불어, 이와 같은 사상적 연구가 같이 행해질 때, 문헌 상호간의 관계와 사상의 발전사를 더욱 구체화시킬 수 있을 것이다. 이 내용은 이 책의 해당 부분에서 보다 구체적으로 살펴볼 것이다.

쉬바파 이원론 주석가들의 기반이 되는 28종의 아가마들의 구조는 대개 4부분의 장章, pada으로 이루어졌다. 해탈과 깨달음에 대한 지식jñāna, 의례 행위kriyā, 도덕적 행위caryā, 그리고 해탈을 위한 실천법을 다룬 요가yoga가 그것이다. 그러나 이런 분류는 다분히 이론적인 것으로, 실제적인 구조가 꼭 이런 것은 아니다.[46] 이들 문헌들의 내용에 대해 데이비스Richard H. Davis는 아래와 같이 말했다.

> 이 문헌들의 첫 목적은 확실히 종교적 실천에 있었다. 쉬바파 사원들을 건축하고 그에 생명을 불어 넣는 데 필요한 제의적 순서와 건축적 안내도로부터 일상적 의례와 보조적 의례들의 정규적 순서를 거쳐 보다 규모가 큰 정기적 축제에 이르기까지 아가마들은 사원의 신앙 형태의 조직을 상세히 설명한다. 다수의 문헌들은 사원 의례에 비견되는 일상적 재가 의례 역시 발전시켰다. 또 문헌들은 일련의 변형된 의례(입문식과 정화식)를 설명하는데, 그것은 쉬바파들 사이에 점차적으로 주제가 되어 쉬바파 수행자를 해탈로 향하게 하고 그가 사원의 승려나 성자로서 활동하는 데 구체적 힘을 부여했다. 아가마는 쉬바파의 승려ācārya나 수행자들sādhaka 그리고 가정에 성물聖物을 모시고 헌신적으로 신앙하는 재가자의 의례일람표로 이 문헌들은 근본적으로 중세 쉬바교의 의례서이다.[47]

46) Muller-Ortega(1989), p. 39.
47) Davis(2000), p. 10.

데이비스의 설명은 쉬바파 이원론 주석가들이 특히 중요하게 생각했던 아가마인 쉬바와 루드라의 28종 아가마들을 주로 언급한 것이다.[48] 즉 좁은 의미의 쉬바파아가마에 대한 설명이다. 이에 비해 고드리안은 아가마와 탄트라의 차이를 아래와 같이 말했다.

> 아가마에서는 우주론, 만트라의 창조, 이론적 문제도 다루지만 행위kriyā 그리고 제사caryā라는 장명章名 아래 사원 건축, 신상 배치, 사원 신앙, 의례적 목욕, 대중적 축제 등이 강조된다. 탄트라는 보다 신비적 주제를 다루는 경향으로 절대자의 (양극적) 본성, 우주론, 소리와 말의 창조적 성질, 소우주와 대우주의 동일성, 말의 힘, 만트라의 소통과 조절(매우 중요하고 빈번함), 단어와 이름의 상징적 해석, 만달라의 구성과 입문, 그 안의 신에 대한 숭배(탄트라의 전승에 있어서 이 의례적 측면 역시 매우 중요하다)를 언급하며, 예언, 초능력의 획득, 다양한 쿤달리니요가 등에 많은 양을 할애하고 있다. 탄트라는 일원적 세계관을 가진다(아가마는 이원론적, 매개적 입장을 가진다). 탄트라 문헌들 속에서 집중적으로 조명되는 것은 해탈, 즉 육체적이고 영적인 완전을 추구하는 인간의 탐구이다. 아가마에 대한 그들의 관계는 어떤 점에서 베다의 제의적 수트라들과 우파니샤드의 관계를 상기시킨다. 물론 그럼에도 대체적인 탄트라들은 외관상으로는 강하게 의례적이긴 하다.[49]

고드리안의 입장은 일반적인 아가마와 탄트라 문헌의 특징을 말한 것이지만 이것은 28종의 아가마와 64종의 브하이라바아가마Bbhairava-āgama(혹은 -tantra, -śāstra)사이의 차이를 말해주는 것이기도 하다.

쉬바파의 아가마들은 전체 쉬바교를 형성하는 각 지파들의 사상을 드러내는 것으로, 이에 대한 고찰은 다양한 쉬바파 간의 연관관계를

48) Davis(2000), p. 10.
49) Goudriaan(1981), p. 8.

고찰하는 작업이며, 쉬바파의 사상사를 정리하는 것이 될 것이다. 여기서는 쉬바파의 10종, 18종, 64종의 문헌들을 통해 쉬바파의 다양한 종파적 갈래를 고찰하겠지만, 그 전에 쉬바교의 연원을 모헨조다로의 유적에서 마하바라타에 이르는 시기까지의 여러 문헌들에 나타난 쉬바 개념을 통하여 살펴볼 것이다.

3. 쉬바교의 연원

쉬바파아가마 이전의 쉬바교의 역사적 전개에서 나타나는 쉬바 개념으로 뮬러-오르테가는 모헨조다로의 원형적 쉬바, 베다적 루드라, 야주르베다의 샤타루드리야*Śatarudrīya*에 나타난 루드라, *SU*의 루드라-쉬바, 푸라나적 쉬바로서 아쉬타무르티aṣṭamūrti와 판차박트라 pañcavaktra 정도를 소개하고 있다. 이는 쉬바교 역사에 대한 최초의 근대적 연구라 할 반다카르R. G.Bhandakar의 *Vaiṣṇavism, śaivism and Minor Religious System*의 목차와 매우 유사하다.[50] 반다카르의 연구는 1913년도에 출판되었고 뮬러-오르테가의 연구는 1987년에 출판되어 둘 사이에 70년 이상의 차이가 있음에도 쉬바교의 연원에 대한 내용은 큰 차이를 보이지 않고 있다. 이는 무엇보다도 문헌을 포함한 자료의 부족에 기인한 것으로 보인다. 이 절에서는 반다카르의 연구를 중심으로 이후의 발전된 연구결과를 참조하여 서술한다.

---

50) 그의 저서는 비쉬누교를 다룬 1부와 쉬바교와 부차적 힌두교 종파들을 다룬 두 부분으로 크게 나뉜다. 쉬바교를 다룬 2부(총 18장)의 순서는 1장. 개설; 루드라—쉬바 개념의 형성, 2장. 루드라—쉬바 개념의 발전, 3. *SU*와 *Atharvaśirasupaniṣad*, 4장. 마하바라타의 루드라—쉬바와 liṅga 신앙을 다루고 이후 5장에서 12장까지 atimārga와 mantramārga를 포괄하는 쉬바파들과 9세기 이후의 카쉬미르의 주석적 쉬바파들, 그리고 이후의 전개들을 다루고 나머지 부분의 장들은 여타의 힌두 종파들을 다루고 있다. 1장과 2장은 리그베다와 야주르베다에 나타난 루드라—쉬바 신앙에 대한 내용이다.

1) 모헨조다로의 파슈파티Paśupati 인장印章과 쉬바

1913년도에 출간된 반다카르의 연구에는 모헨조다로에서 발견된 인장의 쉬바 문양에 대한 내용이 나타나지 않는다. 이것은 인도고고학조사국의 사무관이었던 바네르지R. D.Banerji의 1922년도의 모헨조다로 발견 이후, 마샬G.Marshall의 지도로 대규모 발굴이 시작된 것이 1930년대의 일이기 때문이다. 반다카르는 1925년도에 사망했기 때문에 이 발굴의 결과를 몰랐던 것이다.

마샬은 모헨조다로에서 발견된 유물 중에서 지금은 일반적으로 파슈파티(가축의 主) 인장으로 불리는 한 인장에 주목하였다.

이 인장에는 인간처럼 보이며 외관상 남근 모양을 드러낸 한 형상이 세 개의 얼굴을 가지고,[51] 낮은 단 위에 요가의 아사나[52]를 하고, 팔을 뻗어 무릎 위에 대고 있으며, 뿔로 된 머리장식[53]을 하고 있다. 또 그 형태 주위에는 무소, 버팔로, 호랑이, 코끼리가 둘러싸고 있으며, 단의 주위에는 두 마리의 염소, 혹은 사슴이 있다.

【그림1】 파슈파티의 印章

이 인장은 두 가지 점에서 관심을 끌었다. 먼저 이 형상이 쉬바의

51) Marshall은 인장 속 형태의 얼굴에 해당하는 부위 좌우의 돌기들을 얼굴로 생각하고 이를 세 개의 얼굴을 가진 파슈파티라고 주장했다.

52) 이 인장의 자세는 발뒤꿈치를 회음에 갖다 대는 자세로 Yan Y. Dhyansky는 요가의 기원에 대한 연구인 그의 논문에서 이 자세를 mūlabhandhāsana라고 하였다. Samuel(2008), p. 4 재인용.

53) 쉬바의 장식물 중 하나로 초승달 모양을 하고 있다.

원형을 보여주는 것이 아닌가 하는 점이고, 그 형상이 요가자세를 취하는 것으로 인정할 때 요가의 기원이 인도의 선주민들에게 있지 않는가 하는 것이다.

마샬과 이후의 대개의 학자들은 이 인장의 형상을 파슈파티로서 쉬바의 선구적 형상으로 생각했다. 그러나 코삼비D. D. Kosambi는 머리장식의 뿔은 루드라—쉬바와 관련되는 황소 뿔이 아니고 버팔로 뿔이라고 지적하면서, 이 인장의 형상을 버팔로의 신Mahiṣāsura과 동일시하고, 이를 통해 쉬바를 추적해 볼 수 있다고 반론하였다.[54] 그러나 이것도 큰 개연성을 가지진 못한다. 로렌젠David N. Lorenzen은 이 문제는 새로운 자료가 나타나거나, 인더스 문자가 해독되기 이전에는 중지하는 것이 나을 것이라고 주장한다.[55]

최근에 플러드G. Flood는 이런 이론들은 다분히 사변적일 뿐이며, 이 인장의 형태가 3면面의 얼굴을 가졌다거나, 요가의 아사나로 앉았다거나, 심지어 이 형태가 과연 사람의 형태인지도 명확치 않다고 주장한다. 다만 머리 부위의 반월모양의 황소 뿔은 쉬바의 도상학圖像學적 영향을 가진 것일 수도 있다고 한다.[56] 이런 점에서 모헨조다로의 인장에 나타난 형상으로 쉬바 신앙의 기원을 찾는 것은 무리라 생각된다.

2) 베다의 루드라—쉬바

반다카르는 아리안족이 루드라를, 그의 아들들인 폭풍Marut을 몰고

54) Lorenzen(1987), p. 7 재인용.

55) Lorenzen(1987), p. 7.

56) Flood(1996), pp. 28~29; Flood(2003), pp. 204~205; 이 외에도 인장의 형상에 대한 설로는 인더스의 종교는 모신母神신앙이기 때문에 그 형상이 여성이라는 설과 신성한 황소인간이라는 설 등이 있다.

다니는 무서운 신[57]으로 보았다고 주장했다. 그러나 무서운 자연현상이 신의 분노 때문이라고 생각한 아리안족이 기도하고 공물을 바친 후부터 루드라는 유순한 쉬바의 개념으로 변화했다고 주장한다.[58] 그는 리그베다의 글을 빌려 당시의 루드라에 대해 아리안들이 가졌던 개념을 설명한다.

> 오! 루드라여! 그대의 분노를 버리시고, 아이들과 후손들을, 우리 사람들을, 우리의 가축들을 해치지 마소서. 그리고 우리 사람들을 죽이지 마소서.[59]

이를 통해 루드라가 사람이나 어린이, 가축을 해치는 존재로 인식되었음을 알 수 있다. 그는 폭풍과 밀접한 연관을 가지고 폭풍 속에서 벼락 등을 통해서 사람이나 가축을 해치는 두려운 존재였다.[60] 사람들은 천둥과 폭풍으로부터 가축을 지켜주길 루드라에게 기원했고, 이 과정에서 자연스레 가축의 수호신인 파슈파Paśupa로 대표되었다.[61]

또 한편으로 아이나 마을을 병이나 전염병에서 지키기 위해 루드라에게 기도를 올렸다. 이것은 루드라가 폭풍의 신으로서 폭풍 후의 전염병과 관련이 있었기 때문으로 생각되는데, 이런 개념으로 인해 루드라는 치료약을 가진 자[62], 의사 중의 의사[63]로도 알려진다.

이렇게 루드라는 리그베다시대에 벼락과 폭풍의 신으로, 질병을 일

57) *RV*. 2.33.
58) Bhandarkar(1982), p. 145.
59) *RV*. Ⅰ.114.8. "mā nastoke tanaye mā na āyai mā no goṣu mā no aśveṣu rīriṣah"
60) *RV*. Ⅶ.46.3.; Ⅰ.114.10.
61) *RV*. Ⅰ.114.10.
62) *RV*. Ⅰ.43.4.; Ⅶ. 46. 3.
63) *RV*. Ⅱ.33.4.

으키는 존재로 인식되었으나, 점차로 폭풍과 벼락에서 사람과 가축을 보호하고 질병을 치료하는 신의 개념으로 변화된 것으로 추측된다.

보통 베다의 루드라가 베다시대 이후 쉬바의 개념으로 변화했다는 것이 일반설이지만, 확정하기에는 근거 자료가 빈약하다. 루드라와 쉬바의 동일성은 마하바라타와 푸라나들에서 나타나는 것인데, 마이클스Axel Michaels는 다음과 같이 말하고 있다.

> 쉬바의 기원이 루드라에서 어느 정도로 구해질 것인가 하는 것은 극히 불명료하다. 쉬바를 고대의 신으로 간주하는 경향은 이들의 동일화에 기반하지만, 그런 추측을 정당화하는 사실들은 불충분한 것들이다.[64]

케이스A. B. Keith는 루드라—쉬바에서 아리안적인 것과 비아리안적인 요소를 구분한다는 것은 무용하다고 하면서, 이 루드라—쉬바의 특질은 베다의 루드라와 아리안족 및 비아리안족의 부차적 신들 사이의 동일화 과정의 끊임없는 첨가를 통해 발전했다고 하였다.[65]

그래서 루드라와 쉬바의 연관관계를 정확히 밝힌다는 것은 아직은 어려운 일로 생각된다. 그러나 야주르베다나 아타르바베다에는 다양한 신들의 특징과 연관된, 발전된 루드라의 특징들이 나타난다. 이들을 통해 루드라—쉬바의 개념이 외연을 확장하는 과정을 살펴보자.

야주르베다의 일부인 샤타루드리야Śatarudrīya에서는 루드라의 인자한 형태와 횡포한 형태가 구분된다. 여기서 루드라는 기리샤Giriśa, 혹은 기리트라Giritra로 불리는데 이것은 '산에 사는' 정도의 의미를 가졌다. 반다카르는 벼락은 산 위의 구름에서 발생하기 때문에 이런 별칭을

64) Michaels(2004), p. 217.

65) Lorenzen(1987), p. 7. 루드라와 쉬바의 관계에 대한 이론異論에 대해서는 Lorenzen(1987), pp. 7ff 참조.

가지게 되었을 것이라고 설명한다. 그리고 목동과 아낙네들이 벌판에서 일하다, 벼락의 번쩍거림으로 붉게 물든 먹장구름에서 쉬바의 푸른 목과 붉은 얼굴을 보고, 그가 산에 산다고 생각했을 것이라고 한다. 이런 특징으로 루드라는 여전히 두려운 신이었고, 쉬바는 마을에서 떨어진 곳에 사는 존재로 생각되었다는 것을 알 수 있다. 그래서 루드라는 길의 신, 숲의 신, 그 속에서 배회하는 자들의 신, 도둑과 강도의 신, 불가촉천민 등의 신이 되었다.[66]

샤타루드리야에서도 루드라는 여전히 치료의 신이다. 그는 또 광야나 평원의 신이기도 하였기에 거기에서 살아가는 가축들의 신paśupati으로 불린다. 루드라는 또 Kapardin이라고도 불리는데 '묶은 머리를 한 자' 라는 의미이다. 루드라는 불의 신 아그니와 동일시되었는데, 불의 열기와 묶은 머리가 비슷하게 보였기 때문에 생긴 별칭일 것이라고 반다카르는 주장한다.[67] 또 벼락과 연관하여 '활의 지배자' 라는 의미의 Śarva라는 별칭이 있다. 샤타루드리야의 끝부분에는 루드라의 횡포함이 사라진 '인자한' 의 뜻을 가진 Śambhu와 '상서로운' 의 의미인 쉬바Śiva라는 명칭이 나타난다. 이외에도 '가죽옷을 입은 자' 의 의미로 kṛttiṃ vasānaḥ로 표현되었다.[68] 샤타루드리야의 내용을 통해 현재 알려진 쉬바의 특징들인 묶은 머리, 푸른 목 등등이 이미 이때 성립했음을 알 수 있다.

로렌젠에 따르면, 아타르바베다에는 밀접히 연관되면서도 각각 독립적인 7종의 신들의 이름이 나타난다고 한다. 이 신들은 일찍이 루드라—쉬바의 다양한 형태나 이름으로 인식되었다.[69] 샤르바Śarva, 브하

66) Bhandarkar(1982), p. 146.

67) Bhandarkar(1982), p. 147.

68) 쉬바의 다양한 명칭이 가장 많이 나타나는 것은 1,008개의 이명異名을 밝히고 있는 *śivasahasranāmāṣṭakam*이다. Ram Karan Sharma(1996)은 자신의 저서 서문에서 *śivasahasranāmāṣṭakam*의 8종 사본들을 비교하고 있다.

바Bhava, 파슈파티Paśpati, 우그라Ugra, 루드라Rudra, 마하데바Mahādeva, 이샤아나Īśāna가 그 신들이다. 반다카르는 각 신의 용례를 구분하였다.[70]

먼저 궁수와 왕을 의미하는 샤르바와 브하바는 두 발(인간)과 네 발(짐승)을 가진 존재를 지배하는 자로 나타난다. 그들은 가장 빠르고, 천 개의 눈을 가졌다고 한다. 그들의 화살은 신이나 인간 누구도 피할 수 없는데, 사람들은 그들이 악마 야투드하나Yātudhāna에게 화살을 쏘기를 기원하였다고 한다. 브하바Bhava는 모든 것을 보고, 아무것도 가깝거나 멀거나 하지 않다고 한다. 즉 편재성을 지닌 것으로 알려졌다고 한다. 브하바는 천들과 지상의 지배자Īśa이며, 모든 대기를 채우는 자이다. 사람들은 파슈파티인 브하바, 샤르바, 루드라의 화살이 늘 자비롭도록 기원하였다.[71]

이들 신들은 정령의 지배자Bhūtapati나 파슈파티로도 불린다. 암소, 말, 인간, 염소, 양들은 파슈파티에 속한 것들이다.[72]

태양신 Savitṛ는 아리야만Aryaman, 바루나Varuṇa, 루드라, 마하데바로도 불린다. 모든 별과 달은 루드라의 지배를 받는다고 한다.[73]

신성한 황소인 마하데바는 그의 두 개의 무기를 가졌다고 알려졌다.[74]

신들은 브하바를 궁수로 만들어 불가촉천민의 수호자Vrātya로서 동부 지역의 중간 공간을 담당하게 하였으며, 남부 지역은 샤르바, 서부 지역은 파슈파티, 북부 지역은 우그라, 낮은 지역은 루드라, 상위 지역은 마하데바, 그리고 여타의 매개적 중간 지역은 이샤아나에게 담당케

69) Lorenzen(1987), p. 8.
70) Bhandarkar(1982), pp. 148～150.
71) *AV*. 4.28.1.; 4.28.3.; 4.28.5.; 4.28.6.; 11.2.25.; 11.2.27.; 11.6.9.
72) *AV*. 11.2.1.; 11.2.9.
73) *AV*. 13.4.4.; 13.4.28.
74) *AV*. 9.7.7.

했다고 한다.[75)]

브라흐마나 문헌 중에서 『샤타파트하브라흐마나*Śatapathabrāhmaṇa*』와 『카우시타키브라흐마나*Kauṣītakibrāhmaṇa*』가 루드라를 다루고 있다. 양 브라흐마나 문헌은 루드라를 Uṣas의 아들로 언급하는데, 이들에 따르면 프라자파티는 루드라에게 8종의 이름을 주었다고 한다.[76)] 앞의 아타르바베다의 7종의 이름에 더하여, 벼락을 의미하는 아샤니Aśani, 혹은 Bhīma가 8번째 이름으로 첨가되었다.

반다카르는 8개의 이름 중에 루드라, 샤르바, 우그라, 아샤니는 루드라—쉬바의 파괴적인 측면을 대표하고, 브하바, 파슈파티, 마하데바, 이샤아나는 자비의 측면을 대표한다고 하였다. 그리고 야주르베다와 아타르바베다 시기에 루드라—쉬바는 자비로운 신이 되었으며, 최고신의 권능을 가지게 되었다고 주장한다.[77)] 그러나 루드라—쉬바와 그의 특질들을 대표하는 다양한 베다신들 사이의 관련성이 정확히 밝혀지기 전에는 이를 확정하기는 어렵지 않을까 한다.

반다카르는 베다 이후의 루드라—쉬바의 개념적인 발전을 가정경家庭經, gṛhyasūtra 문헌들에 나타난 슐라가바śūlagava[78)]로 불리는 제의를 통해 설명하고 있다.[79)] 『아쉬발라야나그리흐야수트라*Aśvalāyanagṛhyasūtra*』 4.9.에 따르면 루드라를 달래기 위해 황소를 희생물로 사용하였고, 마을을 벗어나서 행해지는 이 제의가 끝난 후에 남은 것들을 마을로 가져올 수 없었다. 이 희생제의는 잔인한 특징을 보여주는데, 특히 루드라는 황소의 장막腸膜, vapā을 공양받았다. 이때 12종의 신들의 이름을 불렀다

---

75) *AV*. 15.5.1~7.
76) Bhandarkar(1982), p. 149.
77) Bhandarkar(1982), pp. 149~150.
78) 루드라에게 바쳐진 소를 의미함.
79) 이하 가정경에 나타난 루드라—쉬바 내용은 Bhandarkar(1982), p. 150에서 정리한 내용임.

고 한다. 그 중 일곱이 루드라-쉬바의 파괴적인 측면을 대표하는 루드라, 샤르바, 우그라와 인자한 측면을 대표하는 브하바, 파슈파티, 마하데바, 이샤아나이다. 나머지 5종의 신은 하라Hara, 므리다Mṛda, 쉬바Śiva, 브히마Bhīma, 샹카라Śaṃkara이다. 어떤 경우는 장막을 성화聖火에 던져 넣으며, 특수한 6종의 신이나 루드라의 이름만을 단일하게 반복하는 예도 있었다고 한다.

『파라스카라그리흐야수트라*Pāraskaragṛhyasūtra*』 3.8.는 공양물을 성화에 넣기 전에 위의 신들의 배우자인 여신들의 이름, 즉 인드라니Indrāṇī, 루드라니Rudrāṇī, 샤르바니Śarvāṇī, 브하바니Bhavānī를 불렀다고 기록하고 있다.

또 『히란야케쉬그리흐야수트라*Hiraṇyakeśigṛhyasūtra*』 2.3.8.에는 아타르바베다의 7종의 신들의 이름과 8번째의 신으로 아샤니를 대신해서 브히마가 포함된 8종의 신들의 이름이 나타난다. 또 그 신들의 배우자인 여신들의 이름을 "브하바신의 여신에게 귀의합니다bhavasya devasya patnyai svāhā"라는 식으로 찬탄하여 부르면서 여신들에게 공양물을 바친다는 내용이 나온다.

반다카르는 리그베다에서부터 가정경에 걸친 루드라—쉬바 개념의 변천을 보여주면서, 다음과 같이 정리하고 있다.

> 비쉬누 신앙의 형성에 공헌한 것들은 열정적 사랑, 찬탄, 신앙의 염 등의 외현화이다. 이에 반해 루드라—쉬바교 근저에는 공포의 감정이 있다. 아무리 그것을 숨기려 하여도 그를 통해 일정한 발전을 이루게 되었고, 후대의 다양한 루드라—쉬바파 체계의 정형화에 영향을 미친 것은 바로 이 감정이었다. 다른 나라들의 일신교에서는 동일한 신이 무섭기도 하고 자비로운 존재이기도 하지만, 인도에서는 사랑받는 신은 비쉬누, 나라야나Nārayaṇa, 바수데바Vāsudeva, 크리슈나Kṛṣṇa이고, 반면 공포의 대상이 된 신

은 루드라—쉬바였던 것이다.

여기서 반다카르는 인도 종교의 대표적 신이라 할 수 있는 비쉬누와 쉬바를 사랑과 공포의 감정을 불러일으키는 신으로 크게 대별하여 인도 종교를 파악하려고 했던 것으로 보인다.

여기까지 루드라를 표현하는 다양한 신들의 명칭을 보아 왔지만, 과연 그 신들과 루드라의 관계가 어떠한지, 그리고 루드라와 쉬바는 어떤 관계로 동일한 신을 지칭하게 되었는지는 아직 정확하지 않으며, 학자들 간의 견해도 다르다.

그러나 반다카르의 연구를 통해 루드라가 처음에는 폭풍이나 벼락과 관련된 공포의 신에서 시작하여 점차 사람들이나 가축을 폭풍이나 벼락, 혹은 폭풍에 기인한 전염병 등에서 구제해주는 자비의 신이 되었고, 이런 반대되는 양자의 성격의 합일을 통해 최고의 권능을 가신 신으로 인식되기에 이른 것을 추측해볼 수 있다.

루드라—쉬바의 이런 특성은 후대 푸라나 문헌 속에서 쉬바가 엄격한 고행주의자이면서 동시에 성력性力을 상징하는 남근男根, liṅga으로 표현되는 모순된 성격을 가지게 된 점과도 관계가 없지 않을 것이다. 또한 양극성의 합일을 사상적 특징으로 하는 탄트라가 주로 쉬바가 전수해준 요가를 통해 해탈을 추구하는 점도 이와 무관하지 않을 것이다.

3) 우파니샤드와 루드라—쉬바

로렌젠은 우파니샤드, 특히 *SU*에 나타난 루드라—쉬바 개념에 대해 아래와 같이 말하고 있다.

루드라—쉬바는 간혹 쉬바파의 성전聖典으로 불리기도 하는 *SU*에서 약간은 갑작스럽게 유일신적인 헌신의 대상으로 처음 나타난다. *SU*는 초기 우파니샤드의 후반부, 아마 기원전 6세기경으로 연대를 추정할 수 있으며, 초기 우파니샤드들의 문헌들이 베다교에서 힌두교로 역사적으로 변화하는 과정을 잘 보여주고 있다. 특히 상키야 형이상학과 요가 실천법의 중요 측면들을 설하고 있다. 그러나 자신의 형이상학적 위치는 불분명하여 후대 12세기 라마누자가 설한 한정불이론限定不二論, viśiṣṭādvaita과도 유사한 성격을 가진다. *SU*에서 루드라는 유일신eka deva, 즉 모든 것의 지배자이며 원인이고, 브라흐만 그 자체로 기술되고 있으며, 하라, 이샤, 마하푸루샤Mahāpuruṣa, 이샤나, 브하가바트Bhagavat, 쉬바, 그리고 마헤쉬바라Maheśvara로도 불리고 있다.[80]

반다카르에 따르면 *SU*는 우파니샤드의 가장 성숙한 단계의 신학을 보여 주고 있는데, 여기서 절대신은 일반적인 용어인 데바deva로 불리기 때문에 비종파적인 성격을 보여준다고 한다. 그리고 데바는 이 우파니샤드에서 또한 루드라, 쉬바, 이샤나, 마헤쉬바라 등으로 불렸지만, 이것이 결코 루드라-쉬바가 다른 신들을 배제한 절대적 신격을 획득했다는 증거로 삼을 수는 없다고 한다. *SU*는 쉬바파에만 국한된 우파니샤드가 아니었기 때문에 후대에 샹카라나 라마누자도 *SU*를 인용하고 있다.[81]

반다카르는 *SU*가 『바가바드 기타』보다 그 성립이 빠르며, 이전의 우파니샤드들에 비해 강한 신애信愛, bhakti적 특징을 보인다고 주장한다.[82] 이런 점에서 *SU*는 인도사상이 베다교에서 힌두교로 넘어가는

---

80) Lorenzen(1987), p. 8.

81) Bhandakar(1982), p. 157.

82) Bhandakar(1982), p. 157.

사상적 변화의 일면을 잘 보여주는 중기 우파니샤드[83]의 대표적인 신애 문헌으로 볼 수 있을 것이다.

*SU*는 신을 아는 것이 불사가 되는 것이며, 이를 위해서는 일련의 요가적, 명상적 수행 과정을 거쳐야 한다고 주장하면서, 몸을 정지시키고 감각과 마음이 심장hṛdayam을 관통해야만 한다는 내용이 나온다. 그리고 이런 수행 과정을 통해 요가수행자는 더 이상 노·병·사에 종속되지 않게 된다. 요가수행으로 내적인 깨달음뿐만 아니라, 육체적 변형을 통해 육체 그대로 깨달음과 불사에 도달한다는 것은 원래 쉬바파의 영원한 주제이다.[84] 이런 점에서 *SU*가 쉬바파의 성전으로 숭앙된 이유를 짐작할 수 있다.

요가 실천법의 중시, 특히 이를 통해 내적 깨달음과 불사의 육체를 동시에 추구한 점 등에서, *SU*는 쉬바파의 종파적 성격은 가지지 않았더라도, 일정 부분 쉬바파의 이념과 통하는 부분이 있었던 것으로 볼 수 있다.

4) 마하바라타와 루드라–쉬바

마하바라타에는 더욱 인격화되고 구체적인 쉬바의 개념이 나타난다. 여기서 쉬바는 배우자인 우마와 히말라야에 사는 신성한 요가수행자요, 위대한 고행자이면서, 동시에 신의 성력을 나타내는 남근으로 상징된다.[85]

반다카르는 마하바라타에서 루드라–쉬바가 나오는 장면을 아래와

83) 예를 들어 길희성은 *SU*를 기원전 2~3세기로 보고 중후기 우파니샤드로 분류한다. 길희성(1984), p. 40. 그러나 초기로 분류하기도 한다.

84) Muller-Ortega(1989), p. 28.

85) Muller-Ortega(1989), p. 28.

같이 열거하고 있다.[86] 『브히스마파르반Bhīśmaparvan』에서는 크리쉬나가 아르쥬나에게 전쟁을 개시하기 전에 성공을 기원하기 위해 두르가에게 기도하라고 한다. 이때 아르쥬나는 스칸다, 카트야야니Kātyāyanī, 카랄리Karālī 등의 모신母神인 우마의 이름을 같이 부르며 두르가를 찬송한다.

또 『바나파르반Vanaparvan』의 38~40장은 아르쥬나가 히말라야에서 고행하다 쉬바에 헌신한 보답으로, 쉬바로부터 파슈파티에 의해 제어되는, 모든 적을 파괴할 수 있는 무기pāśupatāstra를 얻는 내용이 나타난다. 역시 이 무기를 얻게 되는 또 다른 이야기가 『드로나파르반Droṇaparvan』 80~81장에도 나타난다. 여기서 아르쥬나와 크리슈나는 쉬바를 태어나지 않은 자, 우주의 창조자, 그리고 다양한 신들의 이름으로 부르고 있음을 볼 수 있다.

『사우푸티카파르반Sauptikaparvan』의 7장에는 아쉬바트하만Aśvatthāman이 샹카라Śaṃkara에게 검을 얻어 판두가문에 막대한 피해를 입힌다. 이런 이유를 묻는 아르쥬나에게 크리쉬나는 샹카라에 관련된 이야기를 하는데, 여기서 링가에 대한 이야기가 나온다.[87] 또 신들이 희생제의를 만들 때 루드라를 위한 경배를 따로 마련하지 않았기 때문에 분노로 그 희생제의를 파괴하였는데, 신들이 그에게 일정한 제의를 할당하자 비로소 만족했다는 내용이 나타난다.

『아누샤아사나파르반Anuśāsanaparvan』의 14장에는 크리쉬나의 후실 중의 하나인 잠바바티Jāmbavati가 크리쉬나의 정실부인인 루크미니Rukmiṇi의 아들처럼 훌륭한 자식을 원한 것에 관련된 내용[88]이 나온다.

86) 아래에 소개하는 내용들은 반다카르의 글을 정리한 것임. Bhandakar(1982), pp. 160~164 참조.

87) 이와 유사한 내용이 *Vāyu purāṇa* 10장에 나타난다.

마하바라타는 베다의 종교가 힌두교로 발전해가는 과정이 잘 나타나는 문헌이다. *SU*의 추상적 유일신으로서 루드라—쉬바가 여기서는 다른 신과는 차별된, 은총을 베푸는 인격적 유일신으로 나타난다. 원래 아리안족의 정통적 신앙 대상은 아니었을 루드라—쉬바를 마하바라타에서 이렇게 언급하는 것은, 비아리안적 사상을 힌두적 가치 아래 두려는 아리안족들의 의도가 있었을 것이다. 더불어 마하바라타의 이 부분이 성립하던 당시에 루드라—쉬바 신앙이 다른 신에 대한 배타적 성격을 가진 종파적 신앙으로 발전하고 있지 않았을까 짐작케 한다.

반다카르는 특히 쉬바의 남근신앙, 즉 liṅga숭배를 비아리안족의 전통이 아리안에 침투해 들어 온 것이라고 주장한다. 그에 따르면 리그베다에는 이런 남근신앙을 거부하는 두 군데의 경증經證이 있다고 한다. 즉 7.24.5에서 인드라는 그의 신이 남근śiśna인 자들의 기도를 거부한다. 또 다른 곳에서 인드라는 남근을 믿는 자들을 죽이고, 그 도시의 부자들을 정복한 자로 표현한다. 반다카르는 분명 남근숭배자들은 베다 아리안의 의례를 어지럽히는 적들로 인식되었고, 이들의 정체는 아리안이 아닌 원주민 부족의 일부였을 것으로 믿는다고 주장한다. 그리고 루드라—쉬바의 여러 특질들이 숲속의 거주자들로부터 영향

---

88) 이를 위하여 크리쉬나는 히말라야로 가는 길에 마하데바(Mahādeva, 쉬바의 인자한 측면을 대표하는 별칭 중의 하나)를 찬양하는 수행자 우파만유Upamanyu의 오두막에 들러 그의 설법을 듣게 된다. 거기서 그는 리그베다를 지은 성인聖人, ṛśi들이 엄격한 수행을 통해 마하데바의 은총으로 소원과 능력을 이룬 자들이라고 한다. 또 그는 유일신으로서 사람들에게 남근을 통해 상징적으로 신앙된다고 말하고 있다. 쉬바는 엄격한 수행을 행하는 우파만유를 시험하기 위해 인드라의 모습으로 나타나 모든 소원을 들어주겠다고 하지만, 우파만유는 오직 쉬바의 은총만을 받겠다며 거부한다. 그러자 쉬바는 배우자 우마와 더불어 소Nandin를 타고 우파만유 앞에 나타나는데, 이때 백조에 앉은 브라흐마데바와 가루다에 앉은 나라야나 Nārāyana를 대동한다. 그리고 우파만유의 소원을 들어준다. 크리쉬나 역시 우파만유처럼 엄격한 수행을 통해 마침내 쉬바가 현현하여 소원을 성취하게 된다.

을 받은 것처럼, 남근숭배 역시 이런 부족들에게서 영향 받은 것이겠지만, 식자층에게까지 남근신앙이 나타난 것은 후대의 일일 것이라고 주장한다.[89)]

이와 같은 고찰을 통해 반다카르는 리그베다 이후 격외의 길 이전의 쉬바교에 대해 다음과 같이 결론을 내리고 있다.

> 상히타 이후 문헌들로부터 루드라—쉬바는 모든 아리안들에게 공통적으로 신앙되는 신이었으며, 처음엔 종파적 신이 아니었음이 나타난다. 앞에서 고찰한 것처럼 루드라—쉬바는 비쉬누교, 즉 바수데바 등의 신들이 최고신의 위치에 도전하기 전까지는 이 영역의 최고였다. 앞서 고찰한 것처럼 다양한 환경들 하에서 루드라의 예경에 대한 방향을 지시하는 가정경 문헌들은 쉬바교의 한 종파에 속한 것이라고 할 수 없다. 파탄잘리의 시대에 때로 귀금속으로 만들어진 쉬바, 스칸다, 비샤카Viśākha의 상들은 이들로부터 수입을 얻는 종교인들에게 공통적으로 신앙되었다. 여기에 언급된 쉬바의 상들이 특별한 종파에 사용된 것을 의미할 수는 없다.[90)]

각 시대의 쉬바교 간의 역사적 간격으로 인해 그들 상호 간의 관련성을 구체적으로 알기는 어렵다. 그러나 지금까지의 고찰을 통해 리그베다에서는 단지 만신전의 한 신이었던 루드라는 시간이 지남에 따라 다른 신을 배제한 인격적 최고신인 쉬바가 되었음을 알 수 있다.

---

89) Bhandakar(1982), pp. 163~164 참조.

90) Bhandakar(1982), p. 164.

제2장
쉬바교의 분파적 전개

제2장 쉬바교의 분파적 전개

짐승가죽을 입고 철창을 들고 다니던 쉬바 신앙자들, 즉 쉬바브하가바트śivabhagavat로 불리는 자들이 쉬바를 단독적으로 신앙한 사실은 『마하브하샤Mahābhāṣya』 5.2.76.에서 이미 나타난다. 또 기원전 2세기부터 기원후 1세기에 걸친 그리스, 샤카Śaka계열 왕조들의 동전에서 쉬바파의 상징들이 나타난다는 점에서, 이미 이 시기에 종파적 신앙[1]으로써 쉬바 신앙이 형성되었던 것은 사실로 보인다. 그러나 그들에게 직접적으로 속한 문헌은 전혀 발견되지 않았다.[2]

딕콥스키에 따르면 최초의 아가마가 언제 쓰인 것인지는 불분명하지만 6세기 이전은 아니었을 것이라고 주장하면서, 탄트라적인 문헌들의 제작에 관한 내용이 담긴 7세기 전반에 쓰여진 바나Bāṇa의 희곡

---

1) 여기서 종파적 신앙이란 쉬바를 절대유일의 인격신으로 신앙한다는 의미이다. 로렌젠에 따르면 종파sect란 일반적으로 기독교적 개념에서 교설, 승단, 신도의 세 가지를 가진 것이지만 카팔리카, 칼라무카, 그리고 파슈파타 등의 쉬바파의 종파들을 말할 때, 종파란 범어에서 darśana, samaya, mata로 나타난다. 즉 쉬바파의 다양한 종파들은 무엇보다 교설을 중심으로 분류된 개념인 것을 알 수 있다. Lorenzen(1991), p. xi 참조.

2) Dyczkowski(1989) p. 4.

『캬담바리*Kādambarī*』의 내용을 소개하고 있다.[3] 거기에는 남인도에서 온 쉬바파의 한 고행자가 훈연燻煙된 종려 잎에 붉은 색 도료로 요술, 탄트라들, 만트라들에 대한 문헌들의 집성을 행했다는 내용이 나온다. 바나는 그것이 마하칼라Mahākāla, 즉 마하파슈파타Mahāpāśupata의 고대 교설을 쓴 것이라고 하였다.

이런 점에서 이 시기에 종파적으로 쉬바를 신앙하던 이들의 교설이 점점 문자화되고 있었음을 알 수 있다. 이런 아가마들과 탄트라들의 저작들은 매우 급속히 증가하여 11세기 아비나바굽타Abhinavagupta의 시대에 이르러 10종, 18종, 64종으로 대변되는 쉬바파의 아가마 문헌군을 형성하게 된다.

이들 중에는 문헌들의 연관관계를 밝힌 부분(교판 부분)을 담고 있는 문헌들이 있다. 이 부분의 고찰은 쉬바파의 문헌군을 기반으로 한 쉬바파들간의 복잡한 갈래와 상관관계를 밝혀줄 수 있을 것이다. 이 연구는 쉬바교의 사상적 발전을 고찰하는 데 필수적인 부분이지만, 문헌의 산실散失과 번역 및 연구의 부족 등으로 학계의 연구가 시작된 이후 아직까지 해결되지 않고 있다.

로렌젠(1987), 딕콥스키(1989b), 산더슨(1988) 등이 이 분야의 대표적 연구인데, 특히 산더슨의 논문들은 만트라의 길 이후의 쉬바파들 사이의 불명료한 갈래와 그 연관성을 밝히는 데 획기적인 전기를 마련하였다.

여기서 쉬바교의 전개를 이해하기 위하여 플러드G. Flood의 도표[4]를 제시한다.

---

3) Dyczkowski(1989) p. 4.

4) Flood(1996), p. 152.

【표 3】 쉬바교의 전개

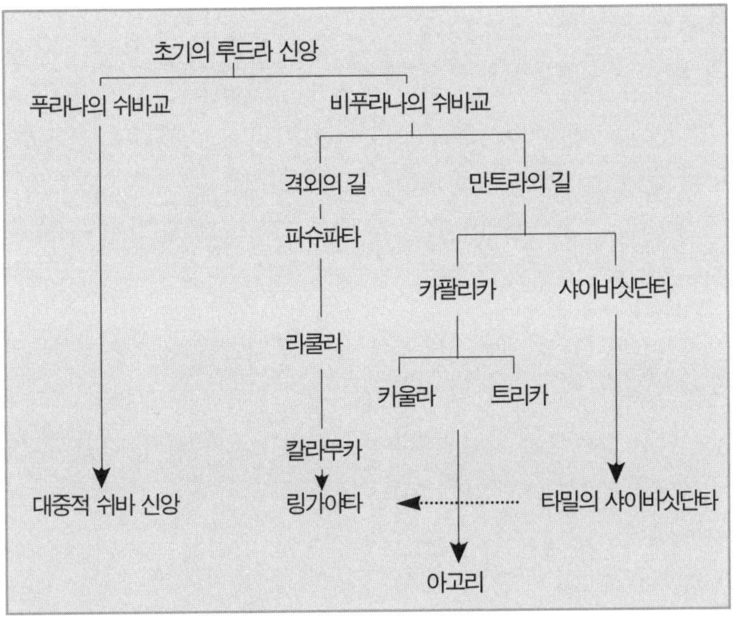

위의 표에서 푸라나의 쉬바교란 베다의 가치를 지키면서 암송경暗誦經, smṛtisūtra을 기반으로 한 의례를 행하던 쉬바교를 말하는 것이다. 비푸라나의 쉬바교란 베다의 윤리적 가치를 지키지 않는 형태의 의례를 행하던 쉬바파들이다.

이 중 비푸라나의 쉬바교를 산더슨은 다시 다음의 두 지파로 이분하였다.

> 쉬바파들을 규정하는 쉬바의 교설śivaśāsana은 크게 두 개의 분파 내지 흐름strota들로 나뉜다. 이것들은 각각 격외의 길atimārga과 만트라의 길mantramārga로 명명된다. 첫째는 오직 고행자들에게만 적용되는 것이다. 반면 둘째는 고행자와 재가자들 양자에 다 적용되는 것이다. 목표에도 차

이가 있다. 격외의 길은 오직 해탈만을 목표로 하는 반면, 만트라의 길은 해탈과 더불어 세계 속에서 초자연적인 기쁨을 향수하고 초자연력을 획득하는 것을 목표로 하는 이들을 위한 것이기도 한 것이다. 격외의 길의 쉬바교는 때로는 쉬바파라기 보다는 오히려 루드라파로 불리기도 한다. 왜냐하면 쉬바의 원형으로서 베다적 형태인 루드라에 기인하고 관련되었기 때문이다. 루드라는 쉬라우타śrauta 의례를 벗어난 거칠고 다방면적인 신이다. 이 격외의 길은 파슈파타와 라쿨라Lākula로 크게 이분된다.[5]

무엇보다 격외의 길은 이원론의 전통이고, 만트라의 길은 일원론의 전통을 가진 카팔리카가 속해 있다는 점이 차이가 될 것이다. 그러나 만트라의 길에 속한 샤이바싯단타는 이원론을 견지하였기 때문에 일원론과 이원론으로 이 둘을 구분할 수는 없다. 앞의 산더슨의 글에 따라 격외의 길과 만트라의 길의 특징을 구분하면 아래의 표와 같다.

【표 4】 격외의 길 / 만트라의 길의 특징

	격외의 길	만트라의 길
목적	해탈의 성취	해탈과 초자연력의 획득
활동 주체	독신고행자	재가자와 고행자
신앙 대상	루드라	쉬바
샥티적 요소	나타나지 않음	중요함

격외의 길은 쉬바신을 신앙하며 고행수행을 하던 쉬바파들을 말한다. 이들이 이렇게 표현된 것은 브라만 정통적인 천계경天啓經, *śrautasūtra*을 기반으로 한 의례(śrauta의례)의 방식이나, 암송경暗誦經을 기반으로 한 의례(smārta의례)를 벗어난 의례를 행했기 때문이다.[6]

5) Sanderson(1988), p. 664.

격외의 길은 쉬라우타śrauta 의례나 스마라타smārta 의례와는 다르게 베다의 윤리적 가치를 벗어나, 술과 고기를 사용하는 의례를 행하였다. 단 불가촉천민antyaja여성과의 의례적 성교는 포함되지 않았던 것으로 보인다.

그러나 격외의 길에 속한 고행자들이 베다의 권위를 부정한 것은 아니다. 그래서 산더슨은 그들을 반反의례주의자anti-ritualist라기 보다는 대大의례주의자super-ritualist로 부른다. 그에 따르면 쉬라우타 의례주의자와 탄트라 수행자들은 비록 힌두교라는 스펙트럼의 양 극단에 위치한다. 하지만 의례의 전문가들로서 이를 통해 해탈을 얻을 수 있다고 주장하는 점에서, 암송경류의 문헌과 푸라나 문헌을 중심으로 느슨한 형태의 스마라타 의례를 행하던 이들과는 다른, 둘만의 공통점을 가진다고 한다.[7]

이런 점은 비록 의례의 방식과 실천은 다르지만, 탄트라 수행자들이 탄트라를 베다나 우파니샤드와 다른 것이 아니라, 그 시대에 더욱 적합한, 또 다른 계시로 생각했다는 점에서도 이해될 수 있다. 로렌젠에 따르면, 탄트라의 성자들은 소우주와 대우주의 합일(범아일여)을 그 철학의 핵심 중의 하나로 하는데, 이런 사상은 베다시대에 이미 기원하고 우파니샤드에서 크게 발전하였으며 탄트라에서 비로소 그 정점에 달한다고 주장하였다.[8]

---

6) 의례와 관련한 문헌kalpasūtra은 베다의 6종 분과학문vedāṅga의 하나로서 계시를 기반으로 한 천계경류와 암송이나 전통을 기반으로한 암송경류의 2종으로 대분되며, 다시 암송경류는 가정경家庭經, gṛhyasūtra류와 법경法經, dharmasūtra류로 나뉜다. 원래 전통 베다의례는 천계경류를 기반으로 브라만의 전문지식이 필요한 쉬라우타śrauta 의례인데, 푸라나 문헌이 성립하면서 암송경류와 푸라나 문헌을 기반으로 비쉬누, 쉬바, 가네샤, 수리야, 데비의 5종신을 가내家內에서 제사지내는, pañcāyatana pūjā와 관련된 스마라타 의례가 나타난다. 특히 이 중에서도 쉬바와 비쉬누는 지고의 위치로 격상되었다. Flood(1996), p. 185 참조.

7) Sanderson(1988), p. 662.

로렌젠은 『브라흐마수트라*Brahmasūtra*』 2.2.37의 내용에[9] 대한 샹카라(8세기) 이후 주석가들의 주석에 나타난 쉬바파들의 명칭과 푸라나 문헌들과 기타의 자료들에 나타난 쉬바파들의 명칭에 대한 연구를 행했다.[10]

『브라흐마수트라』의 이 부분에서 신pati을 주석하면서 샹카라는 쉬바파를 단지 마헤스바라*Māheśvara*라고만 부르고 있다. 그러나 이후의 주석가들은 다음같이 쉬바파들을 4종으로 구분하였다. 간단한 표를 제시한다.

【표 5】 마헤스바라*Māheśvara* 주석들에 나타난 쉬바파의 명칭

주석가	활동 시기	쉬바파의 명칭
샹카라	8세기	Māheśvara
Vācaspati Miśra	9세기 중반	Śaiva/ Pśāupata/ Kāpālika/ Karunika-siddhantin
Bhāskarācārya	9세기 중반	Śaiva/ Pśāupata/ Kāpālika/ Kāṭhaka-siddhantin
Yāmunācārya	11세기 중반	Śaiva/ Pśāupata/ Kāpāla/ Kālāmukha
Rāmānuja	11~12세기	Śaiva/ Pśāupata/ Kāpāla/ Kālāmukha

로렌젠은 카루니타 싯단틴Karunika-siddhantin, 카타카싯단틴Kāṭhaka-siddhantin의 정체가 매우 피상적으로 설명되었으나, 외형적으로 칼라무카Kālāmukha와 동일한 것으로 인정하고 있다.[11] 이런 자료들을 통해 11세기경에는 인도사상가들에게 쉬바파는 크게 샤이바Śaiva, 파슈파타

8) Lorenzen(1988), p. 273 참조.

9) *Brahmasūtra*, 2.2.37. "[유일한 우주의 效果因으로서] 신의 [교설은] 적당하지 않기 때문에 [이치에 맞지 않다](patyur asāmañjasyāt)."

10) Lorenzen(1991), pp. 1~12 참조.

11) 그리고 푸라나와 기타 자료들에 나타난 쉬바파들의 다양한 이름들은 Lorenzen(1991), pp. 7~10의 표 참조.

Pśāupata, 카팔리카Kāpālika, 칼라무카Kālāmukha의 4종으로 인식되었음을 알 수 있다.

이를 기반으로 딕콥스키는 다음과 같은 결론을 도출하고 있다. 첫째로 다양한 쉬바파들의 명칭이 나오지만 이들의 분류체계는 통일성을 가진다. 둘째로 샤이바라는 명칭은 샤이바싯단타[12]를 의미한다. 셋째로 카팔리카(Kāpālika, Kāpāla, Soma, Saumya, Kaṅkāla 등의 명칭으로 다양하게 나타난다)가 거의 모든 자료들에 나타나기 때문에 이 파는 독립적인 것으로 생각되며, 파슈파타와 라쿨라(Nākula, Vākula, Lañjana, Lāguḍa, Lāṅgala 등의 다양한 명칭으로 나타난다) 역시 독립적인 파이다. 마지막으로 칼라무카는 파슈파타의 일파로 나타난다.[13]

플러드 역시 위의 딕콥스키의 입장과 크게 다르지는 않다. 그러나 라쿨라는 파슈파타의 다양한 하부 지파 중의 가장 중요한 지파였으며, 칼라무카는 9~3세기 사이에 번성했던, 라쿨라 교단의 지파라고 한다.[14]

이런 입장들을 종합하여 다음과 같은 결론을 얻을 수 있다. 격외의 길에서 현저하게 나타나는 파는 파슈파타, 라쿨라, 칼라무카의 3종인데, 이 중 뒤의 두 파는 파슈파타를 근간으로 한 하위 지파이므로 격외의 길의 핵심은 파슈파타로 볼 수 있다. 만트라의 길의 다양한 지파들은 크게 샤이바싯단타, 그리고 카팔리카를 중심으로 발전한 지파들로 크게 이분된다. 이 결론을 견지하며 먼저 격외의 길에 속한 파슈파타, 라쿨라, 칼라무카를 간략히 고찰한다.

12) 타밀 샤이바싯단타가 아닌 이원론적 입장을 가진 쉬바파.
13) Dyczkowski(1989), pp. 18~19.
14) Flood(1996), pp. 157~158.

1. 격외의 길Ati-mārga

1) 파슈파타Pāśupata

파슈파타는 격외의 길에 속한 가장 오래되고 중요한 쉬바파이다. 라쿨라와 칼라무카는 이 파의 교설을 근간으로 하고 있다. 마하바라타의 『샨티파르반Śantiparvan』, 『나라니야Nārāṇiya』 349.64에 언급된 내용을 볼 때, 파슈파타는 기원후 2세기경에는 이미 알려져 있었다고 생각된다. 그러나 이 당시 문헌은 남아 있는 것이 없으며, 10세기 이전 작품으로 보이는, 카운딘야Kauṇḍinya가 주석을 붙인 『파슈파타경Pāśupatasūtra』[15]만이 현재까지는 유일한 파슈파타의 문헌으로 남아 있다.[16]

---

15) Flood(1996), p. 156; 산더슨은 못미더운 자료나마 카운딘야가 4세기에 활동했다는 견해가 있다고 주장했는데 그 자료가 무엇인지는 밝히고 있지 않다. Sanderson(1988), p. 664.

16) 판드K. C. Pandey는 파슈파타와 Lakulisapāśupata의 2종의 파슈파타를 제시한다. 그는 *Ṣaḍdarśanasamuccaya*라는 동명의 인도 6파철학 요약서를 저술한 두 사람, Rājaśekhara(900년대)와 Hari Bhadra Sūri(700~770년대)의 저술을 통해 파슈파타의 체계를 추적한다. 판드는 파슈파타는 이원론dvaita이며 Lakulisapāśupata는 이원론적 불이론(dvaitādvaita, 혹은 한정불이론)의 입장을 견지한다고 한다. 그리고 Mādhava의 *Sarvadarśanasaṅgraha*는 쉬바파를 다룰 때 이 두 파간의 구분을 염두에 두고 있었다고 한다. Mādhava는 파슈파타를 Nakuliśapāśupata라고 하는데, 여기서 Nakuliśa는 Lakulisa의 다른 표기이다. 박문성은 Lakulisa 이전의 이원론적 파슈파타, Lakulisa의 제한적 일원론의 파슈파타, 쉬바계 푸라나들에 나타난 일원론적 파슈파타의 3종의 사상적 차이를 파슈파타 내에서 구별할 수 있다고 한다. 박문성(2003), pp. 7~8. 판드에 따르면 파슈파타의 독립적 현존 문헌은 없으나, Lakulisapāśupata의 문헌으로는 *Pāśupatasūtra*; Bhāsarvajña의 *Gaṇakārikā*; Viśuddha Muni의 *Yamaprakaraṇa*와 *Ātmasamarpaṇa; Kāraṇapadārtha* 등이 있다고 한다. 그리고 Lakulisapāśupata의 기원후 2세기 발생설을 증명하는 자료로서 찬드라굽타 2세의 마투라 지역의 기둥 인각, Somanātha의 석판 인각, *Vāyu-purāṇa*와 *Liṅga-purāṇa*, *Sūtasaṃhitā* 그리고

이 파의 창시자는 현존 인물인지 확실하지는 않지만 라쿨리샤Lakulīśa라고 한다. 물론 파슈파타는 라쿨리샤 이전에도 이미 성립해 있었던 것으로 보이기 때문에, 정확히는 파슈파타의 기존 사상을 체계화한 최초의 역사적 인물 정도로 보는 것이 적당할 것이다. 그는 쉬바신이 화장터의 한 바라문의 시체에 들어가 환생한 것이라는 탄생 전설을 가지고 있다. 『쿠르마푸라나*Kūrmapurāṇa*』의 내용에 따르면, 이 형태는 쉬바의 마지막 화신으로, 『파슈파타수트라*Pāśupatasūtra*』는 이런 형태로 화신한 쉬바, 즉 라쿨리샤의 교설이라고 한다.[17]

격외의 길은 브라만의 정통적 쉬라우타 의례와는 다른 방식을 취했기 때문에 베다와 다르다는 점에서 생긴 명칭이지만, 파슈파타는 베다의 권위를 부정하지 않았다.[18] 오히려 어떤 점에서 파슈파타는 그 시대의 환경에 적합한 형태의 의례와 수행 방식을 만들어 베다적 가치를 만개시켰다고도 할 수 있을 것이다.[19]

Rājaśekhara의 *Ṣaḍ-darśanasamuccaya*에 나오는 Lakulisa를 계승한 제자들에 대한 언급들이 있다고 한다. 위 내용 중 판드의 연구에 관련한 자세한 사항은 Pandey(1986), pp. 10～14; 26～31 참조.; 산더슨은 특히 Lakulisapāśupata를 Pāñcārthika로 명명하고 있다. 그리고 이들이 기원한 연대를 마투라 지역의 기둥 인각의 자료를 추적해 기원후 380년으로 추정하고 있다. Sanderson(2006), pp. 147～148 참조.

17) kurma purāṇa 1.51.10.

18) 聖絲式Upanayana을 치룬 바라문 계급의 남성만 파슈파타에 입문할 수 있었다. 또 그들은 낮은 단계의 카스트들이나 여성과는 대화할 수 없었다. 그리고 파슈파타 고행자는 금욕자Brahmacārin여야만 했다. *Pāśupatasūtra*의 주석에서는 여자를 고행자를 유혹하는 요부라거나 수행자에게 광증을 발생시킨다거나 여자들의 성욕은 경전에 의해서도 제어되지 않는다는 등의 경멸적인 표현이 나온다. Flood(1996), p. 156 재인용. 이것들은 바라문교적인 전통을 반영하고 있는 것이다. 그러나 그들은 파슈파타의 길을 성취의 단계Siddha-āśrama라 하여 바라문교의 정통적인 인생 4단계Āśrama를 초월한다고 생각하였다. Sanderson(1988), p. 664. 또 청정과 가족생활에 대한 베다적 재가자들의 금기를 넘어서버렸기 때문에 비록 그들이 바라문교의 정통적인 권위를 부정하지 않았음에도 쿠르마 푸라나와 같은 스마라타 문헌들에서 비난받았던 것이다. Flood(1996), p.156.

파슈파타의 수행의 목적은 고통의 종식duḥkhānta이다.[20] 고통의 종식이란 임종 시에 루드라의 전지전능한 특성에 동화되는 것이다.[21] 이 목적은 오직 루드라의 은총에서만 성취가 가능한 것이지만 수행자의 노력도 필수적이다. 이 목적을 달성하기 위한 파슈파타의 수행은 4단계로 구성된다.[22]

첫째로 사원에 살며 물로 목욕하지 않으며, 재bhasaman[23]를 뒤집어쓰고 생활한다. 춤과 노래로 신을 예배하고, 쉬바의 5종 만트라[24]를 명상

---

19) 바라문교가 힌두교로 확립되어 가는 과정은 지방어로 표현된 지역적 신앙과 신화들, 의례 형태들과 하위 카스트들의 빙의possession적 신앙 형태들이 범어로 표현되며 보편성을 띠면서 베다적 가치와 서로 습합해가는 과정으로 볼 수 있다. Flood(1996), p. 148 참조. 이런 시기에 기존의 의례나 베다적 가치로는 새로운 사회적, 종교적 변화를 감당할 수 없었을 것이다. 파슈파타가 기존의 베다적 가치를 초월할 수밖에 없었던 것은 바로 이런 시대 상황 때문이었을 것이다. 그래서 그들은 결코 베다적 가치를 부정한 것이 아니라 오히려 이를 극복한 것으로 판단하는 것이 타당하지 않을까 한다. 플러드는 다음과 같이 말하고 있다. "다른 쉬바파들과는 달리 파슈파타는 결코 베다적 가치를 완전히 포기하거나 외부적으로 거부한 적이 없으며, 그들의 전통이 어떤 의미에서는 베다적 삶의 거부이기보다는 오히려 그것의 절정이며 보완으로서 이해되기를 원했다." Flood(1996), p. 156.

20) 『파슈파타수트라』에서 논의되는 다섯 가지 주제는 결과(kārya, 현상계의 문제), 원인(kārna, 신의 문제), 명상(yoga, 수행의 문제), 의궤(viddhi, 고행과 헌신의 문제), 고통의 종식(duḥkhānta, 해탈의 문제)이다. 이 책에서는 고통의 종식을 위한 수행 과정만을 다룬다. 보다 자세한 파슈파타 교리에 대한 내용은 Dasgupta(1975), pp. 130~149를 참조하라. 다스굽타의 저서는 박문성에 의한 미출간 한글 번역물을 통해 참고했다. 기타 쉬바 관련 푸라나들의 한글 번역 자료를 제공해주신 박문성 박사와 정승석 교수께 감사드린다.

21) Sanderson(1988), p. 664.

22) 플러드는 3단계로 설명했고 산더슨은 4단계로 구분했으나 내용 차이는 없다.

23) 파슈파타 수행자들은 이 재로 아침, 점심, 저녁에 몸을 문질러야만 한다. 이것은 영혼의 정화와 파슈파타 고행자들을 다른 분파들의 고행자와 구분하는 표식의 역할을 한다. 파슈파타 고행자들은 이를 링가라고 한다. Dasgupta(1975), p. 133.

24) 본서 p. 37 각주 31)참조.

하고, 크게 웃으며aṭṭahāsa, 특이한 소리 내기huḍḍukkāra를 수련하며, 사원 순례를 행한다. 이 단계가 끝나면 두 번째로 수행자는 종파를 나타내는 일체의 표식을 지우고 대중들 앞에서 짐짓 반사회적인 혐오스런 행동을 한다. 예를 들어 발광하거나, 젊은 여성에게 음란한 몸짓을 하거나, 일부러 코고는 소리를 내며, 심지어 불구자처럼 행동한다. 이런 비일상적 행위의 목적은 수행자 자신의 업의 정화에 있다.[25] 셋째로 수행자는 사회를 떠나 동굴이나 황량한 외딴 지역으로 가서 쉬바의 5종 만트라와 옴을 명상한다.[26] 마지막으로 앞의 수행들이 충분히 성취되었을 때, 수행자는 화장터에 거주하며 루드라와 합일rudrasāyujyam하는 임종을 기다리게 된다. 그리고 임종과 더불어 완성niṣṭhā의 단계에 들어 루드라의 은총에 의해 루드라와 동화된다.

2) 라쿨라Lākula

라쿨라는 파슈파타의 지파[27]로 『파슈파타경*Pāśupatasūtra*』의 입장을 따라 동일한 만트라와 파슈파타의 원형原形적 고행을 행하지만, 더욱 극단적인 수행을 하며, 베다적 가치에 더 초월적 입장에 있었다. 그들이 행하는 수행은 대서大誓, mahāvrata[28]라로 불리는 것으로, 이것은 바라

---

25) 혐오스런 행위로 야기된 모욕들을 인내함으로써 영적인 진보가 발생하는 것으로 생각된다. Dasgupta(1975), p. 137.

26) 수행자는 빈 터에서 최소한 6개월 이상 명상에 전념해야만 한다. 이때 신의 은총에 의해 많은 초능력이 발생한다. Dasgupta(1975), p. 139.

27) Flood(1996), p.157.; 라쿨라의 Pāñcārthika(즉, Lakulisapāśupata)와 만트라의 길 사이의 교량적 역할에 대한 상세한 연구가 있다. Sanderson(2006); 라쿨라 교단의 일부인 칼라무카에 대한 연구로는 Lorenzen(1991), pp. 97~172 참조.

28) 해골 지팡이와 해골 발우를 들고 다니기 때문에 이를 해골의 서원kapālavrata이라고도 한다. 또 세계의 바깥으로 추방된 자의 서원lokātītavrata으로도 알려져 있다.

문을 살해한 자에게 요구되는 12년간의 속죄의 고행이다. 『마누법전』 2.73.에는 바라문을 죽인 자는 베다적 가치를 유지하는 사회를 떠나 숲속 오두막에서 살면서 고행을 행하여야 하는데, 살해당한 자의 두개골을 깃발처럼 가지고 다니며 12년간 참회해야 한다고 한다.

이런 이념은 푸라나들에서 더욱 다양한 형태의 신화로 보강되었다.[29] 플러드는 다음과 같이 그 내용을 약술하고 있다.

> 브라흐만이 그 자신의 딸에게 연정을 느끼고 동침하려 하자 쉬바는 브하이라바의 형태로 나타나 엄지손톱으로 브라흐만의 다섯 번째 목을 잘라버린다. 그러자 그 목은 브하이라바의 손에서 떨어지지 않았다. 그래서 그는 여러 순례지를 돌아 다녔는데 마침내 바라나시에 도착했을 때 해골은 카팔라모차나Kapālamocana, 해골에서 벗어난 聖地에 떨어졌다. 쉬바는 그때 브라흐만을 죽인 죄에서 풀려나게 되었다.[30]

라쿨라 고행자들은 바로 이런 브하이라바의 모습을 따르고 있다. 이들의 고행 방식에 대해 산더슨은 『니스바사타트바상히타*Niśvāsatattva-saṃhitā*』[31]의 다음 글을 인용하고 있다.

그리고 이는 보다 큰 의미에서 파슈파타 전체의 서원이기도 하여 대大파슈파타 서원mahāpāśupatavrata이라고도 한다. 파슈파타 고행자들의 힌두 정통파에 대한 격외성은 힌두의 인생 4주기를 벗어난 점인데 비해, 라쿨라의 고행 수행자들은 정통적 힌두인의 정과 부정의 관념조차도 넘어서 있다는 점에서 더욱 큰 이질성을 가지고 있다. Sanderson(1988), p. 666. 박문성은 誓vrata를 慣行으로 번역하고 있다. 박문성(2003), p. 9.

29) Kramrisch(1981), pp. 259～265에 이와 관련한 다양한 신화들이 소개되어 있다.

30) Flood(1996), p. 157 참조.

31) 현재 산더슨은 제자 도미닉 굿달Dominic Goodall과 같이 『니스바사타트바삼히타』의 비판 교정본을 준비 중으로 곧 출판될 예정이다.

입문식dikṣa을 마친 후 고행수행자는 해골지팡이khaṭvāṅga와 해골로 만든 발우kapāla를 가지고 방랑해야만 한다. 결발로 머리를 묶거나 아니면 완전히 삭발해야 한다. 뱀가죽으로 된 성사聖絲, upavīta와 인골人骨로 된 목걸이를 차야 한다. 은밀한 부위를 가리는 것을 빼고는 옷을 입지 않는다. 몸에 재를 바르고 자신의 신이 가진 장식[32]들로 스스로를 장식해야 한다. 본질적으로는 모든 것이 루드라인 것을 이해하면서, 루드라의 헌신자로서 자신의 계율을 확고히 해야 한다. 그는 어떤 것도 먹고 마실 수 있다. 어떤 행위도 그에게는 금지되지 않는다. 왜냐하면 그는 어떤 다른 신도 그를 구할 수 없다는 것을 이해하면서 루드라에 대한 명상에 침잠했기 때문이다.[33]

위의 글에서 라쿨라 고행자들이 성사를 찬 점에서 그들이 베다의 정통적 가치를 배척하지는 않았지만, 아무거나 먹고 마시며 어떤 행위도 금지되지 않았다는 점에서 그들의 수행이 정통적인 베다적 가치를 넘어선 보다 극단적인 형태였음을 알 수 있다.

산더슨에 따르면 지식jñāna과 의례kriyā에 관련된 이 파의 8종의 권위적인 전적pramāṇa이 있었다고 한다. 그러나 현재는 이중 한 전적인 판차아르타프라마나Pañcārthapramāṇa의 이름과 인용문 하나만 남아서 크세마라자의 저작 속에서 전한다고 한다. 그리고 그들의 교설은 『니스바사타트바상히타*Niśvāsatattvasaṃhitā*』와 후대의 카쉬미르의 쉬바파 문헌들 속에 산재해 있는 관련 내용을 통해 알 수 있다고 한다.[34]

산더슨은 특히 이 관련 내용들을 통해 라쿨라의 교설이 후대의 만

32) 루드라를 상징하는 삼지창trishūla, 드럼ḍamaru, 혹은 결발 시 머리에 꽂는 초생달 모양의 장식chandraśekhara 같은 것들을 말한다.

33) Sanderson(1988), pp. 666~667 재인용.

34) Sanderson(1988), p. 666.

트라의 길을 특징짓는 우주계층론bhuvanādhvan[35]을 거의 완성시키고 있었다는 것에 주목하고 있다. 라쿨라의 고행수행자들은 루드라의 다양한 현신에 의해 지배되는 연속된 각 세계들을 통해 상승함으로써 해탈하게 되는데, 최고천最高天, dhruveśa에 도달함으로써 행위 없는 전지全知의 상태에 도달한다고 한다.[36]

산더슨이 이 우주계층론에 관심을 가진 이유는 보다 후대의 쉬바파들의 우주론은 이전 쉬바파 우주론의 최고천을 포괄하고 있기 때문에 각 쉬바파 간의 선후 관계를 알 수 있는 좋은 자료가 되기 때문이다.[37]

3) 칼라무카Kālāmukha와 링가야타Liṅgāyata

칼라무카는 라쿨라의 한 지파로 인도의 서남부 카르나타카Karṇāṭaka 지역에서 9~13세기 초까지[38] 번성하였다. 이들의 명칭은 그들이 이마에 자파의 상징으로 검은색의 표식을 했기 때문에 유래되었다. 이들은 자신의 사원과 교육기관maṭha을 가지고 보시를 받았는데, 이런 사실을 기록한 많은 비문碑文들에서 그들의 교설이나 수행을 가늠할 수 있다.[39]

로렌젠은 이 비문들을 연구하여 칼라무카의 교단이 크게 샥티파리

35) 샤이바싯단타나 재인식론의 36원리설을 말함.

36) Sanderson(1988), p. 666.

37) 산더슨에 따르면, 예를 들어 파슈파타의 잘 알려지지 않은 지파인 Mausula와 Kāruka의 최고천은 각각 Kṣemeśa와 Brahmaṇaḥsvāmin인데, 역시 거의 알려지지 않은 파슈파타 지파인 Vaimala의 최고천은 이들을 넘어선 Tejīśa이다. 본문에서 말한 라쿨라의 최고천인 Dhruveśa은 이들을 포괄하고 있으며, 후대의 만트라의 길에 속한 다양한 쉬바파들은 라쿨라의 최고천을 넘어선 최고천들을 역시 언급하고 있다. Sanderson(1988), pp. 66~667 참조.

38) 로렌젠은 11~13세기 초까지로 주장한다. Lorenzen(1991), p. 97.

사드Śakti-pariṣad와 싱하파리사드Siṃha-pariṣad의 두 그룹[40]으로 크게 이분되어 있었으며, 기타 지파들이 존재했음을 보여주었다.[41]

이런 비문의 연구를 통해 칼라무카들이 화장터의 재로 목욕하고, 그 재를 먹기도 하며,[42] 술로 루드라를 공양하였음을 알 수 있다. 이것은 베다의 가치를 완전히 부정한 만트라의 길에 속한 쿨라파들의 수행과도 비슷한 것이지만,[43] 칼라무카 고행자들 스스로는 베다적 가치 내에 속해 있는 것으로 자인했다.[44] 특히 쿨라파 수행의 큰 특징들 중의 하나인 하천계급 여성dūtī과의 제의적 성교를 행했다는 증거는 전혀 없다. 그들은 금욕을 지켜야만 했다.[45]

파더는 링가야타Liṅgāyata, 링가를 가지고 다니는 자[46]가 12세기 중반 이후 마하라쉬트라Mahāraśtra와 카르나타카Karṇāṭaka 지역의 접경에서 발생했

---

39) 로렌젠은 이 비문들에 대한 기존의 연구들을 소개하고 있다. B. Lewis. Rice의 *Epigrapia carnatica* vol.Ⅶ(1886~1904); J. Faithful. Fleet의 'Inscriptions at Ablur' in *Epigrapia Indica*, vol.Ⅴ(1898~99), pp. 213~265; A. Venkata. Subbiah의 'A Twelfth Century University in Mysore' in *Quarterly Journal of the Mythic society*[Bangalore], vol.Ⅶ(1917), pp. 157~196. Lorenzen(1991), pp. 97~98.

40) pariṣad란 '衆, 集會' 등의 의미를 가진 단어다. 후자는 주로 안드라 프라데쉬Andhra Pradesh와 마이소르Mysore 등의 넓은 지역의 비문碑文에서 전체적으로 나타나는데 비해, 전자는 마이소르의 일부 지역의 비문에서만 그 명칭이 나타난다. 그럼에도 샥티 파리사드Śakti-parśad의 현존 비문의 수가 더 많고, 더 많은 지역에서 비문이 발견된 점, 그리고 샥티 파리사드의 비문 내용에 더 많은 교설들이 나타난다는 점에서 역사적인 우연이나 재난(예를 들어 전쟁이나 타 종교의 압박)만 아니었다면, 샥티 파리사드가 더 중요한 위치였을 것으로 추측해 볼 수 있다고 한다. Lorenzen(1991), p. 97.

41) Lorenzen(1991), pp. 97~172 참조.

42) 그들의 이전 고행자들은 소똥의 재를 이용했다고 한다. Sanderson(1988), p. 666.

43) Sanderson(1988), p. 666.

44) Flood(1996), p. 158.

45) Sanderson(1988), p. 666.

46) 일반적으로 이들은 링가를 은상자에 넣어서 목에 걸고 다녔다고 한다. Bhandakar(1982), p. 198.

을 것이라고 한다. 이들의 교설은 13세기 이후로 발전하여 링가야타는 그 지역의 칼라무카를 대체하기 시작했다. 이들은 영웅쉬바파Vīra-śaiva라고도 한다.

이 쉬바파의 창시자는 바사나Basava(1106~1167년), 혹은 바사반나Basavanna로 알려져 있다.[47] 이 파는 인도에 현존하여 카르나타카 지역에 약 600만의 신도들을 가지고 있다. 파더에 따르면, 이 파는 브라만적 가치에 대한 드라비다족의 반발의 표현으로 사원에서의 숭배, 제의, 순례 등을 무용한 것으로 비난하였으며, 카스트 제도를 반대하고,[48] 남녀평등, 소아결혼의 금지, 과부의 재가 등을 인정하였다.[49] 또 그들은 의례를 반대했다.[50]

링가야타의 수행자들은 필히 케다르나트Kedarnath, 쉬리샤일라Śrīśaila,

---

47) Kalacuri 지역의 왕 Bijjala(1145~1167년)의 대신이었다고 한다. 그의 간략한 전기와 링가야타의 성립사는 Lorenzen(1972), pp. 167~168 참조.

48) 링가야타의 구성원은 두 부류로 크게 나뉜다. 즉 liṅgi brāhmaṇa(링가를 가진 바라문)와 그 신도들이다. liṅgi brāhmaṇa는 스승ācārya과 그 제자격인 pañcama로 세별되고 그들은 각각의 역할, 혹은 영역gotra에 따라 5종으로 나뉜다. liṅgi brāhmaṇa는 또 다른 방식으로 사제jaṅgama, 경건자sīlavant, 상인banjig, pañcamasāli의 4종으로 나뉘기도 한다. sīlavant와 banjig는 바라문 전통의 4주기처럼 삶의 형태를 말하는 것이기 때문에 이 4종 구분은 결국 앞서의 liṅgi brāhmaṇa의 2종 구분과 다르지 않다. ācārya(혹은 jaṅgama)는 전통적인 바라문 사회의 바라문에, pañcamasāli는 바이샤에 대비된다고 할 수 있으나, 이 둘은 다 liṅgi brāhmaṇa에 속하는 것으로 전통적인 카스트의 구별과는 다르다. 그래서 링가야타는 카스트의 구별을 두지 않았다고도 볼 수 있다. Bhandakar(1982), pp. 196~197; 199~200 참조.

49) Padoux(1987), p. 12.

50) 그러나 그들은 바라문 전통의 입문식upanayana에 해당하는 liṅgasvāyatta-dīkśā를 행했는데 바라문의 입문식과는 달리 소녀에게도 행해졌다. 또 gāyatrīmantra 대신에 쉬바만트라(om namaś śivāya)를 사용하였다. 바라문들이 매일 2회씩 신들을 예경하듯이 링가야타의 신자들도 매일 2회의 쉬바에 대한 경배를 행했는데, 이때에도 기존 브라만이 사용하던 gāyatrīmantra를 변형시킨 śivagāyatrī를 이용했다고 한다. 이런 의례 시의 집전자가 jaṅgama라고 불린 사제들이었다. Bhandakar(1982), p. 198; Padoux(1987), p. 12. 참조.

발레할리Balehalli, 웃자인Ujjain, 바라나시Varanasi의 다섯 승원maṭha 중의 하나에 속해야 했으며, 스승을 모시고 입문식을 거쳐야 했다. 그리고 자파의 표식으로 이마에 하얀 점을 찍으며 시체는 화장하지 않고 매장한다.[51)]

이들의 경전은 주로 범어, 카나다Kannada어, 텔루구Telugu어로 이루어졌다. 특히 교설적인 내용을 가진 것은 범어 경전이었으며, 대중적인 경전은 카나다어 경전이었다. 경전의 내용은 주로 박티 신앙적인 내용과 더불어 탄트라적 요소가 결합된 경우가 많다.[52)]

이런 자료들을 통해 알 수 있는 링가야타의 형이상학은 비쉬누의 신앙가이기도 했던 라마누자의 한정불이론과 유사하다고 한다.[53)] 링가야타의 한정불이론은 『브라흐마수트라』에 대한 주석을 썼던 쉬바파의 두 학자, 쉬리칸타쉬바차리야Śrīkaṇṭhaśivācārya와 쉬리파티판디타Śrīpatipaṇḍita를 통해 어느 정도 파악할 수 있다.[54)]

---

51) Padoux(1987), p. 12.

52) Padoux(1987), p. 12. 이외에도 쉬바파의 여러 아가마들에도 링가야타의 사상적 편린을 찾아 볼 수 있다. 곤다는 다음과 같이 J. N Farquhar의 1920년도 저작인 *"An Outline of the Religious Literature of India"*의 일부를 인용하고 있다. "링가야타의 초기사는 여러 점에서 불명료하고, 그들의 범어, 카나다어, 텔루구어 경전들은 주의 깊게 조사되지 않았다. 그들에 대한 비판적 연구는 거의 없었으며, 많은 경우 그들의 연대나 내용의 개략을 설명하는 것도 불가능하다." Gonda(1977), p. 225 재인용. 곤다의 저작은 1977년도에 출판된 것으로, 그는 Farquhar 이후로도 약 50년간 링가야타에 대한 본격적 연구가 많지 않았음을 말하고 있다. 필자는 곤다 이후 지금에 이르는 링가야타에 대한 연구가 어떤 식으로 이루어져 왔는지에 대한 정보를 가지고 있지 못하다. 연구사는 Gonda(1977), pp. 225~231.; Bhattacharyya(1996A), pp. 300~303 참조. 단, 최근에 워싱턴대학의 K. Potter가 링가야타에 대한 세계학계의 최근까지의 연구들의 문헌목록을 http://faculty.washington.edu/kpotter/ckeyt/sec.htm#[KS]에 올려놓았다.(2008. 10. 검색)

53) Bhandakar(1982), pp. 195~196 참조.

54) 신의 은총과 박티라는 신앙적 문제를 해결하기 위해, 신이라는 일원적 개념을 기반으로 하면서도 이원론적 입장을 포괄한 쉬바파의 한정불이론적 입장과 연관한, 링가야타의 사상은 다루지 않는다. 쉬리칸타쉬바차리야Śrīkaṇṭhaśivācārya의

2. 만트라의 길Mantra-mārga

산더슨은 만트라의 길이 격외의 길에서 말하는 우주론의 최고천을 포괄한 점을 통해 두 길이 연속성을 가지고 있었음을 주장하였다. 또 이 두 길이 수행의 목적, 활동 주체, 신앙 대상 등에서 차이를 보이면서 대별되는 특징도 언급하였다. 특히 중요한 차이가 여성력śakti[55]적 요소의 중시 유무이다. 만트라의 길의 다양한 쉬바파들은 여성력으로 상징되는 현상계를 중시한다.

이런 점에서 격외의 길 이후 만트라의 길에 이르는 쉬바파의 발전 과정은 추상적 원리의 추구를 통해 해탈을 얻으려 하던 고전적인 인도사상들이 중세 이후 점차적으로 현상계와 이를 지배하는 힘에 대해 관심을 높여갔음을 보여주는 과정으로도 이해할 수 있을 것이다.

격외의 길이라는 명칭에서 알 수 있듯이 이들은 베다의 정통적 이념을 벗어난 부분들을 가지고 있었고, 이 때문에 브라만적인 전통 가치를 유지한 푸라나 문헌들에서 인정받지 못했다. 그러나 그들은 결

사상은 비단 링가야타만의 사상은 아니고, 격외의 길에 속한 여러 쉬바파들의 전반적인 한정불이론을 파악할 수 있는 자료가 된다. 전반적인 쉬바파의 한정불이론에 대해서는 Pandey(1982), pp. 148~162.참조. 쉬리칸타쉬바차리야의 한정불이론적 사상에 대한 설명은 Dasgupta(1975), pp. 65~95; Pandey(1986), pp. 32~38, 전반적인 링가야타의 사상, 그리고 쉬리파티판디타의 사상은 Bhandakar(1982), pp. 191~196; Dasgupta(1975), pp.173~189; Pandey(1986), pp. 39~48; 163~179 참조.

55) 이 책에서 샥티는 보통 힘으로 번역하였다. 그러나 힘은 일상적인 용어라서 어색한 경우가 있다. 이럴 경우는 샥티라는 용어를 그대로 표기하거나, 괄호 안에 병기하였다.

코 베다와 인도 정통파들의 가치를 거부하지 않았다. 어떤 면에서는 베다의 재해석이라고 할 수 있기에 정통파들과 전혀 이질적인 수행 형태인 대서大誓, vrata 등을 실천하였음에도, 하천계급 여성들과의 성교 같은 극단적 형태의 수행은 나타나지 않았다. 그러나 격외의 길의 대표적 분파들인 파슈파타, 라쿨라 그리고 칼라무카의 실천들을 고찰할 때, 베다적 가치에 대한 이질성, 혹은 극단성이 점차 강화되고 있었음을 알 수 있다.

그리고 마침내 카팔리카에 오면, 신에 대한 술과 고기, 피 등의 공양은 물론 의례적인 성교까지도 행해지는 것을 볼 수 있다. 이런 것은 정통 브라만들에게는 절대적으로 금지된 것들이었다. 그러나 카팔리카의 주된 목적의 하나는 초자연력의 성취siddhi에 있었고, 이런 금기들을 파괴함으로써 이를 얻을 수 있다고 생각했다.[56)]

이와 같이 격외의 길에서 만트라의 길로 발전하는 과정은 해탈만을 추구하는데서, 해탈과 더불어 현상계를 지배하는 힘의 성취, 현상계에 대한 관심의 정도, 현상계의 힘śakti을 상징하는 여신 숭배의 강화 정도에 따라 구분된다.

산더슨은 이런 샥티적 요소의 유무와 강도의 대소에 따라 기존에 탄트라적 쉬바파, 혹은 아가마적 쉬바파라고 불리던 다양한 쉬바파들(그가 만트라의 길로 명명한)의 복잡한 갈래들을 정리하였다. 그는 만트라의 길의 문헌군인 브하이라바탄트라Bhairavatantra들의 의례들에 나타난 만달라 내의 여신들의 중요도에 따라, 즉 샥티적 요소의 강도에 따라 브하이라바탄트라의 문헌들을 구분하였다. 이런 문헌군의 구분은 만트라의 길에 속한 다양한 쉬바파들에 대한 분류가 되기도 하는 것이다. 그의 도표를 제시하면 다음과 같다.

---

56) Flood(1996), p. 165.

【표 6】 만트라의 길의 구조[57]

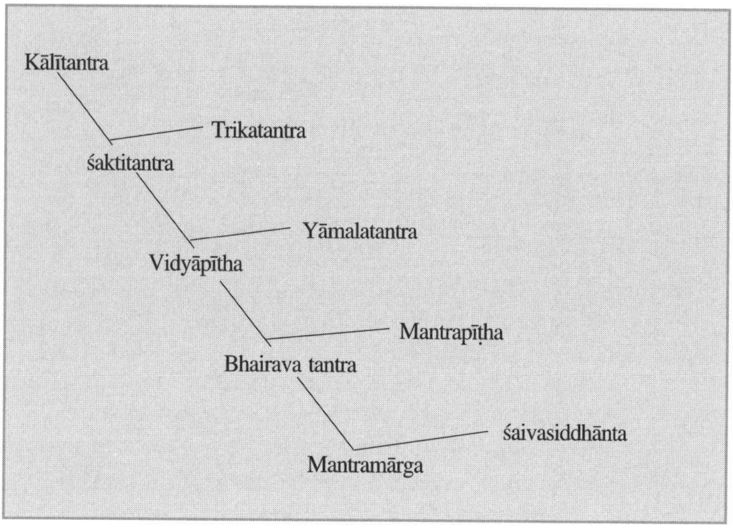

산더슨에 따르면 도표 내의 보다 좌측과 상위에 있는 문헌군들은 우측과 하위에 있는 문헌군들을 낮은 단계의 계시로 교판하면서, 자신의 문헌이 더 발전된 입문식dīkṣā을 통해 더 강력하고 보다 비의秘儀적 의례체계를 제공하는 것으로 이해하였다고 한다.[58]

위의 도표와 【표 3】 쉬바교의 전개의 도표[59]에서 보듯, 만트라의 길은 샤이바싯단타와 카팔리카로 크게 대별된다. 이런 구분의 핵심은 본질적으로 전자가 격외의 길의 전통을 이어 이원론적 입장에 서 있는데 비해, 후자는 일원론적 입장에 서 있기 때문이다. 이제 샤이바싯단타에서 시작하여 만트라의 길의 다양한 쉬바파들의 특징들에 대해서 고찰한다.

57) Sanderson(1988), p. 669.
58) Sanderson(1988), p. 669.
59) 본서 p. 63.

1) 이원론적 전통 — 샤이바싯단타Śaivasiddhānta

샤이바싯단타[60]의 전통은 크게 둘로 나뉜다. 하나는 카쉬미르를 중심으로 한 지역의 전통이고, 또 하나는 타밀의 전통이다. 카쉬미르의 전통은 28종의 쉬바—루드라 아가마를 중심으로, 9세기 이후에 이들의 주석을 통해 발전했던 전통이다. 타밀 전통은 5세기 이후 쉬바신에 대한 박티 신앙을 중심으로 발전한 전통이다. 이 두 전통은 서로 영향을 주고받는데, 카쉬미르전통은 후에 이슬람의 침입으로 남하하여 타밀에서 살아남게 된다. 그래서 일반적으로 샤이바싯단타라고 하면 카쉬미르전통이 후대 타밀전통과 결합한 것을 말한다. 이 책에서의 샤이바싯단타는 이 개념을 지칭한다.[61]

이 파는 격외의 길과 만트라의 길을 구분하는 주요 기준에 따라[62],

60) siddhānta, 혹은 śaiva라고만 지칭되기도 한다.

61) 카쉬미르의 전통에 따르면 샤이바싯단타의 전통은 Āmardaka(8세기 추정)에서 시작되었다고 하는데 그는 웃자인Ujjain 지역의 중요한 샤이바싯단타 승원들을 창설하였다고 한다. 그 외에도 펀잡과 중부인도 지역에 샤이바싯단타의 승원이 있었다. 이들은 승원이 위치한 지역의 왕조의 도움으로 주위 왕조, 특히 남인도 지역에 교설을 포교하였다. 11세기 이슬람의 침입 이후에도 남인도의 샤이바싯단타는 남았는데, Meykaṇṭa Tēvar(13세기)를 대표 학자로 하는 타밀어 문헌의 전통이 이후에 번성하였다. 이 타밀어 문헌 전통을 역시 샤이바싯단타(혹은 타밀 샤이바싯단타)라고 한다. Dyczkowski(1989), p. 5; Dhavamony(1987), p. 11 참조. 오늘날 샤이바싯단타란 바로 이 타밀어 문헌 전통의, 남인도에서 발전한 쉬바교를 말한다. 그래서 싯단타, 샤이바, 샤이바싯단타라는 용어가 쉬바교의 이원론적 전통 전체, 혹은 카쉬미르의 이원론적 주석 전통, 아니면 타밀어 문헌 전통의 쉬바교를 말하는 것인지 불분명한 경우가 많다. Helene Brunner-Lachaux는 산스크리트 문헌 전통의 쉬바교를 청정쉬바파Śuddhaśaiva로 부르자고 제안하기도 했다. Muller-Ortega(1989), p. 27 재인용. 이런 점에서 샤이바싯단타라는 용어의 사용에 혼동이 없도록 주의하여야 한다. 이후 샤이바싯단타라는 용어는 특별한 언급이 없는 한 카쉬미르의 쉬바파 이원론 교설이 후대에 타밀의 쉬바파 이원론 전통과 결합된 체계를 말한다.

만트라의 길에 속한 것으로 분류되지만, 카팔리카전통들처럼 여성력의 선양이라든지, 기존 베다 가치에 반한 극단적 실천법들은 보이지 않는다. 이들이 스스로 샤이바싯단타, 즉 "쉬바교의 궁극적 성취"라는 명칭을 자부하는 것은, 기존 가치를 배격하지 않는 점에서 자신들이 베다적 전통을 거부한 것이 아니라는 점을 드러내려는 것으로 생각된다. 한편으로 전통적인 쉬바파의 대표주자라 할 수 있는 파슈파타의 이원론 교설을 더욱 체계화시켰기 때문에, 쉬바파의 적자嫡子라는 자부심을 드러내는 것이기도 할 것이다.[63]

일반적으로 샤이바싯단타는 현대 남인도의 샤이바싯단타를 주로 의미하고, 또 타밀을 중심으로 하는 이 지역의 샤이바싯단타전통은 쉬바에 대한 헌신, 즉 박티를 강조하기 때문에 박티사상이 주를 이룰 것으로 생각하기 쉽다. 그러나 카쉬미르 지역에서 발흥한 샤이바싯단타의 주된 관심은 원래 의례에 있었다.[64] 이것은 그들의 사상체계에 따라서 해탈은 의례를 통한 행위와 신의 은총에 의해서만 이루어 질 수 있다고 보기 때문이다. 그들의 형이상학인 이원론과, 이에 따른 해탈론과 의례에 관한 내용에 들어가기 전에 먼저 그들의 성립과 발전에 대한 내용을 간략히 고찰한다.

샤이바싯단타가 경전적 권위로 의지했던 것은 쉬바와 루드라 아가마의 28종 경전이다. 이외에도 이들에 부속된 2차적 아가마들인 우파아가마upāgama 문헌들, 그리고 타밀의 샤이바싯단타의 12종의 티루무라이Tirrumuīrai[65]와 14종의 『메이칸타샤스트라*Meykaṇṭaśāstra*』는 물론 베다

62) p. 64 【표 4】 참조.

63) 실지로 "샤이바싯단타의 교리는 파슈파타의 이론보다도 훨씬 균형 있고 이성적이다." Bhandakar(1982), p. 180

64) Flood(1996), p. 162.

65) 티루무라이 12종은 10세기 후반에 Nampi Āṇṭār nampi에 의해 집성되었다. 특히 이 중에서도 제 10권의 『티루만티람*Tirumantiram*』은 남인도 타밀의 샤이바싯단

전통 역시 경전적 권위로 인정받는다.[66]

샤이바싯단타의 성립은 이원론적 입장을 강하게 드러내고 있는 28종의 쉬바 및 루드라아가마들과, 이들에 대한 카쉬미르의 주석적 전통에서 시작했을 것으로 짐작된다. 이 아가마들이 성립한 구체적인 연대는 아직 확정되지는 않았지만 곤다에 따르면, 대략적으로 4세기 이후, 보다 정확히는 7~8세기 사이에 형성된 것으로 보인다.[67] 그렇다면 샤이바싯단타의 이원론적 쉬바파 사상은 4세기 이후에 형성되기 시작하여 9세기 이후에 카쉬미르의 이원론적 쉬바파 주석가들을 거치고 후대에 타밀 지방에서 오늘의 형태로 체계화되었을 것으로 생각할 수 있을 것이다.

샤이바싯단타의 대표적인 학자들로는 사드요죠티Sadyojyoti, 브리하스파티Bṛhaspati, 데바발라Devabala 그리고 카쉬미르의 칸타Kaṇṭha가문에 속한 라마칸타 I RamaKaṇṭha, 쉬리칸타Śrīkaṇṭha, 나라야나칸타Nārāyaṇakaṇṭ-

---

타의 경전군 중 최고 권위의 하나로 인정된다. 이 경전은 샤이바싯단타라는 단어가 나오는 첫 타밀어 쉬바파 경전이며, 타밀어로 쉬바파 아가마들을 설명한 최초의 경전이기도 하다. Gonda(1977), p.160. Tirrumuṟai 각 권의 경명과 저자의 이름은 아래의 도표와 같다. 그리고 저자들의 연대는 아직 확정된 사실은 아니다. 그러나 이 문제는 더 상술하지 않는다.

권수	경명經名	저자
1, 2, 3	*Tirukadaikkappu*	Campantar(7세기)
4, 5, 6	*Tevaram*	Appar(7세기)
7	*Tirupaatu*	Cuntarar(9세기)
8	*Tiruvacakam and Tirukkovaiyar*	Manikkavacakar(9세기)
9	*Tiruvisaippa & Tiruppallaanda*	여러 시인들
10	*Tirumandhiram*	Tirumular(10세기)
11	*Prabandham*	여러 시인들
12	*Periya Puranam*	Sekkizhar(12세기)

66) Gonda(1977), p. 160.

67) Gonda(1977), p. 165.

ha, 라마칸타Ramakaṇṭha, 라마칸타 II Ramakaṇṭha, 그리고 중부인도 드하라Dhāra지역(현재의 구자라트주 부근)의 통치자였던 브호자Bhoja왕, 촐라Cola지역의 아고라쉬바Aghoraśiva 등이 있다.[68] 그리고 박티적 성향이 강한 타밀 샤이바싯단타의 성인聖人들과 학자들로는, 12종의 티루무라이의 쉬바신에 대한 박티적 신앙시信仰詩들의 저자들인 63인의 쉬바파 신비주의자들Nāyaṇār, 타밀어들과 『메이칸타샤스트라』의 저자들이 있다. 특히 이중 『쉬바知교설*Civañāṉpōtam*, 타밀어』[69]을 저술한 수드라 출신으로 13세기에 활동한 메이칸타 데바Meykaṇḍadeva, 타밀어로 MeykaṇṭaTēvar가 유명하다.

위의 사드요죠티에서 데바발라까지는 탄생 지역에 대한 내용이 남아 있지 않다.[70] 이중 가장 대표적인 학자인 사드요죠티는 고대의 전설적 성인聖人인 루루Ruru에서 시작하여 자신까지 전해진 루드라아가마의 하나인 『라우라바아가마*Rauravāgama*』전통의 계승자이며, 쉬바파 아가마의 주석적 전통을 최초로 시작한 사람으로 알려져 있다. 역시 루드라아가마에 속하는 『스바얌브후바아가마*Svāyambhuvāgama*』와 『라우라바아가마*Rauravāgama*』의 주석과 『목샤카리카*Mokṣakārikā*』 등의 저자라고 한다. 그는 또 『라우라바아가마』를 연구하여 싯단타Siddhānta라는 용어를 최초로 사용하였다고 전해지는데 이 용어는 금방 이원론적인 쉬바파들을 지칭하는 용어가 되었다.[72]

---

68) 이들과 특히 이들의 역사적 연대에 대한 보다 자세한 사항은 Pandey(1986), pp. 15~25를 참조하라.

69) 7세기의 루드라아가마의 하나인 라우라바아가마의 12개의 게송들에 대한 타밀어 번역으로 구성된 내용이다.

70) 뮬러-오르테가는 그놀리의 입장을 따라 사드요죠티, 브리하스파티를 카쉬미르에서 활동한 것으로 생각하고, 그 연대를 7~9세기 사이로 보았다. Muller-Ortega(1989), p. 40.

71) 쉬바마하푸라나에 나타나는 고대 28인의 요가 스승yogācārya 중 1인이다. 자세한 사항은 Dasgupta(1975), p. 5 참조.

라마칸타 I [73]는 현존자료에 의지하는 한, 카쉬미르 지역에서 쉬바교를 이원론적 입장에서 저술한 최초의 학자로 알려져 있다.[74] 아고라쉬바는 현대인도 타밀나두의 치담바람Cidambaram 지역에 있던 쉬바파 승원장으로, 카쉬미르의 쉬바파 이원론 전통과 타밀의 샤이바싯단타 사이에 가교 역할을 한 학자이다. 그는 쉬바파아가마의 의례전통을 유지하여 오늘날에도 타밀나두 지역의 쉬바파 사원의 세습승려들은 대개 그가 저술한 책들[75]에 따라 의례를 행한다고 한다.[76]

샤이바싯단타의 권위를 이루는 28종의 쉬바 및 루드라아가마들의 구조는 대개 4종의 장章, pada, 즉 해탈과 깨달음에 대한 지식jñāna, 의례 행위kriyā, 도덕적 행위caryā 그리고 해탈을 위한 실천법을 다룬 요가yoga로 이루어진다. 그리고 파슈파타의 교설처럼 이원론적 입장에서 주인主人, pati=신, 수獸, paśu=개체적 영혼 그리고 삭승索繩, pāśa=개체적 영혼을 속박하는 끈[77]이라고 하는 3종의 영원한 실재들을 다루고 있다. 이런 입장에서 의례와 신의 은총을 통한 해탈론을 주장한다. 그 구체적 내용을 다루기 전에 간단한 도표를 제시한다.

---

72) Pandey(1986), pp. 15~16.

73) 칸타Kaṇṭha가문의 라마칸타 1세, 라마칸타 2세 그리고 라마칸타는 동일한 이름을 가진 다른 학자들을 지칭하기 위한 표식인데, 아마도 그들은 가업家業으로 이원론적 쉬바교의 사상을 전승해간 듯하다. 카쉬미르 이원론 주석가들의 전승과 연대는 p. 116 【표 9】 참조.

74) Pandey(1986), p. 18.

75) 이런 의례의 교범서教範書들을 쉬바파에서는 파다티paddhati라고 한다. 대개 세계의 안녕을 위한 큰 규모의 사원의 의례용과 가정에서 쉬바를 경배하기 위한 간단한 교범서들이 있는데 전자는 이샤나쉬바의 파다티(보통 *Īśānaśivācāryapaddhati*로 지칭)가 있고 후자로는 아고라쉬바의 파다티인 『의례절차해설*kriyākramadyotikā*』가 대표적이다. Gonda(1977), p.213. 이외 아고라쉬바의 저작에 대해선 Dasgupta(1975), pp. 159~160; Pandey(1986), pp. 24~25을 참조.

76) Gonda(1977), p. 172.

77) 속박의 의미를 가지는 삭승索繩은 원래 동아줄로 된 끈이라는 의미이다. 그러나 익숙하지 않고 어려운 한자이기 때문에 여기서는 끈으로 번역했다. 족쇄로 번역

【표 7】 샤이바싯단타의 이중적 이원론과 3종의 실재

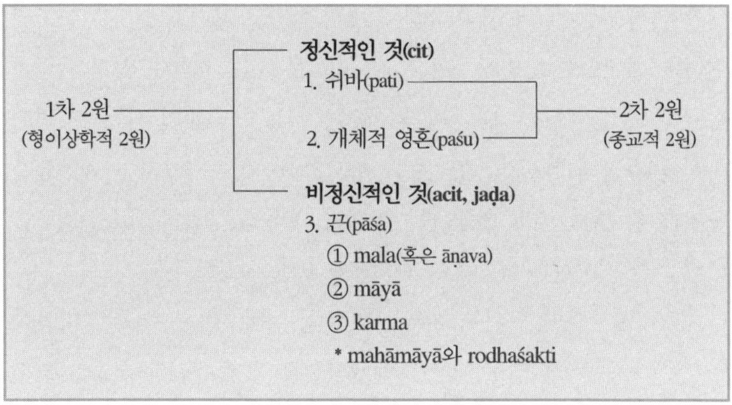

샤이바싯단타는 가현설이 아니며, 비정신의 세계를 마야를 원인으로 한 실재로 보는 입장이다. 그래서 우주는 정신cit과 비정신acit, jaḍa으로 크게 이분된다. 이것은 상키야 이원론과 크게 다르지 않은 입장이다. 먼저 이런 정신과 비정신의 이분二分을 1차적으로 보고 형이상학적 이원이라고 명명한다.

그러나 샤이바싯단타가 이원론적 입장을 취한 것은 무엇보다 그들이 신의 은총을 통하여 해탈을 얻으려 한 신앙이었다는 점이다. 개체적 영혼은 물질과 더불어 태어난 제한된 존재로 카르마에 종속된다. 이것이 인간의 현실적인 조건이다. 신은 인간이 이런 한계상황에서 벗어나도록 끈pāśa을 제거하게끔 은총을 베푼다. 신은 끈에 의한 인간 영혼의 속박을 구제하는 구원자이다. 그래서 쉬바와 해탈한 영혼은 의식이라는 동일한 본질을 가짐에도 서로 다른 실재이다. 쉬바와 영혼 사이의 이런 분리를 종교적 이원이라고 명명한다.

이와 같이 샤이바싯단타는 상키야와 같은 정신과 비정신의 이원론뿐만 아니라, 개체적 영혼을 구제하는 신의 존재를 강조하는 종교적

되기도 한다.

이원론의 입장을 더불어 가지는 이중적 이원론이다.

샤이바싯단타는 이런 이중적 이원론의 틀 안에서 우주를 구성하는 3종의 영원한 실재들主人, 獸, 索繩 사이의 관계를 설명하고 있다. 먼저 주인pati이라는 것은 쉬바신을 의미하는 것으로, 샤이바싯단타에서 쉬바는 영원한 쉬바Sadāśiva의 형태로 신앙된다. 영원한 쉬바는 5종의 행위를 한다. 우주의 방사放射, sṛṣṭi, 유지sthiti, 지멸saṃhāra, 은폐tirobhāva, 혹은 vilaya, 은총anugraha이 그것이다. 즉 쉬바는 현상계를 창조하고 유지시키며 파괴하고, 또 중생들을 미혹하게 하기도 하고 그들을 해탈시키기도 하는 5종 행위를 한다.[78]

수獸, paśu는 개체적 영혼이다. 그 본질은 의식, 즉 쉬바의 본질과 다르지 않지만 해탈론적 측면에서는 쉬바와 다른 실재로 상정된다. 쉬바는 끈pāśa과 관련을 가지지 않는 실재이지만, 개체적 영혼은 끈과 연결되어 존재한다. 또 신의 은총으로 끈의 속박에서 벗어났다 하더라도, 영혼은 의식으로서 무한한 능력을 누릴 뿐, 결코 쉬바와 같은 존재가 될 수는 없다.

끈은 크게 3종이다. 말라mala, 혹은 āṇava[79], 마야māyā 그리고 카르마karma가 그것이다. 말라는 무한한 의식인 영혼의 개체화를 가져오는

78) 이런 능력은 쉬바의 5종 행위를 의미하는 쉬바의 다섯 얼굴pañcavaktra에 기인한 것이다. 이 외에도 쉬바는 지식jñāna과 행위kriyā의 2종의 힘śakti, 혹은 의지icchā의 능력을 포함하여 3종의 힘을 가진다고도 한다. Pandey(1986), pp. 76~77 참조.

79) 말라는 재인식론에서도 중요한 전문용어이다. 샤이바싯단타에서 말라는 3종의 끈 중의 하나로, 샤이바싯단타의 개체의 염오āṇavamala에 해당한다. 샤이바싯단타와 재인식론에서 끈과 염오는 속박의 원인이다. 그러나 샤이바싯단타는 이것을 의식 외적인 것으로 인정하는데, 재인식론은 의식이 응축하는 3종의 범주로 생각한다. 그래서 샤이바싯단타의 마야의 경우는 물질세계의 원인으로 일종의 근본물질 같은 것으로 생각할 수 있다. 반면 재인식론의 염오는 물질개념이 아니다. 샤이바싯단타와 재인식론의 말라에 대한 함의가 다르기 때문에, 여기서는 샤이바싯단타의 말라는 번역하지 않으며, 재인식론의 말라는 염오로 번역한다. 이해를 위해 도표를 제시한다. 재인식론의 염오는 pp. 220~225 참조.

원인없는 영원한 실재로, 감각을 통해서는 알려지지 않으며, 단지 추론과 추론에 의지한 증언을 통해서만 알려진다. 이것은 구리(영혼에 對比)의 녹청색(mala에 대비)에 비교된다. 말라mala는 영혼을 속박하는 것이며, 바로 이 때문에 영혼의 진보를 가져오는 쉬바의 은총, 혹은 의지가 정당성을 획득한다.[80]

마야māyā는 상키야의 프라크리티와 같은 개념이다. 샤이바싯단타의 관점에서 마야는 영혼의 속박을 가져오는 원인이라는 의미보다는 의식의 무한한 힘이 현현하는 장場으로서 역할을 한다. 샹카라 베단타의 현상을 무시하는 가현론적 관점에 반대하여 현상의 실재성을 인정하는 이런 관점은 당대 탄트라적 조류에 영향을 받아 현상을 중시하는 입장을 드러낸 것으로 볼 수 있을 것이다. 물질세계는 마하마야mahāmāyā, 혹은 bindu와 마야로 나뉜다. 전자는 말라와 카르마karma의 영향을 받지 않는 영혼들을 구성하는 미묘한 물질이며, 후자는 말라와 카르마에 영향 받는 개체적 영혼들의 주관과 객관을 이룬다.[81] 끈으로서 마야는 후자의 마야만을 말한다. 그래서 말라는 영혼의 무한성을 방해하는 것이지만, 마야는 말라와 카르마에 영향 받는 한에서만 속박으로 작용한다.

카르마란 말라에 의해 의식의 무한한 힘이 제한됨으로써 자신에 내

사이바싯단타	끈pāśa	mala(āṇava)
		māya
		karma
재인식론	汚染mala	개체의 염오(āṇavamala)
		마야의 염오(mayīyāmala)
		업의 염오(karmamala)

80) Tripathi(1987), p. 366 참조.

81) 다른 함의를 가지지만 샤이바싯단타 역시 재인식론의 우주론과 같이 36원리설을 기반으로 한다. 이 36원리의 제 6원리인 마야 이하의 원리들은 속박을 이루는 것이다.

재된 만족을 잃어버리고, 제한된 대상 속에서 만족을 구하기 위해서 행해진 행위들에 의해 발생한 물질적 요소이다. 악업은 개체의 영혼을 더욱 속박시키지만 선업은 해탈을 가져오는 데 도움이 되기 때문에 카르마가 무조건적인 속박만을 가져온다고 할 수 없다.

요컨대 3종의 끈에서 말라는 무조건적으로 부정적으로 작용하지만 마야와 카르마는 의식의 무한한 힘을 보여주거나, 해탈에 긍정적으로 작용하기도 한다.

일반적으로 끈은 이 3종이지만 경우에 따라서 마하마야mahāmāyā와 로드하샥티rodhaśakti가 추가되는 경우가 있다. 마하마야는 쉬바의 은총anugrāha을 통해 마야적인 육체와 카르마를 벗어난 존재가 가진 미묘신微妙身의 원인이지만, 이 역시 끈으로 취급되는 경우가 있다. 또 로드하샥티rodhaśakti는 쉬바에 속한 은폐의 힘이다. 이것은 개체적 영혼paśu에게 쉬바pati를 드러나게 하지 않는 힘을 말하는 것인데, 사실상 이것은 실제적인 힘이기 보다는 쉬바의 은총이 부재한 상태를 말한다. 쉬바의 은총이 없으면 인간이나 기타의 영혼들은 속박당하기 때문에 끈으로 말해지는 것이다.

데이비스에 따르면, 신pati은 오로지 순수한 의식인데 비해 인간 존재는 의식과 무정물無情物이 혼합된 상태이며, 이런 인간 조건의 모호성과 변화성이 모든 쉬바파 철학과 의례 행위의 핵심이라고 그는 주장한다.[82] 무정물, 즉 물질을 없애기 위해서는 베단타처럼 단지 진리에 대한 이해로 충분하지 않으며, 구체적인 힘을 가진 의례를 통해 물질을 파괴해야만 한다. 그렇기 때문에 샤이바싯단타에서 의례는 필수적이다. 샤이바싯단타의 의례[83]는 여타 만트라의 길에 속한 쉬바파들, 즉

82) Davis(2000), p. 24.

83) 힌두인의 일반적 의례의 의미와 종류에 대해서는 Flood(1996), pp. 198~222 참조. 데이비스(2000)의 저작은 샤이바싯단타 사상을 의례를 중심으로 파악하는 데 유용하다. 특히 간결한 이해를 위해서는 Davis(2000), pp. 36~38 참조.

카팔리카들의 의례의 기본이 될 만큼 중요한 의미를 가지고 있다.

해탈을 위해 실천해야 할 샤이바싯단타의 필수적인 의례는 크게 일상의례nitya pūjā와 입문의례dīkśā[84]로 나뉜다. 이런 의례들을 통해 의식cit을 제한하는 끈pāśa을 점차적으로 제거하여 해탈에 이르게 된다. 입문의례는 다시 크게 일상적 입문의례samayadīkṣā와 해탈을 보증하는 열반입문의례nirvāṇadīkṣā로 나뉜다. 먼저 샤이바싯단타의 핵심 의례라 할 일상의례를 고찰해본다.

최초의 쉬바파아가마로 알려진 『카미카아가마Kāmikāgama』 4.1.에는 일상의례가 "세속적 기쁨과 해탈을 결과로 가져 온다"고 한다.[85] 일상의례는 쉬바교도가 집의 사당이나 성소聖所에서 개인적으로 실천할 수도 있으며, 쉬바교 사원에서도 행해진다. 그 횟수는 하루에 8회까지도 실천될 수 있다.

일상의례는 샤이바싯단타의 여타 의례들의 원형이라 할만한데, 보다 큰 의례의 부분으로, 혹은 여타 의례가 일상의례의 한 부분을 이루기도 한다. 이런 일상의례의 중요성 내지 응축성에 대해 데이비스는 다음과 같이 설명한다.

> 다른 각도에서 보면 일상의례는 온전한 쉬바파 의례체계들의 대의大義를 포함하고 있다. 이 단일한 의례 내에서 다른 여타의 쉬바파의례들의 응축된 형태들을 발견할 수 있다. 예를 들어 일상의례 내의 자기정화의 의례는 열반 입문의례의 압축된 형식이다.[86]

84) "dīkṣā는 양의를 가지는데 먼저 'dī'는 보시의 의미를 가지고 'kṣā'는 제거kṣaya를 의미한다. 보시란 입문의례가 쉬바성性, śivatva을 주기 때문이고 제거란 끈pāśa을 파괴하기 때문이다. 그래서 입문의례를 통해 영혼의 조건에 두 가지의 변화를 불러일으켜 해탈을 구성하게 하는데, 그 두 가지가 바로 끈의 파괴와 내면적 힘(샥티)의 현현이다." Davis(2000), p. 92.

85) Davis(2000), p. 37 재인용.

86) Davis(2000), p. 38.

데이비스에 따르면 이런 일상의례의 응축성은 인도중세의 비쉬누파나 쉬바파 등의 여러 신앙파들이 기존 베다의 희생의례를 푸자의례의 형태로 바꾸면서, 이를 단순히 일련의 제의적 규칙이 아니고 자파自派 사상과 의례 체계의 우수한 효과성을 드러내기 위해, 그리고 자파 사상에 따른 세계에 대한 응축된 교리문답서의 '실천적' 형태로 푸자를 구성했기 때문이라고 한다.[87]

그래서 일상의례의 과정을 통해 실천자는 샤이바싯단타의 주요 개념들과 철학의 주제들 속에 들어서게 된다. 그래서 일상의례를 행한다는 것은 이 과정을 통해 샤이바싯단타(혹은 여타의 다른 쉬바파들 역시)의 실천자들이 자신들의 형이상학을 실연實演하고 자신의 신·구·의身口意에 현실화시킨다는 것을 의미한다고 할 수 있다.[88] 이런 이유로 샤이바싯단타들은 의례를 통해 속박을 이루는 끈을 제거하고 해탈할 수 있다고 하는 것이다.

입문의례 중에서 일상적 입문의례는 샤이바싯단타의 신앙자에게 일상의례를 행할 수 있는 자격을 부여하는 입문식을 말한다. 이를 통해서만 진정한 쉬바파의 일원이 되는 것이다. 이 일상적 입문의례는 카스트의 상위 3계급에게만 허용되는 베다의례와는 달리 카스트 내의 4계급에 열려 있었으나, 여성에게는 금지되어서 가정의례를 집전하는 남편이나, 사원의례를 집전하는 승려를 매개로 해서만 의례에 일정한 역할을 할 수 있었다. 또 어린이, 바보, 노인, 향락주의자, 불구인 사람들도 입문식을 치를 수 없었다.[89]

87) Davis(2000), p. 39.

88) Davis(2000), p. 40. 이것은 샤이바싯단타뿐만 아니라 트리카도 마찬가지다. 아비나바굽타가 쉬바파 일원론을 이루는 다양한 사상과 의례들을 트리카의 체계 속에 결합시킬 때, 형이상학의 기초 역할을 한 것이 재인식론이었다. 그래서 트리카의 의례를 실천하는 수행자는 재인식론적 관점에서 의례 과정을 이해하게 되는 것이다. pp. 141~142 참조.

열반 입문의례는 재가자가 아닌 승려들에게 필요한 의례로, 승려들은 이와 더불어 승려로서의 성화권정聖化灌頂, ācāryābhiṣeka을 받아야만, 타인의 이익을 위해 의례를 집전할 수 있는 권한을 부여받았다. 이 입문식은 일상적 입문의례처럼 누구나 받을 수 있는 것이 아니며, 스승이 일정 기간 관찰, 판단하여 신중하게 이루어진다. 이 입문식을 통해 쉬바의 샥티가 입문자에게 하강śaktipāta하여 그를 제한해 온 끈을 없애게 된다.[90] 이런 샥티의 하강은 끈을 파괴하고 해탈을 얻을 수 있다는 점에서, 다르게 표현한다면 쉬바의 은총이기 때문에 샤이바싯단타의 여러 문헌들에서는 입문의례dīkṣā와 은총anugrāha을 동의어로 사용하기도 한다.[91]

샤이바싯단타에서는 해탈은 단순히 진리를 인식하는 것만으로는 성취되지 않으며, 오직 입문식 이후의 정기적인 일상의례를 통해 속박을 이루는 끈을 완전히 제거해야만 성취된다고 주장한다. 그리고 해탈은 육체를 벗어나는 죽음의 순간에만 일생의 노력에 따른 쉬바신의 은총에 의해서 가능하다고 한다.

2) 일원론적 전통 – 카팔리카Kāpālika

만트라의 길은 샤이바싯단타 및 카팔리카의 전통으로 크게 양분된다. 카팔리카들의 사상은 브하이라바탄트라로 불리는 문헌군에 나타난다. 이들은 다양한 지파들로 나뉘는데, 산더슨은 문헌에 나타난 신앙대상의 샥티적 성격의 강약에 따라 브하이라바탄트라들을 세분하

89) Davis(2000), p. 40 재인용.

90) 열반 입문의례의 구체적인 방식과 순서는 Davis(2000), pp. 92～100을 참조하라.

91) Davis(2000), p. 90.

였다. 그는 이런 입장에서 이 문헌군들을 만트라피타Mantrapīṭha와 비드야피타Vidyāpīṭha로 나누고, 비드야피타에 속한 탄트라들을 다시 야말라탄트라Yāmalatantra와 샥티탄트라Śaktitantra의 문헌군으로 대별하였다. 샥티탄트라에 속한 문헌군들은 다시 트리카탄트라Trikatantra와 칼리탄트라Kālītantra로 대별된다.[92)]

비드야피타에 속하는 문헌군들의 사상은 샥티파의 영향이 쉬바파에 깊이 스며들어 이루어진 문헌군으로, 샥티파는 여성정령yoginī의 신앙 형태와 연관된, 보다 고대적인 루드라 내지 브하이라바의 신앙 형태와 밀접한 관련을 맺고 있기에, 이 신앙 형태도 간략히 고찰한다.

또 고찰되어야 할 중요한 사상이 쿨라Kula의 사상들[93)]이다. 원래 여성정령의 신앙 형태 속에서 배태되어 발전한 이 사상은 비교秘敎적인 카팔리카전통의 쉬바파들의 신비주의적인 요소들을 제거하거나 순화하는 역할을 하게 되었다. 이로써 세속사회에서 벗어나 있던 카팔리카들의 사상들은 재가在家와 브라만사상가들에게 폭넓게 영향을 미치게 되었다. 카팔리카의 사상들이 카쉬미르학자들에 의해서 샤이바싯단타에 비견되는 철학으로 발전한 것은 쿨라의 사상들에 힘입은 바가 크다.[94)]

각 문헌군들의 사상을 고찰하기 전에 먼저 카팔리카에 속한 고행자들이 어떤 집단이었는지를 짚어보고자 한다. 여기서는 은연중에 카팔리카들이 브하이라바탄트라를 이룬 일군의 집단들과 일치하는 것으

---

92) 각 분류 하에 더 세밀한 지파들이 존재하고 있으나, 산더슨은 이들을 더 이상 다루고 있지 않다. 유의미한 학문적 성과를 위해서는 연구가 더 진척되어야만 할 것이다. Sanderson(1988), p. 669 참조. ; 또 그가 브하이라바탄트라 문헌군을 분류한 것은 자야드라트하야말라에 나타난 쉬바파 아가마들의 분류에 대한 연구를 통한 것이다.

93) 본서 pp. 119~123 참조.

94) Sanderson(1988), p. 679.

로 서술하고 있지만[95], 사실 카팔리카의 정의를 정확히 내리기는 현재 어려운 점이 많다.

라쿨라 고행자의 특징을 『니스바사타트바상히타Niśvāsatattvasaṃhitā』의 인용문을 통해 이미 살펴보았는데,[96] 이에 따르면, 라쿨라의 대서大誓는 카팔리카의 그것과 외견상 구분하기 힘들다. 라쿨라 고행자도 카팔리카와 마찬가지로 해골지팡이와 해골발우를 들고 다니는 실천을 행했다. 그럼에도 라쿨라가 격외의 길에 속하는 이유는 카팔리카와 같은 샥티적 요소가 나타나지 않기 때문이다.[97] 그래서 카팔리카의 중요 의례인 제의적 성교가 라쿨라에는 나타나지 않는다. 또 라쿨라고행자는 뱀가죽이긴 하지만, 브라만들의 표식인 성사聖絲를 찬다는 점에서 베다의 가치를 어느 정도 유지한 점도 있는 듯하다.

또 산더슨은 불교의 요기니탄트라Yoginītantra전통을 카팔리카전통에 속한 쉬바파의 변형으로 본다. 우파드흐야이N. N. Upādhyāy는 불교카팔리카(Bauddha kāpālik, 힌디어 표기)라는 개념을 사용하기도 한다. 하지만 로렌젠은 카팔리카전통은 원래 쉬바파에 속한 것으로, 불교적인 것이 아니라고 한다.[98]

로렌젠는 카팔리카전통의 두 형태를 이야기하고 있다. 먼저, 카팔리카를 반대하는 자료들에 기반한 것으로, 여기서 카팔리카들은 베다의 가치를 경멸하고, 인신공희와 더불어 여자들과 술을 마시는 방탕한 자로 나타난다. 두 번째로는, 위와 동일한 자료들에 기반함에도, 브라흐만의 5개의 목 중 하나를 자른 죄를 참회하기 위해 고행하며 수행하는, 쉬바신의 삶을 모방하여 수행을 실천하는 자로 나타난다.[99]

95) 이것은 플러드의 입장에 따른 것인데, 그도 카팔리카를 자세히 규정하지는 않았다. Flood(1996), p. 152.

96) 본서, p. 73.

97) Sanderson(1988), p. 668.

98) Lorenzen(1991), p. 218 참조.

이런 난점으로 인해 딕콥스키 같은 경우는 카팔리카의 대서大誓를 따르는 자들을 단순히 카팔리카로 부르자고 주장한다. 그러나 로렌젠은 이 주장에 대해서, 그럴듯하기는 하지만 그럴 경우엔 다양한 자료들에서 소마싯단타Somasiddhānta 등으로 불리며, 이들이 독립된 일파로 기술되는 점을 설명할 수 없다고 한다.[100]

이런 점에서 카팔리카의 범위를 엄밀하게 규정하기는 아직 어렵다고 생각된다. 여기에서는 잠정적으로 카팔리카전통을 브하이라바탄트라 문헌군의 산출에 공헌한 쉬바파 고행자들로서, 대서를 지키던 쉬바파들 중에서도 의례적 성교까지도 행했으며, 샥티적 요소를 중시하여 여신신앙을 선양한 쉬바파의 일파로 정의하고자 한다.[101]

(1) 만트라피타Mantrapīṭha

피타pīṭha는 브하이라바탄트라를 분류하는 전통적 분류체계 중의 하나이다.[102] 피타는 일반적으로 좌석, 걸상 등의 의미로, 부연된 의미로는 '성물聖物을 올려 두는 대좌臺座' 정도로 새길 수 있다. 특히 만트라피타에서의 피타의 의미는 '일련의 문헌군의 집적samūha'을 의미한다. 또 다른 의미로는 '탄트라의 단일한 주제와 관련된 일련의 문제들'을 의미하기도 한다.[103]

피타는 비드야vidyā, 만트라mantra, 무드라mudrā 그리고 만달라maṇḍala

99) Lorenzen(1991), p. 215.

100) Lorenzen(1991), pp. 217~218.

101) 쿨라는 카팔리카와 다른 요소들을 지닌 독립적 집단으로 생각되지만, 여기서는 서술의 편의를 위해 잠정적으로 카팔리카의 범위에 포함시킨다.

102) 브하이라바 문헌들에 대한 전통적 분류법은 Dyczkowski(1989b), pp. 13~55; 101~126 참조.

103) Dyczkowski(1989b), p. 49.

의 4종으로 나뉜다. 즉 브하이라바탄트라들은 크게 비드야피타 vidyāpīṭha, 만트라피타mantrapīṭha, 무드라피타Mudrāpīṭha, 만달라피타 Maṇḍalapīṭha의 4군으로 분류된다. 그러나 예를 들어 비드야피타의 문헌군에 속했다고 하여 비드야(vidyā, 지식)의 주제만을 다루는 것은 아니며, 비드야의 문제들을 주로 다루면서 다른 주제들 역시 내부에서 다루고 있다.[104] 왜냐하면 한 주제는 다른 주제들과 관련되기 때문이다.[105]

이 4종의 문헌군은 문헌들의 중요도와 범위로 구분할 때 비드야, 만트라, 무드라, 만달라의 순서가 된다. 만트라피타와 비드야피타는 *TA*의 주석자인 자야라트하Jayaratha가 전자가 쉬바를, 후자가 샥티를 상징한다고 말할 정도로 밀접한 관련성을 가진다.[106] 그래서 딕콥스키는 비드야피타에 속한 『싯다요게스바리마타*Siddhayogeśvarīmata*』가 샥티파적인데 비해, 만트라피타에 속한 *ST*는 훨씬 쉬바파적이라고 한다.[107] 이런 점에 비드야피타는 샥티파의 영향이 크게 작용하고 있다는 것을 알 수 있다.

자야드라트하야말라*Jayadrathayāmala*는 피타의 개념으로 브하이라바탄트라 문헌들을 분류하면서, 각각의 피타에 속한 문헌들을 소개하고

---

104) 예를 들어 싯다요게스바리마타나 브라흐마야말라 같은 탄트라들은 문헌 분류상 비드야피타의 문헌군에 속하지만 싯다요게스바리마타는 내부에 만달라피타의 내용을 다룬 부분을 가지고 있고 브라흐마야말라의 제52장은 Mudrāpīṭhādhikāra라는 장명章名을 가지고 무드라의 주제를 다루고 있다. Dyczkowski(1989b), p. 50.

105) "만트라는 알려진 것을 비추이는 비드야(지식)로 강화된다. 무드라는 만트라의 반영된 이미지이며 만달라에 의해 보호된다. …… 이런 식으로 4종의 피타들이 서로 상호간 관통하는 한에 있어서 실제상으로는 모든 것이 각 개별의 피타 안에 본질적으로 존재한다." (*TA*. 37.19b~22a), Dyczkowski(1989b), p. 157 재인용.

106) 자야드라트하야말라*Jayadrathayāmala*는 만트라피타가 남성형이며, 비드야피타는 여성형이라는 점에서 이들을 각각 쉬바와 샥티, 즉 남성원리와 여성원리에 연결하고 있다. Dyczkowski(1989b), p. 54.

107) Dyczkowski(1989b), p. 54.

있다.[108] 만트라피타에 속한 문헌들이라고 자야드라트하야말라에 소개된 브하이라바탄트라들은 *ST*, 『운마타*Unmatta*』, 『아시탕가*Asitāṅga*』, 『루루*Ruru*』, 『찬다*Caṇḍa*』, 『크로드하*Krodha*』, 『즈항카라*Jhaṅkāra*』, 『카팔리샤*Kapālīśa*의 8종이다. 그러나 크세마라자Kṣemarāja는 *ST*의 주석에서 『사르바탄트라*Sarvavīratantra*』에 인용된 자야드라트하야말라의 계송을 따라, 이들이 *ST*와 『아시탕가』, 『찬다』와 『루루』, 『크로드하』와 『즈항카라』, 『운마타』와 『카팔리샤』로 서로 연결되어, 실제로는 『스바찬다*Svacchanda*』, 『찬다』, 『크로드하』, 『즈항카라』의 4종의 탄트라가 만트라피타의 근본 경전mūlasūtra임을 밝히고 있다.[109]

이 중에서도 가장 중요한 문헌은 *ST*이다. 크세마라자가 활동하던 10~11세기 전반부에 이 문헌의 탄트라의례는 카쉬미르 지역 쉬바파들의 가장 기본적인 것이었기 때문이다.[110] 크세마라자의 스승인 아비나바굽타가 트리카를 가장 수승한 쉬바파의 사상으로 천명하였고, 그리고 그의 사상적 기반이 주로 비드야피타에 속한 문헌들이었음에도, 그가 만트라피타에 속한 *ST*를 일원론적 입장에서 주석했던 것은 이 때문이다. 당대 샤이바싯단타의 학자들은 *ST*를 이미 이원론적으로 해석하고 있었다. 그래서 그는 당대의 가장 우세한 의례의 기본 문헌인 *ST*를 일원론적으로 주석함으로써, 우월한 위치에 있던 샤이바싯단타보다도 일원론적 입장이 수승함을 선양하려 하였던 것이다.[111]

*ST*의 신앙 대상은 문헌명에서 보듯 스바찬다브하이라바*Svacchandab-*

---

108) 산더슨의 자료에 도움받아 딕콥스키는 자야드라트하야말라에 언급된 문헌들을 연구했다. 그는 각 피타에 속한 문헌들이 실제적으로 존재한다는 증거는 없으며, 그 문헌들이 발견되거나, 타 문헌에서 일부라도 인용된 것이 발견되지 않는 한, 이 문헌들의 존재 여부는 확정할 수 없을 것이라고 주장한다. 각 피타에 속한 구체적 문헌명들은 Dyczkowski(1989b), pp. 101~126 참조.

109) Dyczkowski(1989b), p. 53 참조.

110) Sanderson(1988), p. 700.

111) Sanderson(1988), p. 700.

*hairava*로 스바찬다svacchanda란 '신적인 완전한 자유'를 의미하는 스바탄트라svatantra[112]와 동의어이다. 이는 또한 쉬바의 다섯 얼굴pañcavaktra 중의 하나인 아고라Aghora로도 불린다.

ST, 1.6.에서는 10억의 게송śloka으로 이루어졌다는 내용이 나타나지만, 현존본本은 크세마라자의 주석이 덧붙여진 것으로 전부 3,678게송이다. 이 문헌의 설법자는 스바찬다브하이라바이며, 질문자는 배우자인 데비Devī로, 데비의 질문에 따라 *ST*는 쉬바교의 사상, 특히 명상upāsanā과 의례kriyā들을 설명한다.[114]

스바찬다브하이라바는 백색의 몸체에 쉬바의 다섯 얼굴을 하고 18개의 팔을 가진 것으로 상징된다. 그리고 배우자인 아고레스바리Aghoreśvarī와 더불어 화장터의 원형 모양의 담 내부에서 여덟의 작은 브하이라바에 둘러싸인 형태로 신앙된다. 그리고 샤이바싯단타의 신앙대상인 영원한 쉬바Sadāśiva의 송장 위에 서 있는 형태를 보여준다. 이것은 스바찬다브하이라바의 신앙이 샤이바싯단타보다 우월하다는 것을 보여주려는 것이다.[115]

산더슨은 이런 *ST*의 만다라를 설명하면서, 스바찬다브하이라바가 도상 중심에 여신과 결합한 형태로 있다는 점에서 샥티를 중시하던 카팔리카전통의 배경을 찾아 볼 수 있다고 말한다. 그러나 *ST*는 스바찬다브하이라바의 2차적 형태인 코타라크사(Koṭarākṣa, 텅빈 눈을 가진)나 브야드히브하크사(Vyādhibhakṣa, 질병을 삼키는 자)같은 흉포한 형태의 신들에 대한 의례도 설하지만, 샤이바싯단타의 영원한 쉬바와 카팔리카들의 흉포한 신들의 중간에 위치한, 보다 부드러운 과도기적인 쉬바의 형태

112) 본서, pp. 175～180 참조.

113) K.S.T.S. Vol, 31, 38, 44, 48, 51, 53, 56.

114) Gonda(1977), pp. 205～206. 문헌의 구체적 내용들에 대한 간결한 보충 설명도 여기서 확인할 수 있다.

115) Sanderson(1988), pp. 669～670.

인 스바찬다브하이라바가 중심적인 신앙 대상이다.[116)]

산더슨은 만트라피타에 속한 문헌들이 샤이바싯단타와 비드야피타의 과도기적 특징, 즉 아직은 샥티요소가 전면에 부각되지 않은 점을 도상의 분석을 통해 다음과 같이 설명하고 있다.

> 샤이바싯단타에서 쉬바Sadāśiva는 홀로 신앙된다. 만트라피타에서 쉬바는 인격화된 샥티인 배우자와 결합되어 있다. 도상적으로 여신은 쉬바와 동등하다. 그러나 보다 큰 의례적 맥락에서 여신은 아직 종속적이다. 여신의 존재는 결합된 짝을 둘러 싼 원형圓形, āvaraṇa 속의 2차적 여신들에 의해서 강화되고 있지 않다. 게다가 스바찬다브하이라바는 배우자와 함께 제례를 받은 후에 다시 혼자만 신앙된다. 스바찬다브하이라바가 아고레스바리와 같이 나타나는 형태는 하위의 형태이다.

이렇게 만트라피타의 신앙에는 샥티요소가 나타나지만, 이것은 아직 비드야피타의 샥티요소보다는 약해서, 만트라피타가 샤이바싯단타와 비드야피타 문헌들 사이의 과도기 단계임을 보여주고 있다.

(2) 비드야피타Vidyāpīṭha

산더슨은 만트라피타보다 강한 샥티요소를 가진 문헌들을 비드야피타로 분류했다. 비드야피타에 속한 문헌군들은 또 3종, 즉 우右, dakṣiṇa, 좌左, vāma, 중간misra으로 세분된다.[117)] 자야드라트하야말라*Jayadrathayāmala*는 비드야피타에 속한 문헌들 중에서 15종을 근본 경전

---

116) Sanderson(1988), p. 670; *ST*와 샤이바싯단타의 아가마들의 유사성에 대해서는 Dyczkowski(1989b), p. 139.n.24 참조.

117) 이것은 소위 오마사pañcamakāra를 실제로 행하는가, 아니면 내관內觀하는가에 따른 구분인 좌도左道, vāmārga와 우도右道, dakṣiṇamārga와는 다른 개념이다.

mūlasūtra으로 하고 있다.[118] 아래의 도표로 분류해 본다.

우측 문헌들이 야말라탄트라yāmalatantra들로, 『자야드라트하야말라』는 브라흐마야말라탄트라Brahmayāmalatantra를 이 중에서 가장 중요한 문헌으로 꼽는다. 왜냐하면 모든 야말라탄트라가 이 문헌을 근원으로 하기 때문이다.[119] 이 문헌은 길게는 피추마타브라흐마야말라탄트라 *Picumatabrahmayāmalatantra*, 줄여서 피추마타*Picumata*나 브야크사라*vyakṣara*, 혹은 마타*Mata*로 약칭되기도 한다. 이 브라흐마야말라탄트라는 7종의 다른 탄트라들[120]과 연관되어, 8종 마타*Mata*(matāṣṭaka라고도 한다.

중간 문헌의 싯다요게스바리마타는 탄트라사드브하바*Tantrasadbhāva*, 말리니비자요타라탄트라*Mālinīvijayottaratantra*와 더불어 트리카탄트라의 대표적인 문헌이다. 브하이라바탄트라 문헌들 중에서 가장 극단적으로 샥티 신앙을 선양했던 칼리탄트라Kālītantra의 대표 문헌으로는 『자야드라트하야말라』가 있다.

【표 8】 자야드라트하야말라에 나타난 비드야피타에 속한 15종의 근본 경전

문헌들의 분류	문헌명
중간misra	*Sarvavīra, Triśūla(=Siddhayogeśvarīmata), Śrīcakra, Viśvādya, Vidyābheda, Yoginījālaśambara, Śirohṛta(Śiraścheda, Jayadrathayāmala)*
좌측vāma	*Nayottara, Mahāraudra, Mahāsaṃmohana*
우측dakṣiṇa	*Raudrayāmala, Aumayāmala, Vaiṣṇvayāmala, Skandayāmala,Brahmayāmala*

118) 15종의 문헌들에 대한 간략한 내용 설명은 Dyczkowski(1989b), pp. 110~119 참조.

119) Dyczkowski(1989b), p. 114.

120) 나머지 7종의 문헌은 *Ucchuṣma, Nirācāra, Mahācāra, Sarvatobhadra, Dvika, Sarvātmaka, Mahādakṣiṇa*이다.

(가) 요기니 신앙

힌두교가 발전하는 과정은 산스크리트화化, sanskritization 과정인데, 이는 베다의 사회적 가치와 비베다적인 토착적 대중 전통의 결합으로도 볼 수 있다.[121] 이 과정에는 전통적 고행자상[122]의 변화도 발생하여, 화장터에서 공개적으로 오염을 자초하며 사는 무서운 비정통 고행자가 나타난다.[123] 이들의 전통과 카팔리카는 매우 밀접한 관련을 가진다. 또한 탄트라의 신들과 그 배우자인 여신들로 이루어진 요기니에 대한 신앙도 역시 카팔리카 전통과 밀접한 관련을 가진다.[124]

요기니에 대한 언급은 베다 이전에도 있지만,[125] 여기에서 다루는 요기니 신앙은 8~9세기 정도에 발생한 것으로 보인다.[126] 이를 모태로 쿨라Kula, 혹은 카울라Kaula전통[127]이 나타난다. 쿨라의 전통과 관련된

---

121) Flood(1996), p. 148.

122) 전통적 고행자는 먼저 사문전통의 고행자들을 들 수 있겠다. 또 베다에서도 케신Keśin과 브라트야Vratyā라는 고행자 집단이 나온다. 베다의 이 두 집단은 전통적 브라만 사회에서는 이질적인 존재였다. 그런데 우파니샤드 시대에 이르면 인생 4주기의 마지막 단계인 유행기와 관련하여 브라만 사회의 정통적인 고행자들이 나타난다. 여기서는 고행자의 발생과 사문과 브라만 사이의 영향관계 등에 얽힌 복잡한 이론들을 상술하지 않는다. 이 문제는 Flood(1996), pp. 81~93를 참고하라. 다만 재생자 계급의 재가자로써 의무Dharma를 충실히 지킨 사람이나, 학생기의 독신자들이 엄격한 금욕을 통해 수행하는 것이 전통적 브라만 사회의 고행자이었다. Flood(1996), p. 90.

123) Flood(1996), p. 148.; 플러드에 따르면 이들은 하층 카스트의 상위 집단에 속한 부류로 그 전통은 인도 고대로까지 올라간다고 한다. Flood(1996), p. 161.

124) Flood(1996), p. 166.

125) Chitgopekar(1998), p. 109. ; 여신, 혹은 모신母神신앙은 꼭 인도에만 국한된 신앙 형태는 아니다. 인도에서도 모신신앙은 베다에도 인도 원주민에게도 나타난다. 도니거W. Doniger는 인도의 여신을 에로틱하고 사나운 파괴의 여신Goddess of tooth과 관대함, 우아함, 남편에의 복종이라는 특징을 가진 가슴의 여신Goddess of breast로 분류하였다. Flood(1996) p. 174 재인용; 요기니 신앙의 의례 형태는 Sanderson(1988), pp. 671~672 참조. 요기니 신앙에 대한 최근의 연구 성과로는 White(2003)가 있다.

126) Chitgopekar(1998), p. 109.

64종의 탄트라 문헌[128]이 있는데, 이는 상냥한 여신이 중심인 쉬리쿨라Śrīkula와 사나운 여신이 중심인 칼리쿨라Kālīkula로 대별된다. 쉬리쿨라는 남부의 쿨라전통과 관련되는데, 이 전통의 여신은 랄리타트리푸라순다리Lalitatripurasundarī 여신으로 자비롭고 아름다운 특징을 가진다. 이 전통을 쉬리비디야Śrividyā라고 한다. 이는 크세마라자Kṣemarāja 이후 발전된 제3단계 트리카[129]의 영향을 받아, 12세기 카쉬미르에서 번영하고, 이후 남인도로 전파되어 브라만적 윤리와 결합한다.[130] 한편 칼리쿨라Kalīkula는 북부(Kālī여신의 전통)와 동부(트리카전통) 쿨라Kula의 전승과 관련을 가진다. 이 칼리쿨라의 탄트라 문헌들은 여신을 불러일으키는 무서운 의례를 행하였다.[131]

요기니Yoginī 신앙에서 배태된 쿨라의 사상은 카팔리카와 밀접한 관련을 가지기 때문에 이들을 쉬바파라거나 샥티파라고 분류하여 말할 수 없다. 그래서 파더Padoux는 이를 샥티쉬바파Śaktaśaiva로 부르는 것이다. 야말라탄트라 이하 비드야피타에 속한 문헌들은 이런 요기니 신앙의 사상들에서 발전된 쿨라의 사상이 깊이 용해되어 있다.

---

127) 요기니 신앙의 전통이 이렇게 불리게 된 것은 이 신앙의 실천자들이 다수의 보다 높은 모신母神적 능력들 중의 하나의 계보gotra, 다시 말하면 문파kula에 속했기 때문인데, 어떤 경우에는 이 관계가 모종의 육체적, 행태적 특징들에 기인한 것이라는 증거로 볼 수도 있다. Sanderson(1986), p. 671.; 쿨라와 카울라의 개념 차이는 Dyczkowski(1989b), p. 62 참조. 본서에서 정의하는 개념 차이는 p. 119 참조.

128) Āgama라는 거대한 문헌군 아래 쉬바파의 아가마Śaivāgama 문헌군과 샥티파Śakta의 쿨라아가마Kulāgama 문헌군이 있다. 이 두 문헌군의 공집합 부분이 브하이라바탄트라Bhairavatantra 문헌군이며, 특히 그 중에서도 비드야피타Vīdyapīṭha에 속한 문헌들이다. 이 문헌군을 쉬리쿨라Śrīkula와 칼리쿨라Kālīkula의 문헌군으로 나누는 것은 샥티파적 입장이다. 그래서 쉬바파와 샥티파 간의 경계는 모호하고 이런 점 때문에 이들을 통칭하여 샥티쉬바Śaktaśaiva파로 부르는 것이다.

129) 본서 pp. 131~133; 140~142 참조.

130) 본서 p. 31 참조.

131) Flood(1996), pp. 184~185.

(나) 야말라탄트라Yāmalatantra

야말라yāmala의 일반적 의미는 결합된 쌍을 의미한다. 또 남신과 그 배우자 여신의 결합을 의미하기도 한다. 야말라탄트라 문헌의 특수한 의미로는 만트라mantra, 男神와 비드야vidyā, 女神의 결합을 말하는 것이다. 다스굽타Dasgupta에 따르면, 이 용어는 탄트라 수행자sādhaka의 궁극적 목적인 쉬바와 샥티의 원초적 불이不二의 평화로운 상태를 의미한다고 한다.[132] 이런 상태를 획득하는 방법이나, 이런 상태를 설명하는 대개의 문헌들은 이 명칭을 포함한다. 이 문헌들은 강한 샥티적 경향성을 띠고 있다. 그래서 자야드라타하야말라*Jayadrathayāmala*같은 경우 칼리Kālī 신앙을 선양함에도 역시 야말라라는 명칭을 가진다.

야말라탄트라 문헌들은 쉬바와 샥티의 합일을 말하면서도 이원성을 드러내는데 비해, 트리카탄트라, 칼리탄트라는 샥티를 중심으로 하기 때문에 샥티탄트라로 분류된다.[133]

야말라탄트라 문헌들은 만트라로 상징되는 남신들과 비드야vidyā로 상징되는 여신들의 대응과 통합에 관련된 의례의 정식定式들을 주로 설하고 있다.[134] 이것은 탄트라 문헌들에 나타난 방법들을 이해하기 위한 지식jñāna들과 그 지식의 실제적인 실천인 의례kriyā를 설한다는 것을 말하는 것이다. 그래서 야말라탄트라 문헌들은 만트라, 비드야, 지식, 의례의 4종 주제를 다루고 있다.

브라흐마야말라Brahmayāmala는 가장 중요한 야말라탄트라 문헌이다. *ST*와 같은 문헌이 있었지만, 쉬바파 일원론 문헌들 중 샥티의 요소가 본격적으로 나타나는 가장 초기의 문헌은 브라흐마야말라이기 때문이다. 이 문헌은 『피추마타브라흐마야말라*Picumatabrahmayāmala*』, 『피추

132) Gonda(1981), p. 40 재인용.

133) Gonda(1981), p. 40.

134) Dyczkowski(1989b), p. 114.

마타*Picumata*』로 불린다.[135] picu는 다양한 의미를 가지는데 주로 성적性的인 의미를 가진다. pi는 신체piṇḍa 그리고 cu는 종자(bīja, 의식의 핵심)를 말하는 것으로, 진정한 요가수행자는 육체와 정신을 결합시킨 자라고 한다.[136] 또 pi는 월경혈kāminīpuṣpa, 여성의 생식기yoni를 의미하고, cu는 정액retas을 의미한다.

야말라탄트라 의례의 신은 카팔레스바라브하이라바Kapāleśvarabhairava와 배우자인 여신 찬다카팔리니Caṇḍākāpālinī이다. 산더슨에 따르면, *ST*의 만달라에서 남녀 주신主神의 결합을 둘러싼 2차 신들은 남성이고 홀로였다. 이에 비해 야말라탄트라의 만달라는 남녀 주신의 쌍을 둘러싼 2차 신들은 여성이며, 다시 2차 여신들은 남성신들로 둘러싸여 장식되어 있다고 한다.[137] 그러나 쉬바파의 전통적인 입장에 따라 만달라의 2차적 신들을 지배하는 권능은 남신인 브하이라바에게 있다. 하지만 야말라탄트라 의례에서 더 큰 만달라를 형성하며, 일상의례에 사용되는 만신전의 기본요소인 9신을 상징하는 만트라가 여신인 찬다카팔리니의 만트라인 점에서, 여신과 남신의 이분적 입장이 여신 중심으로 극복된 것을 볼 수 있다. 이 만트라는 '옴 훔 찬다 카팔리니 스바하

---

135) 그 구체적 내용에 대해서는 Gonda(1981), pp. 42~43을 참조하라. 이 문헌은 총 101장, 12,000송 이상으로 구성되었는 데 카투만두국립문서보관소the National Archive of Katumandu에 패엽 형태로 남아 있으며 H. P. Śāstri가 수집한 네팔 듀바르 도서관의 카탈로그에 다른 2종의 사본들이 남아 있다. 브라흐마야말라라는 명칭은 이 문헌의 27장 이후의 각 장 끝colophon에 표시된 문헌명이며, *(Mahā)Bhairavatantra*, 혹은 *Dvādaśsāhasraka*라는 문헌명도 나타나고 있다고 한다. 그러나 101장 거의 전부에 걸쳐 각 장 끝에 표시된 명칭은 피추마타*Picumata*이기 때문에 이 문헌은 피추마타*Picumata*라고 부르는 것이 정당할 것이라고 곤다는 주장한다. Gonda(1981), p. 42. 산더슨의 경우 '*Picumatabrahma*' 혹은 '브라흐마야말라로 별칭되는 피추마타*Picumata(Picumata alias Brahmayāmala)*' 라고 표기하고 있다. Sanderson(1988), p. 672; Sanderson(2006), p. 146. 본격적이며 가장 최근의 브라흐마야말라의 연구는 Hately(2007)가 있다.

136) Dyczkowski(1989b), p. 114.

137) Sanderson(1988), p. 672.

(oṃ) hūṃ caṇḍe kāpālini svāhā인데 각 음절은 카팔레스와라브하이라바Kapāleśvarabhairava (hūṃ)와 그의 4여신, 락타Raktā(caṃ), 카랄라Karālā(ḍe), 찬다크시Caṇḍākṣī(kā), 마호츄후스마Mahocchuṣmā(pā) 그리고 4여신의 부수적 능력, 칼랄리Karālī(li), 단투라Danturā(ni), 브히마박트라Bhīmavaktrā(svā), 마하발라Mahābalā(hā)을 상징한다.[138] 이것은 남성신 카팔레스와라브하이라바와 남성신과 기타의 여성신들이 결합한 것으로 볼 수 있으며, 전체적으로는 여신인 찬다카팔리니의 만트라이기 때문에 남녀신의 이분적 통합이 여신을 중심으로 극복된 것으로 이해할 수 있는 것이다.

이렇게 비드야피타는 *ST*를 극복하고 샥티의 우월성을 확실히 드러내기 시작했다고 할 수 있다.

(다) 트리카탄트라Trikatantra

야말라탄트라 문헌은 쉬바와 샥티의 합일을 말하지만 이원성을 드러내는데 비해, 샥티탄트라Śaktitantra 문헌은 샥티를 중심으로 한다. 샥티탄트라 문헌은 파라Parā, 아파라Aparā, 파라아파라Parāparā의 3여신을 신앙하는 트리카탄트라 문헌, 칼리Kālī를 신앙하는 칼리탄트라 문헌으로 이분된다.

트리카Trika의 사상은 3번에 걸쳐 발전하게 된다.[139] 최초기의 트리카는(9세기 이전 추정) 파라, 아파라, 파라아파라로 불리는 3여신의 힘에 동화되는 것을 목표로 하는 의례체계로 규정할 수 있다. 파라는 유순한 여신이며, 나머지 두 여신은 흉포한 여신으로 해골을 목에 두르고, 카팔리카의 상징인 해골지팡이를 가진 것으로 묘사된다.

이 3여신의 의례는 8모신母神[140] 그리고 그 구체화로써 요기니의 소

138) Sanderson(1988), p. 672.

139) 트리카의 3단계에 걸친 의례와 사상들의 발전에 관한 구체적 연구는 Sanderson(1988), pp. 169~214.

집단Kula[141]과 결합되었는데, 이들 신들에게는 피, 술, 그리고 성적 분비물이 초자연력siddhi을 얻기 위한 공물로 바쳐졌다. 공물을 바치는 자들은 초자연력을 추구하는 자들로, 그들은 입문식 때 자기와 연관이 있다고 점쳐진 쿨라Kula의 하나에 속해 있었다.[142]

트리카 3여신의 핵심은 파라 여신이다. 파라 여신은 백색의 아름답고 자비로운 존재로 나타난다. 하나의 얼굴과 두 팔을 가지고, 경전을 들고, 친무드라cinmudrā를 하고 있다. 파라아파라와 아파라 여신은 각각 파라의 우측에 적색으로, 좌측에 흑색으로 묘사되어 카팔리카적 요소를 강렬하게 드러낸다. 이들 3여신에게는 술과 고기가 공물로 바쳐지는데, 이를 위해 땅 위sthaṇḍila나 옷감 위에 그려진 이미지paṭa, 인골에 조각된 만달라가 제단으로 마련된다.

제2단계의 트리카는 쿨라의 개혁 이후 단계인 카울라Kaula 트리카로서, 칼리Kālī 신앙에 영향을 받았다.[143] 이 단계의 트리카에서 파라 여신은 3여신의 하나, 3여신의 궁극적 근거라는 두 측면으로 이해되었다. 후자의 측면에서 파라는 존재의 인식자Mātṛsadbhāva로 불리는데, 이는 인체 내에 구현된 트리카우주론의 최정상에 거주하는 것으로 이해되고 명상된다. 마트리사드부하바Mātṛsadbhāva(mātṛ: 인식자; sadbhāva: 존재)는 이름 그대로 모든 유정의 본질, 혹은 궁극적인 아는 자라는 의미를 가진 것으로, 3여신은 그 본질이 오직 의식일 뿐인, 우주의 구성요소들로 명상된다. 즉 파라는 주관pramātṛ이라는 요소의 힘이며, 아파라는 대상

---

140) 8모신은 Brahmāṇī, Śāmbhavī, Kumāri, Vaiṣṇavī, Vārāhī, Indrāṇī, Cāmuṇḍā, Mahālakṣmī로 보통 알려지지만, 문헌에 따라 그 수나 신격의 명칭이 다른 경우도 있다.

141) 여기에서 쿨라란 초자연적인 영들을 의미할 수도 있으며 모신에게 빙의된 여성을 의미하기도 한다. Sanderson(1987), p. 15. 쿨라의 의미는 본서 pp. 119~123 참조.

142) Sanderson(1987), p. 15.

143) 본서 pp. 131~132 참조.

prameya이라는 요소의 힘이고, 파라아파라는 주관과 대상이 만나는 의식의 장pramāṇa이다. 그렇게 3여신은 서로 연결되어 있다. 여기서 파라는 이 3요소들의 궁극근거로서, 해탈의 본질인 절대적 순수의식으로 관상된다.[144)]

3단계의 트리카는 10세기 이후에 아비나바굽타가 대성한 트리카체계를 말한다. 아비나바굽타는 트리카 교설을 중심으로 여타 쉬바파들의 다양한 의례와 사상들을 통합하여 쉬바파 일원론을 대성하였다. 1단계 수준의 트리카의 신비적 의례요소들은 쿨라의 개혁 이후 서서히 사라졌는데, 아비나바굽타가 대성한 3단계에 이르면 신비적인 내적 관상으로 대치되어 외적인 의례요소들은 중요성을 잃게 된다.[145)]

트리카의 주요 관심은 신神의 수준에서 감각대상의 조대한 물질에 이르기까지의 우주적 전개의 계통도라 할 요기니 회로yoginījāla에 집중되어 있다. 트리카의 수행과 의례[146)]는 이 전개 과정을 역으로 밟고 가는 것으로, 마치 고전요가의 수행이 전변의 과정을 역으로 밟고 가는 것과 같다. 이 전통의 수행에서 파라, 아파라, 파라아파라는 삼지창triśula의 각 끝에 달린 백색의 연꽃들 위에 혼자, 혹은 부수적인 브하이라바와 같이 좌정한 것으로 관상된다. 이 삼지창은 신체의 중심축(척추)에 겹친 것으로 관상되는데, 배꼽의 기저와 머리 위 손가락 12개의 폭의 높이 위에 겹쳐지는 이 이미지는 트리카우주론에 따라 하부는 가장 조대한 물질적 요소들의 수준이며, 가장 꼭대기는 모든 에너지를 통합

144) Sanderson(1988), p. 674.

145) Sanderson(1987), p.15 ; 1단계 트리카는 *Siddhayogeśvarīmatatantra*, *Mālinīvijayottaratantra*, *Tantrasabhāva*, 2단계 트리카는 *Devyāyāmalatantra*, *Jayadrathayāmalatantra*, *Trikasadbhāvatantra*, *Trikahṛdayatantra*, 3단계 트리카는 아비나바굽타의 *Parātriṃśikāvivaraṇa*, *Mālinīvijayavārtika* 그리고 Tantrāloka 등을 통해 알 수 있다.

146) 트리카 수행의 의의는 본서, pp. 274~276 참조.

하는 절대적 의식인 파라가 거주하는 수준을 상징한다.[147]

트리카 문헌에서는 여신들이 남신을 제압하고 의례와 만달라의 중심으로 부상하는 것을 고찰할 수 있다.

(라) 칼리탄트라Kālītantra

비드야피타vidyāpīṭha전통 중에서 샥티적 요소를 가장 극단적으로 선양하는 칼리 신앙의 의례는 자야드라타하야말라*Jayadrathayāmala, Tantrarājabhaṭṭāraka*를 통해서 알 수 있다. 이 자료는 시간의 파괴자 Kālasaṃkarṣiṇī인 칼리 여신의 백 종류 이상의 변형들에 대한 카팔리카의 의례를 설하고 있다.[148]

산더슨에 따르면, 약 24,000송으로 구성된 이 문헌은 전반부 1/4과 나머지로 대별된다고 한다.[149] 전반부의 칼리는 시간의 파괴자인 칼라상카르시니Kālasaṃkarṣiṇī로서 황금색의 지체와 28개의 팔을 가졌으며, 정면의 흑색을 포함한 각각 다른 색을 가진 5개의 얼굴을 가졌다. 아름답지만 해골지팡이khaṭvāṅga나 잘려진 머리같은 카팔리카의 상징을 가지고 있고, 피를 흘리며, 호랑이 가죽을 입고, 발밑에 시간時間, Kāla의 몸을 짓밟고 있다. 이 칼리는 황홀상태에 빠진 브하이라바를 두 팔에 껴안고 있는데, 이 형상은 남성 시중들의 보호막과 화장터의 외부경계로 둘러싸인 2차적 여신들의 많은 원형圓形으로 에워싸인 만달라의 중심에 위치한다.

문헌의 나머지 부분에 나타나는 만달라들의 도상에서는 칼리와 결합한 브하이라바조차도 배제된다. 브하이라바는 만달라 내에서 칼리

147) Sanderson(1988), p. 673. ; 트리카의 관상법은 Sanderson(1990), pp. 31~88; Pardoux (1992), pp. 225~238 참조.

148) Sanderson(1988), p. 674.

149) 이하는 Sanderson(1988), pp. 674~677의 내용을 요약 정리한 것이다.

에 제압당한 7남신[150]의 최상위에 위치하여, 마치 스바찬다브하이라바Svacchandabhairava에게 짓밟히는 샤이바싯단타의 영원한 쉬바와 유사한 처지에 놓이게 된다. 이로써 만달라는 완전히 여성화된다. 그리고 칼리는 야말라탄트라의 여신들처럼 아름다운 형태가 아니라 흉포한 파괴자의 모습으로 나타난다. 이것은 칼리로 상징되는 절대의식에서 개아가 존재할 수 없음을 상징하는 것으로, 절대의식의 객체화에 대한 끊임없는 무화無化작용을 말한다. 이것이 비르야칼리Viryakālī이다.

비르야칼리는 5종의 힘virya을 가지는데, 이것은 실재의 근원인 절대의식이 스스로를 의식의 내용물로써 자신 내부에 방사하고, 그리고 방사된 대상을 다시 거두어들여 본래의 절대의식으로 돌이키는 과정의 힘이다. 칼리는 쉬바의 공空, śivavyoma상태인 순수의식의 빛bhāsā에서 외현화外現化의 충동인 화산化身, avatāra을 통해 실제적인 인식 대상으로 전개sṛṣṭi되는데, 이때 인식 대상은 의식 밖에 있는 것처럼 나타난다. 이 인식 대상은 칼리카르마kālīkrama에 재흡수되고, 마침내 대지멸mahāsaṃhāra에 도달한다. 이 브하사bhāsā, 아바타르avatāra, 스리쉬티sṛṣṭi, 칼리크라마kālīkrama, 마하삼하라mahāsaṃhāra가 5종의 힘이다. 이 과정을 관상함으로써 대우주적 과정이 개인의 의식 내에서 이루어지는 인식의 과정과 동일하다는 것을 깨달아 전지전능을 얻을 수 있다고 믿는다. 즉 개체가 바로 쉬바임을 알게 된다.

【그림 2】 Viryakālī[151]

비르야칼리는 번쩍이는 광채의 중심에서 흑색이며, 야윈 형태로,

150) 아래서부터 인드라, 브라흐만, 비쉬누, 루드라, 이스와라, 영원한 쉬바Sadāśiva 그리고 마지막으로 브하이라바이다.

151) Sanderson(1989), p. 676.

가장 깊은 내면의식의 진동spanda으로 관상된다. 여섯 개의 얼굴을 가지고 있으며, 머리털은 불꽃의 화환으로 장식되어 있다. 하위 신들의 잘려진 머리나 지체를 몸에 두르고 있으며, 괴겁 시의 루드라Kālāgnirudra의 어깨 위에 올라타고 있다. 12개의 팔을 가지고 있는데 각각 카팔리카의 상징을 들고 있다.[152] 비르야칼리가 타고 있는 루드라는 신체의 반은 흑색, 나머지는 적색인데, 이것은 들숨apāna과 날숨prāṇa을 상징한다. 이 두 숨이 결합하여 척추를 타고 올라가면 무분별의 상태nirvikalpa가 발생된다. 비르야칼리는 두 숨의 결합으로 발생한 무분별의 절대적 의식상태를 상징한다.

이 문헌의 마지막 1/4부분에는 마하칼리Mahākālī의 의례가 나온다. 이 의례의 만달라 도상을 보면 중앙의 마하칼리가 이름은 다르지만 외양이 동일한 12개의 원들에 싸여 있는데, 이 작은 원들 역시 마하칼리이다. 이것은 절대와 현상, 대우주와 소우주가 동일하다는 이념을 상징한다. 이 13개의 칼리는 성적의례를 행할 때 성적 황홀경에서 발생하는 제감制感상태에서 실현되는, 자아를 느낄 수 없는 상태를 체험할 때 내적으로 실현된다.

이처럼 비드야피타vidyāpīṭha의 최후 단계인 칼리탄트라Kālītantra의 대표적 문헌인 『자야드라타하야말라』를 통해, 마침내 샥티적 요소, 즉 여신이 완전히 만달라를 지배하게 되었으며, 이는 절대와 현상을 완전히 하나로 보는 마하칼리의 의례에서 완성된 것을 볼 수 있다.

---

152) 올가미, 곤봉, 잘려진 머리, 검, 방패, 삼지창, 벼락vajra, 종, 작은 드럼ḍamaru, 두개골 컵, 칼, 피가 흐르는 심장과 코끼리 가죽.

제3장
쉬바파 일원론의 대성大成

제3장 쉬바파 일원론의 대성大成

1. 카쉬미르의 쉬바파 이원론과 일원론의 대립

판드에 따르면, 9세기 이후 3~4세기 동안에 걸쳐 쉬바파의 이원론과 일원론은 카쉬미르 지역에서 동등하게 강한 세력을 가지고 있었다고 한다.[1] 그러나 산더슨에 따르면 10~11세기에 걸친 카쉬미르 지역의 쉬바교는 이원론의 샤이바싯단타 교설이 지배적이었으며, 의례 형태는 샤이바싯단타도, 일원론적 쉬바파인 트리카나 크라마도 아닌, 그 사이 어디엔가 위치하는 스바찬다브하이라바Svacchandabhairava와 배우자인 아고레스바리Aghoreśvarī 여신의 의례가 지배적이었다고 한다.[2] 만트라의 길에 속하더라도 베다전통을 보다 유지했던 샤이바싯단타가 9세기 카쉬미르학자들에게 더 유력했을 것은 이해할 수 있는 일이다.

원래 고행자의 전통이었던 쉬바파전통들이 9세기 카쉬미르의 상층학자들과 재가자들에게 보급될 수 있었던 것에 대해 산더슨은 일원론,

1) Pandey(1986), p. 18.
2) Sanderson(1987), p. 16.

이원론을 가릴 것 없이, 당시의 쉬바파들 사이에 다음과 같은 공통적인 입장이 있었기 때문이라고 한다. 첫째, 그들의 목표는 초능력이 아닌 해탈에 있었다. 둘째, 사회를 포기한 고행자가 되지 않아도 입문식의 의례만을 통해서도 쉬바파가 될 수 있었다. 셋째, 기존의 사회적인 의례를 통해서도 탁월한 자들은 해탈을 구할 수 있다.[3] 다시 말해서 구태여 고행자가 되지 않아도 의례를 통해 쉬바 신앙자로서 해탈을 얻을 수 있다는 믿음에 기반하여, 기존의 고행자 중심의 쉬바파전통들이 9세기 재가자 사회에 퍼져나갔던 것이다. 이것은 고행자들의 의례가 내면화되었기 때문일 것이다. 이것은 다음 절들에서 다룰 쿨라Kula의 개혁이나, 그에 기반한 트리카Trika, 크라마krama, 칼리Kāli 신앙의 발전을 고찰하면 이해할 수 있을 것이다.

특히 이런 입장을 먼저 선양한 전통은 샤이바싯단타로, 그들은 비非신비주의적인 의례와 비탄트라적인 입장을 발전시켰다. 판드는 사드요죠티Sadyojoti의 쉬바파아가마를 기반으로 한 이원론철학은 신학적 측면에서 샹카라 일원론에 대한 비판이라고 주장했다.

> 완전한 일원론은 종교에 적합한 것이 아니다. 그에 따른다면 신에 대한 헌신은 무의미하다. 왜냐하면 헌신의 대상인 신은 아무것도 아닌 단지 환영일 뿐이며, 그래서 고통과 비탄에 빠진 헌신자의 울부짖음은 공허한 외침 이외에 아무것도 아닌 것이 되기 때문이다. 그것은 인간성에서 종교가 약속하는 고통으로부터 구제라는 희망을 빼앗는 일이다. 이것은 종교의 근간을 흔드는 일이다.[4]

3) Sanderson(1989), pp. 690~691 참조.
4) Pandey(1986), pp. 15~25 참조.

이런 종교신학적 입장에서 사드요죠티는 우주의 구성요소를 세 가지의 실재, 즉 영원히 해탈된 의식인 쉬바pati와 속박된 개체적 영혼paśu, 그리고 속박의 요인인 끈pāśa으로 보았다. 개체적 영혼은 원래 무한한 능력을 지닌 것으로 쉬바의 본질과 동일하다. 그러나 제한mala, 혹은 āṇava에 의하여 그 능력을 구속당하고, 물질적 원인인 마야māyā에 의한 육체를 가지고, 제한과 육체로 말미암은 욕망에 의하여 업의 세계를 윤회하게 된다.

이런 개체적 영혼의 무한한 능력을 회복하기 위해서는, 즉 해탈을 위해서는 신의 은총이 필수적이다. 바로 여기에 신의 존재 목적이 있는 것이고, 쉬바파 이원론은 하나의 신앙으로 성립하게 되는 것이다. 또 한편으로 의례의 중요성이 강조된다. 샹카라의 일원론과 달리 의식의 본성에 대한 지식만으로 해탈은 이루어지지 않는다. 왜냐하면 인간의 영혼을 속박하는 끈은 단지 환영이나 착각이 아니라 구체적인 힘을 가진 실체Dravya이기 때문이다. 그래서 이것을 없애는 구체적인 힘을 가진 의례가 해탈에 필수적이다.

그리고 이와 같이 자력적인 의례의 실천과 타력적인 신의 은총을 통해 해탈한 영혼muktaśiva이 되었다 하더라도, 결코 개체적 영혼은 원래 속박되지 않은 쉬바anādiśiva와 동일하지 않다. 이 세계를 방사하고, 유지하고, 지멸시키고, 쉬바의 본성을 은폐하고, 그리고 속박된 개체를 해탈시키는 은총이라는 5종의 행위pañcakṛtya의 능력을 가진 것은 오직 원래 속박되지 않은 쉬바뿐이다.

사드요죠티에 의해 확립되기 시작한 샤이바싯단타의 교설은 10세기 말에 카쉬미르 최초의 이원론적 입장의 주석서를 저술한 라마칸타 I 에 의해서 더욱 발전하였다. 여기서 판드에 입장에 따라서 대표적인 샤이바싯단타 학자들을 활동 지역을 중심으로 연대순으로 정리하여 다음의 표를 제시한다.

【표 9】 샤이바싯단타 학자들의 연대

활동 지역	학자	연대[5]	추정 이유[6]
알 수 없음	Sadyojyoti	9세기	아비나바굽타의 *TA*(10세기말~11세기 초)에 인용
	Bṛhaspati	9세기	*Mokṣakārikā*에서 Sadyojyoti와 동시대로 언급
	Śaṅkarananadan	9세기	아비나바굽타의 *IPV*에서 언급
	Devabala	10세기	*TA*에 언급
카쉬미르	Ramakaṇṭha I	10세기 말~11세기 초	Nārāyaṇakaṇṭha의 祖師
	Śrīkaṇṭha	11세기 초	Ramakaṇṭha I 의 제자
	Nārāyaṇakaṇṭha	11세기 중반	Ramakaṇṭha II 의 父
	Ramakaṇṭha[7]	10세기 초	
	Ramakaṇṭha II	11세기 후반	
중인도 Dhāra지역(현재 구자라트 주 인근)	Bhoja왕	11세기 중반	
남인도 Cola 지역	Aghoraśiva	12세기 중반	*kriyākramadyotikā*(1158년)

이 도표에 따르면 9세기 *SS*의 출현으로부터 11세기 후반의 크세마라자에 이르는 카쉬미르의 쉬바파 일원론 흥기 시기에 쉬바파 이원론은 카쉬미르 지역뿐만 아니라 중인도와 남인도에서도 유행되고 있음을 알 수 있다.[8]

5) 이 연대는 자료에 따라 가변성을 가질 수도 있겠지만 일단 논술의 편의를 위해 Pandey의 입장을 따른다.

6) 보다 구체적인 내용은 Pandey(1986), pp. 15~25 참조.

7) 이 라마칸타는 『바가바드 기타』의 주석 *Sarvatobhadra*를 저작한 인물로 알려졌는데, 그 활동 연대와 라마칸타 I 사이의 관계는 불명료하고 혼동되는 점이 많다. 그러나 여기서는 추측들만 많은 복잡한 이 문제를 다루지는 않을 것이다. Pandey(1986), p. 21 참조.

8) Pandey(1986), p. 24. 뮬러-오르테가는 이런 점에서 쉬바파 아가마의 전통은 전 인도적인 현상으로, 여기에 남북 사이에 어떤 구분이 있었다는 것은 무언가 잘못된 것이라는 곤다의 입장Gonda(1981), p. 162을 지지한다. Muller-Ortega(1989), p. 40.

샤이바싯단타의 가장 초기 주석가들인 사드요죠티와 브리하스파티 Bṛhaspati가 카쉬미르에서 활동했는지 아닌지는 불명료하다. 그러나 카쉬미르 지역의 최초의 샤이바싯단타 주석가인 라마칸타 1세Ramakaṇṭha I 이하 후대의 샤이바싯단타학자들은 물론, 쉬바파 일원론의 대성자인 아비나바굽타 역시 이들을 중요하게 인용하는 점에서, 이 둘의 사상이 9세기 이후 카쉬미르의 쉬바파들에게 강한 영향을 미치고 있었음은 인정할 수 있다.

9세기 이후 카쉬미르의 쉬바파 일원론자들은 이렇게 샤이바싯단타를 비판했다. 첫째, 의례만이 유일한 해탈 수단이 아니다. 둘째, 의례의 수준은 내적 자각이 있는 것과 없는 것으로 나뉠 수 있다. 셋째, 내적 자각이란 신비주의적, 영지적 통찰로서, 내적 자각을 가진 의례를 통해서 살아서도 즉시 해탈을 얻을 수 있다. 마지막으로 개체적 영혼은 원래적 쉬바와 다르지 않다는 것을 아는 것이 해탈이다.

해탈을 위해 인간이 자력적으로 할 수 있는 유일한 실천은 의례라는 입장으로 인해 샤이바싯단타는 의례만능주의에 빠지게 되었다.[9] 종교적 지혜나 통찰 없이도 의례만을 행함으로써 해탈한다는, 어떤 면에서 맹목적이라 할 수도 있을 믿음을 샤이바싯단타는 견지한다. 그러나 쉬바파 일원론의 입장은 의례를 통해 해탈을 얻을 수 있기 때문에 의례는 중요하지만 의례 이외에도 해탈 수단이 있다는 것이었다.

---

9) "입문의례 후 행하여야만 하는 매일의례nitya와 정기적의례naimittika는 입문의례시 미처 제거하지 못한, 현재 상태의 의식과 육체를 형성하는 번뇌를 매일 제거해간다. 그런데 시간의 경과 자체가 이런 효과를 가져 오기 때문에 입문식이 약속한 효과인 죽음 시의 해탈로 매일 가까이 가게 된다. 이런 내용이 샤이바싯단타가 탄트라를 인식하는 최전방의 위치를 점한다는 것은 이해하기 어려운 일이다. 더욱 웃지 않을 수 없는 것은 Bhāṭṭa Mīmaṃsaka들이 논의했던 것처럼, 라마칸타가 제시했던 부정적 논의, 즉 사람은 의례의 의무를, 그것을 행하지 않았을 때 오는 악한 결과를 피하기 위해서 수행한다는 논의 같은 것이다." Sanderson(1989), p. 691.

의례를 통해서만 해탈에 이를 수 있다는 샤이바싯단타의 교리는 아직 미숙한 자들을 위한 쉬바파의 부분적 진리라고 그들은 주장하였다.

이들은 내적 자각의 유무에 따라 의례를 둘로 구분했다.[10] 내적 자각이 없는 의례는, 말하자면 샤이바싯단타의 의례로서, 이는 죽음 시에만 해탈을 가져온다. 이에 반해 내적 자각이 있는 의례는 살아 있는 상태의 해탈jīvanmukti를 가져 온다. 내적 자각이 있는 의례란 신비체험과 영지靈知를 통한 길로서, 쉬바파 일원론의 문헌들의 다양한 실천법을 통해 쉬바와 하나되는 체험을 즉각적으로 성취할 수 있다. 그래서 의례는 점차 신비주의적 실천을 통한 내면의 체험으로 대체되어서, 쉬바파 일원론에 있어서는 절대적 위치를 차지하지 못했다.

죽음 시에 성취한 해탈을 통해 쉬바가 되었다 하더라도, 이는 원래적 쉬바anādiśiva와는 다른 해탈된 쉬바muktaśiva라는 것이 샤이바싯단타의 입장인데 비해, 쉬바파 일원론은 해탈은 개체가 쉬바라는 것을 깨닫는 것이다. 쉬바파 일원론은 인간의 내면의식에서 일어나는 인식과정을 대우주의 생멸변화 과정과 동일시하여 개체와 절대 사이의 차이를 소거하는 관상을 실천하였다.

10) Sanderson(1989), p. 692.

2. 카쉬미르 쉬바파 일원론의 발전

1) 쿨라Kula의 개혁

쉬바파 일원론의 사상과 실천법은 요기니 신앙에서 배태되었던 쿨라의 일원론적 사상에 큰 영향을 받은 것이었다. 고대의 모신母神신앙을 기원으로, 8~9세기에 존재한 요기니 신앙은 육체, 가족, 혹은 문파門派 등을 의미하는 쿨라로 불리는 일종의 수행 및 종교적 공동체 속에서 더욱 발전하였다.[11] 이들의 의례와 사상들은 비드야피타vidyāpīṭha에 속한 문헌들 및 여타 문헌들에서 쿨라의 형용사형인 카울리키kauliki, 혹은 카울라Kaula 등으로 불린다.

아비나바굽타는 쿨라와 카울라의 의미를 구분하였다. 그는 쿨라란 카팔리카와 밀접하고, 화장터와 모종의 관련을 가지며, 다양한 표식을 가진 고행자들에 속한다고 한다. 이에 반해 카울라는 재가자들에게 수용된 쿨라의 발전된 형태라고 규정했다.[12] 쿨라는 초자연적 능력을 획득하려는 고행자의 전통이라면, 카울라는 내적, 명상적 통찰을 더 중요시하는, 보다 세련된 사상이다. 이 카울라의 일원론적 사상들이 9세기 이후 카쉬미르의 재가자들에게 수용, 발전되었다.

뮬러-오르테가는 『루드라야말라탄트라*Rudrayāmalatantra*』의 후반 부분으로 알려진 『파라트림쉬카*Parātriṃśikā*』에 대한 아비나바굽타의 주석

---

11) Pandey는 이 단어의 22종의 의미들을 여러 문헌들에서 추출하여 정리하였다. Muller-Ortega(1989), p. 59.

12) Dupuche(2003), p. 16.

『파라트리시카라그흐브리티*Parātriśikālaghuvṛttiḥ*』에 나타난 3가지 중요한 범주를 설명하면서, 각각의 범주는 쿨라라는 용어의 특수한 의미들을 예시하는 것으로 이해할 수 있다고 하였다. 그 3종 범주는 '통합group'의 실천법, 무위無爲, effortless의 '육체' 적 방법, 그리고 '음音신비주의'다.[13] 이것은 쿨라, 혹은 발전된 형태인 카울라의 근본적 이념들이기도 하다.

이 중에서 가장 기본이 되는 쿨라의 의미는 통합이다. 그러나 뮬러-오르테가는 통합이란 단어보다는 통합된 우주embodied cosmos라는 용어가 보다 정확하게 쿨라의 근본적 의미를 드러낸다고 말한다.[14] 이 의미를 아비나바굽타는 『파라트림쉬카비바라나*Parātriṃśikāvivaraṇa*』에서 "각각의 부분들에 내재한 쉬바에 의해, 어떤 의미에서 각 부분은 나머지 부분 전체를 포괄한다"[15]라고 말한다. 개체는 개체로 독립되어 있으면서, 일체의 우주를 포괄하고 있다는 것이다. 다시 말해 개체성은 전체성이 응축saṃkoca된 형태이다. 이 논리를 통해 쉬바, 혹은 우주는 인간 그 자체이며, 개체적 신체이며, 의례에 대응하게 된다. 이를 아비나바굽타는 다음과 같이 말하고 있다.

> 그래서 신체는 시간의 다양한 작동으로 채워진 일체의 길로 가득 찬 것으로, 시공의 일체 운동의 좌대座臺로 바라보아야만 한다. 이 방식으로 바라 본 신체는 그 자체로 일체의 신神들로 구성된 것이며, 그렇기 때문에 명상, 숭배, 원만한 의례의 대상이 되어야만 하다. 신체를 달통한 자는 해탈을 성취한다.[16]

---

13) Muller-Ortega(1989), p. 58.
14) Muller-Ortega(1989), p. 59.
15) Muller-Ortega(1989), p. 59 재인용.
16) *TA*, 12. 6~7. "evam viśvādhvasampūrnam kālavyāpāracitritam deśakālamayaspanasadma dehaṃ vilokayet thatā vilokyamāno 'sau viśvāntardevatāmayaḥ

통합이라는 의미를 가지는 쿨라의 가장 근본적 개념[17]에 따른 카울라의, 신체가 우주, 혹은 의례 자체라는 초월적 논리에 따라 고행자들의 외형적 의례들은 내면화되었다. 이 내면화에 의해 카팔리카나 쿨라의 비정통적 의례들은 명상의 방식으로 대체되어 9세기 카쉬미르의 재가자 사회에 수용되었다. 한편으로 이 내면화는 쉬바파 일원론이 샤이바싯단타의 이원론과 의례 중심주의를 극복하는 계기가 되었다.

이와 같이 쿨라의 의미는 근본적으로는 통합이기 때문에 개체는 곧 절대, 혹은 절대의 응축으로 이 둘은 다른 것이 아니다. 그래서 현전하는 모든 것은 바로 쉬바의 드러남이다. 이와 같이 개체와 절대를 분별하지 않는 무분별의 의식상태의 현전을 뮬러-오르테가는 '무위의 육체적 방법' 이라고 한다. 쉬바파 일원론의 수행론에서는 이것을 신적인 방편śāmbhavopāya이라고 한다. 이 상태는 쉬바의 무한한 능력이 하강śaktipāta한 것으로 표현되는데, 원래 쉬바인 개체적 의식이 제한된 자신의 능력을 회복한 것을 말한다. 여기에는 개체의 인위적 노력이 거의 필요 없다. 그러나 이 의식상태에 이르지 못한 수행자는 자신의 의식수준에 맞는 보다 하위의 실천법을 행하여야 한다. 대개 이 하위 실천법의 가장 본질적인 것은 만트라로, 이를 통해 내면의 심연으로 들어갈 수 있다.[18]

쿨라의 의미는 음音신비주의와 관련을 가진다. 여기서 ṃ과 ḥ를 포함한 범어의 16모음은 쉬바의 힘śakti들을 상징한다. 이 모음들의 범어 문법적 요소와 데바나가리 문자체의 상징적 요소들을 통해 쉬바의 힘을 설명한다. 이런 음音신비주의는 쉬바파 일원론의 중요한 실천법인

---

dhyeyaḥ pūjyaśca tarpyaśca tadāviṣṭo vimucyate"

17) 이 개념은 한편으로 스승을 아버지로, 스승의 부인이 어머니로, 그 제자들이 아들, 딸로 유비되어 이루어진 수행공동체로서 가족의 의미를 가지기도 한다. Muller-Ortega(1989), p. 61 참조.

18) Muller-Ortega(1989), p. 58.

만트라와 깊은 관련을 가진다. 이 교설은 *TA*의 3장, 파라트림쉬카비바라나에서 매우 중요하게 다루어진다.

이런 쿨라의 사상들은 요기니 신앙에서 배태된 수행공동체[19]인 쿨라의 의례와 실천법을 통한 체험에서 온 것이다. 그러나 이들의 기원[20]과 구체적인 사상들, 의례 방법들, 그리고 그들과 관계 깊은 브하이라바탄트라Bhairavatantra 문헌, 특히 비드야피타vidyāpīṭha 문헌에 나타난 그들의 영향은 아직도 많은 점이 의문으로 남아 있는 실정이다.[21]

쿨라의 발전된 형태, 즉 카울라는 크게 4종의 체계로 발전되어 나뉘는데, 이를 4변형變形, āmnāya', 혹은 동·서·남·북으로 나뉘는 '4부변형部變形, gharāmnāya' 이라고 한다. 먼저 동부변형Pūrvāmnāya은 트리카Trika 신앙의 변형인 카울라트리카를 말한다. 다음으로 북부변형Uttarāmnāya은 칼리Kālī 신앙의 변형으로 마타Mata, 크라마, 구흐야칼리GuhyaKālī의 3종의 신앙 형태로 나타난다. 서부변형Paś-cimāmnāya은 쿠부지카Kubjikā 신앙의 변형이다. 마지막으로 남부변형Dakṣināmnāya은 트리푸라순다리Tripurasundarī의 신앙 형태로 발전한다.

쿨라의 지파들은 의례와 사상에서 많은 영향을 서로 주고받으며, 쉬바파 일원론에 직간접으로 영향을 미치고 있다. 그러나 아비나바굽타의 쉬바파 일원론 대성에 큰 영향을 미친 지파는 특히 카울라트리카와 크라마이다. 이에 대해서는 따로 상술한다.[22] 여타의 지파들은

19) "쿨라는 학파라기보다는, Alper의 적절한 표현에 따라 전승 계보라 하는 것이 적합할 것이다." Muller-Ortega(1989), p. 55.

20) 쿨라의 전설적 기원들은 Muller-Ortega(1989), pp. 56~57 참조. 여기서 그는 쿨라의 고대적 기원, Kaliyuga 시기의 기원, 아비나바굽타에 전해진 쿨라의 기원을 밝히고 있다.

21) 1980년대 말에 산더슨(1989)의 연구가 쿨라의 사상과 발전사를 체계적으로 밝혔고, 딕큅스키(1989b)는 브하이라바탄트라 문헌과 쿨라 문헌들의 관계에 대한 연구를 행하였다.

22) 본서, pp. 124~135.

그 영향이 위의 두 파에 비해서는 약하거나, 교설의 완성단계의 시기가 대개 아비나바굽타의 시기 이후이다.

칼리 신앙의 카울라적 발전 형태 중 하나인 마타는 12칼리, 즉 성적性的의례의 실천 시에 황홀경을 통해 분별의 속박을 해체하는 의식을 방사하는 12칼리들에 대한 신앙으로서, 이는 마하칼리MahāKālī의례와 깊은 관련을 가진다고 한다.[23] 구흐야칼리의 신앙은 재인식론의 영향을 받은 크라마Krama전통의 후기적 형태의 신앙으로서, 카쉬미르와 남인도 이외의 지역에서 12세기 이후 번성했다.[24]

쿠부지카 여신 신앙의 카울라적 변형은 트리카와 밀접한 관련을 가진 것으로, 특히 6차크라의 체계가 의례의 특징으로 나타난다. 이 6차크라 체계는 후대에 보편적이 되어 쿤달리니요가의 한 부분이 되었다.[25]

트리푸라순다리Tripurasundarī 여신 신앙은 가장 후대에 성립되었다. 이 신앙의 기본 문헌인 『니트야소다쉬카르나바*Nityāsoḍaśikarṇava*』는 원래 여자를 얻거나 지배하는 내용의 비학문적 문헌이다. 그러나 후대 문헌인 『요기니흐리다야*Yoginihṛdaya*』는 『니트야소다쉬카르나바』의 외적 의례들에 대응하는 내적 요소들을 제시하면서 철학적 의미를 보여준다. 그래서 외관상 성애적인 주술과 관련이 있음에도 의례화된 영지적 명상의 수단이 된다.[26]

---

23) Mata에 관한 연구는 현재 학계에 거의 없는 실정이다. Sanderson(1989) pp. 682~683에 약간의 내용이 소개되고 있다.

24) 보다 자세한 내용은 Sanderson(1989), pp. 684~686 참조.

25) 보다 자세한 내용은 Sanderson(1989), pp. 686~688 참조. 쿠부지카 신앙에 대한 연구사는 Dyczkowsky(1989b), pp. 95~96; 쿠부지카 문헌에 대해서는 Dyczkowsky(1989b), pp. 127~134; 쿠부지카와 6차크라의 관계에 대해서는 Flood(2006), pp. 157~161; White(2003), pp. 143~161.

26) 보다 자세한 내용은 Sanderson(1989), pp. 688~690 참조.

2) 크라마Krama와 트리카Trika의 사상적 발전

(1) 크라마

크라마 교설은 9세기 이전 웃띠야나Uḍḍiyāna(지금의 파키스탄 Swat지역)와 카쉬미르 지역에서 발흥한 칼리Kālī 여신에 대한, 밀접하게 관련된 다수의 신비적 의례들이 관념적 형이상학으로 발전한 것으로서, 트리카와 후대 쉬리비드야Śrīvidya에 결정적 영향을 미친다.[27)]

칼리 신앙은 시간의 파괴자Kālasaṃkarṣiṇī인 칼리 여신에 대한 카팔리카의 의례들에서 시작하였다. 칼리 신앙의 세 가지 형태는 이미 앞서 고찰하였다.[28)] 그에 따르면 자야드라트하야말라*Jayadrathayāmala* 전반부 1/4는 칼라상카르시니Kālasaṃkarṣiṇī에 대한 신앙이고, 후반부는 깊은 내면 의식의 진동spanda으로 관상된 비르야칼리Viryakālī의 신앙이고, 마지막 후반부 1/4의 내용은 마하칼리MahāKālī의 신앙이었다. 이것은 칼리 신앙의 역사적 발전을 반영한 것으로 보인다. 특히 마하칼리의 체계를 칼리크라마Kālīkrama, Kālīkula[29)]라고도 하는데 이는 크라마 교설과 깊은 관련을 가진다.

원래 칼리 신앙은 카팔리카의 빙의憑依, āveśa[30)]적 의례와 깊은 연관을

---

27) Sanderson(1987), p. 14.

28) 본서 pp. 107~110 참조.

29) 크라마(語義로는 순서, 연속)는 쿨라처럼 많은 의미를 지닌 용어이다. 먼저 의례의 순서, 만트라의 암송 순서, 만트라를 신체나 만달라의 각 부위에 위치지우기nyāsa 같은 순서의 의미. 의례문이나 의례 자체prakriyā의 의미, 혹은 크라마라는 특정 종파나 카울라종파 전체를 총칭하기도 한다. 크라마는 특히 카울라 지파들의 의례 순서를 의미하기 때문에 각 지파들의 의례를 강조하는 의미가 있다. 그리고 각 지파들은 의례를 가장 큰 특징으로 하기 때문에 카울라의 지파를 지칭하는 용어가 된 것이다. 반면 쿨라는 각 지파의 교설 자체를 강조하는 의미를 가진다. 그래서 칼리크라마Kālīkrama, 혹은 칼리쿨라Kālīkula란 칼리를 신앙하는 카울라지파들을 나타낸다고 할 수 있다. 다만 의례 측면을 강조하는가(전자), 교설 자체를

가졌으나, 이 빙의 개념이 우주(혹은 의식대상)의 방사와 유지, 지멸의 근원인 칼리(Kālī, 혹은 의식의 근원적 주체)에 대한 깨달음이란 의미로 점차적으로 발전해간다. 그 의례의 핵심적인 방법과 목적은 다음과 같다.

> 카스트에 관계없는 성적 결합과 술, 고기, 육체적 불순물(성적 분비물이나, 똥, 오줌 등)을 사용하여 환희를 고조시키는 이 영지주의적 의례를 통해서, 입문자는 자신의 개체적 의식은 우주적 힘들에 의해 자연히 발생하는 유희일 뿐이라는 확신을 얻어, 외적 가치들의 억제와, 이 억제가 수반한 윤회를 발생시키는 자기 인식의 속박을 관통한다. 더 이상 의식 속의 비非자아에 예속되지 않고 외향적 인식의 흐름 속에서 바로 해탈을 얻는다.[31]

카울라의 개혁을 통해 칼리 신앙은 세 가지 형태(Mata, Krama, Guhyakālī의 의례)로 발전한다. 특히 크라마 교설은 카쉬미르에서 즈냐나네트라나트하Jñānanetranātha(850~900년)의 전승 계보에서 이론적으로나 의례적으로 최고로 발전한다.[32] 크라마는 독자적으로도 발전했지만 특히 트리카에 큰 영향을 미친다. 향후 재인식론과도 밀접한 관련을 가지게 되는,[33] 크라마는 12세기에는 남인도까지 전파된다. 이후에는 구흐야칼

강조하는가(후자)의 차이가 있을 뿐이다. 이런 예로 쿠부지카 여신을 신앙하는 카울라종파를 쉬리쿨라Śrikula, 혹은 쉬리크라마Śrikrama라고도 한다. 쉬바파의 입장이 아닌 샥티파 입장에서 64종의 브하이라바탄트라 문헌을 나눌 때, 크게 칼리쿨라와 쉬리쿨라로 나누는데, 이는 그 의례가 무서운 형태의 여신(혹은 의례)의 신앙이냐, 아니면 부드러운 형태의 여신(혹은 의례)과 관련이 있느냐하는 차이이다.

30) 플러드는 신이 사람에 들어온다는 개념을 가장 중요한 의미로 가지는 이 용어를, 아비나바굽타는 불이론적 의식 속의 통일의식samāveśa이란 말로 세련되게 재해석했다고 말하고 있다. Flood(2006), p. 87 참조. 본서에서도 빙의란 신이 사람 속에 들어온다는 의미로 사용하고 있다.

31) Sanderson(1987), p. 14.

32) Sanderson(1987), p. 14.

리 의례의 기초가 되어 카쉬미르 이외 지역에서 번영했고 지금까지도 그 전통은 이어지고 있다.

크라마라는 이름에서 알 수 있듯이 이 전통의 의례는 연속krama적인 만신전을 신앙하는 특징을 보여준다. 크라마의 신들은 끊임없이 순환하는 의식saṃvit의 연속되는 각 국면을 구체화한 것이다. 이것은 의식의 순환하는 국면이며, 동시에 대우주가 생멸하는 국면이기도 하다. 이 전통의 수행자들은 내면의식의 움직임을 명상하여, 그 궁극의 근거를 확인하고, 그것이 대우주의 근거와 다른 것이 아님을 앎으로서 해탈하게 된다.

의식은 방사sṛṣṭikrama, 유지sthitikrama, 혹은 avatarkrama, 지멸saṃhārakrama 그리고 정의할 수 없는 것anākhyakrama의 국면이라는 4단계의 국면[34]이 있다. 이것은 앞서 보았던 비르야칼리Viryakālī의 교설과도 유사하다.[35] 이렇게 의식단계에 대한 관상이 중요해지면서 의례의 구체적인 작법 순서보다 명상적 통찰이 의례에서 더 중요하게 되었다.[36]

크라마 교설은 칼리 신앙을 다루는 『자야드라트하야말라』와 관련을 가지지만, 그 보다 훨씬 학문적이다. 크라마 교설을 알 수 있는 문헌으로는 『데비판차사타카*Devīpañcaśataka*』와 『크라마사다브하바*Kramasadabhāva*』가 대표적이다. 전자가 위의 4종 국면의 내용을 전하는데 비하여, 후자는 위의 4종 국면을 초월한 청정광淸淨光의 국면bhāsākrama이

33) 카쉬미르의 재인식론 학자들은 Jñānanetranātha의 전승 계보에서 입문식을 받았다. Sanderson(1987), p. 14.

34) 다양한 크라마의 전통이 나타나는 *Kramasadabhāva*에는 5번째 국면인, 4종의 국면을 초월한 淸淨光bhāsākrama의 국면이 부가되기도 한다. Sanderson(1989), p. 683.

35) 본서, pp. 109~110 참조. 비르야칼리의례에서는 의식의 국면들이 bhāsā, avatāra, sṛṣṭi, kālīkrama, mahāsaṃhāra의 5종으로 나타난다. 산더슨은 비르야칼리의례의 이런 입장은 크라마의 설과는 약간 다르다고 한다. Sanderson(1989), p. 683.

36) Sanderson(1989), p. 683.

부가된 내용과, 소위 64요기니의 체계가 나타난다.

『데비판챠사타카』와 『크라마사다브하바』의 두 전통의 요소들은 카쉬미르의 주석가들에 의해서 하나로 합해진다. 특히 대표적인 인물이 즈냐나네트라나트하(혹은 Śivānanda로도 불린다)이다.[37] 그는 기존 경전의 내용을 종합하여 의례의 이론 구조를 확립하면서, 외형적 의례의 연속pujakrama속에 의식意識의 연속saṃvitkrama이라고 할 내면적 의례를 결합시켰다.[38]

그의 교설의 대강은 『마하나야프라카사*Mahānayaprakāśa*』라는 동일한 이름을 가진 세 저작[39] 속에 현존한다. 이 중에서 저자를 알 수 없는 『마하나야프라카사』의 내용을 통해 산더슨은 즈냐나네트라나트하가 확립한 카쉬미르 크라마의 내면의 의례를 설명하고 있다.[40]

이에 따르면 신체와 정신의 구조를 5원元으로 관상하여, 그들을 의식의 순환하는 국면들을 상징하는 5여신으로 이해한 후, 순환하는 의식의 국면에 따라 내면적 관상, 즉 내면적 의례를 행한다. 순환하는 의식의 5종 국면과 대응하는 5종 여신은 아래 표와 같다.

【표 10】 의식의 국면과 대응하는 크라마의 여신

의식의 국면	여신
일체를 방사하는 근원으로서의 의식	Vyomavāmeśvarī여신
의식의 확장	Khecarī여신
의식의 외향적 확장	Bhūcarī여신
의식의 내면적 응축	Saṃhārabhakṣiṇī여신
완전한 지멸과 진아의 확장	Raudreśvarī여신

37) 그는 Oḍḍiyāna에서 칼리 여신에게 직접 가르침을 받았다고 한다. Sanderson(1989), p. 696.

38) Sanderson(1989), p. 696.

39) 각각 Śitikaṇṭha, Arṇasiṃha, 無名氏에 의한다고 한다. Sanderson(1989), p. 698.

40) 이하는 Sanderson(1989), pp. 696~699 참조.

어의적으로 브요마바메스바리Vyomavāmeśvarī 여신은 의식의 공간vyoma에서 일체를 토해내는vāma 여신iśvarī이다. 또한 vāma에는 '역전逆轉'의 의미가 있어서 브요마바메스바리는 두 가지의 정반대되는 의미를 가진다. 하나는 일체의 근원으로서 텅 빈 의식이라는 의미와, 또 하나는 모든 다양함의 원인이라는 것이다. 그래서 브요마바메스바리는 속박된 이에게는 속박의 원천이지만, 동시에 깨달은 자에게는 윤회의 길을 거슬러 올라가는 의식의 힘이기도 하다.[41] 의례를 수행하는 자는 순환하는 의식의 5종 국면이 이 여신에 응축되어 있다고 관상해야 한다.

케차리Khecarī 여신은 의식이 인식[42]과 행위의 2종으로 확장한 국면이다. 인식적인 면으로 붓디buddhi(내향적 정신기관)와 5지근知根, 행위적인 면은 마나스manas(외향적 정신기관)와 5작근作根이 된다. 이 12종은 케차리 여신을 둘러싼 요기니(혹은 샥티)로 관상된다. 이 12요기니의 윤환輪環을 빛의 바퀴prakaśacakra라고 한다. 일체 대상을 분별하는 범주들의 발생이라고 할 수 있겠다.

부후차리Bhūcarī 여신의 의식국면은 이전 국면의 12종의 요기니들이 외부로 움직여 5유唯의 현현(즉 인식대상)을 의식 내에 병합시키는 것이다. 물론 이것은 의식 내부에 일어나는 샥티(의례적인 면에서는 요기니)의 움직임일 뿐이지만 속박된 존재들은 이를 외부 대상으로 파악한다. 의식이 외부적으로 움직이기 때문에 내향적 정신기관인 붓디는 잠재적이 되고, 역시 요기니로 상징되는 5유唯가 더해져서(즉 12-1+5), 총 16종의 요기니들이 부후차리 여신을 감싸는 것으로 수행자들에게 관상된다. 이 윤환을 환희의 바퀴ānandacakra라고 한다. 이는 인식 대상이 드러나

41) Dyczkowski(1989), p. 130.
42) 일반적으로 유사하게 쓰는 용어이지만 여기서 의식은 존재의 근원이라는 의미에서 쓰이고, 인식은 대상을 아는 것이라는 의미에서 쓴다.

는 단계의 의식국면이라 하겠다.

삼하라브하크쉬니Saṃhārabhakṣiṇi 여신의 국면은 의식의 외향적 운동(혹은 의식의 팽창)이 내향(혹은 응축)적으로 되는 단계이다. 인식 대상은 의식 내부로 섭수되었기 때문에, 앞의 국면에서 강렬했던 외향적 정신기관manas은 잠재적이 되고, 다시 내향적 정신기관이 작동한다. 또 자아의식ahaṃkāra이 이 국면에서 작동하기 시작한다. 그래서 여기서 관상되는 요기니의 수는 16-1+1+1이 되어, 총 17의 요기니들이 삼하라브하크쉬니 여신을 에워싼 것으로 관상된다. 이 윤환을 융합의 바퀴mūrticakra라고 한다. 이것은 인식 대상이 알려지면서, 아는 자로서 자신이란 생각이 자아의식에 의해 일어나는 의식의 국면이라고 하겠다.

마지막 라우드레쉬바리Raudreśvarī 여신의 국면에서는 앞의 국면이 자아의식의 급작스런 확장으로 의식의 본성을 은폐하던 모든 것들이 지멸되는 단계이다. 이 의식 국면에 작동하는 요기니는 전부 64종으로, 수행자는 이 지멸의 요기니들을 관상해야 한다. 이 요기니의 윤환을 무리衆의 바퀴vṛndacakra라고 한다. 이 의식의 국면은 의식의 순환 과정이 일순一巡하여 원래 근본의 자리로 돌아가는 과정이라 할 수 있다.

이 지멸의 과정은 5단계로 구성된다. 각 단계에는 각 단계를 담당하는 요기니들(1단계 16종, 2단계 24종, 3단계 12종, 4단계 8종, 5단계 4종의 요기니, 총 64종 요기니)이 있다.

이 지멸 과정의 첫 단계에서 작동하는 16종의 요기니들은 인식 대상을 드러나게 했던 환희의 바퀴(16종 요기니)에 의해 발생한 습기習氣, vāsanā, 혹은 saṃskāra를 지멸시킨다. 2단계에서는 24종의 요기니들이 빛의 바퀴(12종 요기니)에 의한 인식 범주들의 습기를 지멸시킨다. 12종의 요기니들을 지멸하기 위해서 24종의 요기니들이 필요한 것은, 인식 범주로서 이들 요기니들이 남긴 습기에는 잠재적, 활동적이라는 2종의 측면을 지니기 때문이다. 3번째 단계에서는 12종의 요기니들이 인식 범주들의 습기가 지멸된 12자리를 원래적인 순수한 의식으로 채운다. 이것은 무분별의 의식상태를 말하는 것이다.

지금까지의 지멸 과정을 다시 말하면 1단계는 인식 대상에 의한 습기들의 지멸이고, 2단계는 인식 범주, 즉 인식 대상을 파악하는 틀에 의한 활동적, 잠재적 습기들의 지멸이며, 3단계는 인식 대상과 인식 범주의 습기가 텅 빈 상태, 즉 의식 속에 아무런 대상도 나타나지 않는 상태를 말하는 것으로 볼 수 있을 것이다. 이 상태에서 의식에 아직 남아 있는 것은(대우주적 측면에서 본다면, 존재하는 것은) 5유唯를 구성하는 원인으로서 미세신puryaṣṭaka의 습기와 3종의 내부기관ahaṃkāra, buddhi, manas의 8종이다. 이것은 4단계의 8요기니들에 의해 지멸된다.

마지막 5단계에서는 바로 전 단계에서도 미처 지멸시키지 못한 마지막 잔여물들, 즉 세 가지 내부기관의 깊은 잠재적 습기들, 그리고 단일하며 분화되지 않은 촉sparśa에서 발생한 대상성, 총 네 가지의 최후 잔여물이 4종의 요기니들에 의해 마지막으로 지멸된다.

의례를 실천하는 수행자는 이제 라우드레쉬바리 여신 자체를 64요기니들의 근본이자 원래의 순수의식인 65번째 샥티로 관상한다. 그리고 여신을 크라마 전통의 기원이라 할 웃띠야나Uḍḍiyāna의 여신인 망갈라Maṅgalā, 혹은 Virasiṃha로 관상하고, 전승 계보를 따라 스승들을 역시 이 절대에 동일화하는 관상을 행한다. 그리고 즈냐나네트라나트하에서 수행자 자신에게 이르기까지의 스승들을 역시 이 절대와 동일화하는 관상을 행한다.[43]

마지막으로 수행자는 의식(혹은 절대자)의 4종 국면인 방사, 유지, 지멸, 그리고 정의할 수 없는 것을 관상하는데, 특히 앞 3종의 근원인 정의할 수 없는 것을 관상할 때는 의례적 성교를 행하면서 12칼리를 관상한다. 12칼리는 진아 그 자체인 시간의 파괴자Kālasaṃkarṣiṇī인 칼리 여신 속으

43) Sanderson(1989), p. 698.

로 의식의 구성요소들이 지멸해가는 과정을 상징하는 것이다.

이런 의례를 통해서 의례의 실천자는, 여신이 스스로의 절대자유 스바탄트라svatantra[44]를 통해 스스로를 더럽히거나 제한하지 않고서도 그대로 우주로 드러난다는 것을 깨닫게 된다.[45] 이와 같이 수행자는 대우주와 소우주, 다르게 말하면 현상의 존재론적 측면과 개체의 인식적 측면이 동일하다는 것을 깨달아, 외향적 인식 상태에서도 둘 사이의 차별을 전혀 느끼지 않는 해탈을 얻게 된다. 산더슨은 "여기서 해탈은 열반의 초월적이고 내적인 상태와, 개체적이고 외적인 유한한 윤회적 존재 상태 사이의 구별이 해소된 상태"[46]라고 말하고 있다.

초기 칼리 의례의 신비주의는 이렇게 크라마의 발전된 교설 속에서 완전히 내면화되었다.[47] 크라마 교설은 트리카의 사상적 발전의 2단계에 영향을 미쳤고, 특히 의례와 해탈관은 아비나바굽타의 트리카에 녹아 들어갔다.

(2) 트리카Trika

파라Parā, 아파라Aparā, 파라아파라Parāparā의 3여신의 힘을 얻으려는, 초능력을 구하는 카팔리카의 의례 형태였던 트리카[48]는 칼리 신앙과 결합하여 제2단계의 트리카, 즉 카울라Kaula 트리카로 사상적 발전을 이룬다. 카울라 트리카는 두 번에 걸쳐 칼리 신앙의 영향을 받는다.

---

44) 본서, pp. 176~180 참조.
45) Sanderson(1989), p. 698.
46) Sanderson(1989), p. 698.
47) 그러나 이것은 외적인 의례가 대우주와 소우주가 동일하다는 논리를 기반으로 인식론적으로 내면화되었다는 것이지, 의례의 형태가 순화되었다는 것을 의미하는 것은 아니다. 본문에서 보았듯이 Jñānanetranātha가 확립한 카쉬미르 크라마의 내면의 의례에서도, 마지막 단계에서는 여전히 비베다적인 의례적 성교가 행해진다.
48) 본서, pp. 105~108 참조.

먼저 첫 번째로 파라 여신의 개념 변화이다. 트리카에서 파라는 주체라는 요소의 힘pramātṛ이며, 아파라는 대상 요소의 힘prameya이고 파라아파라는 주체와 대상이 만나는 인식의 장pramāṇa으로 말해진다. 여기서 파라는 다시 크라마의 최고 여신, 즉 칼리의 개념에 동화되어 이 세 여신을 포괄하는 동시에 초월하는 궁극적 근거로서의 여신, 즉 쉬리파라śrī Pāra의 개념을 가지게 된다. 이 의미에서 파라는 모든 존재의 인식자Mātṛsadbhāva로 불리는데, 이름 그대로 모든 유정의 본질, 혹은 궁극적인 아는 자라는 의미를 가진 것으로, 인체 내에 구현된 트리카 우주론의 최정상에 거주한다.

두 번째 칼리 신앙의 영향으로, 위의 4종 여신은 우주의 방사, 유지, 지멸sṛṣṭi, sthiti, saṃhāra과 중첩된다. 특히 쉬리파라śrī Pāra는 방사, 유지, 지멸의 근원으로서, 이름붙일 수 없는 것Anākhya, Anāma과 의미가 중첩되어 12단계로 배열된다. 이 12단계의 배열은 수행자가 궁극의 경지에 이르기 위하여 극복해나가야 할 과정이다. 이해를 위해 도표[49]를 제시한다.

【표 11】 트리카 3여신에 중첩된 우주적(혹은 인식적) 생멸 과정

	sṛṣṭi	sthiti	saṃhāra	anākhya
prameya(Aparā여신)	1	2	3	4
pramāṇa(parāparā여신)	5	6	7	8
pramātṛ(Parā여신)	9	10	11	12

수행자는 가장 낮은 단계인 인식 대상의 방사(1)에서부터 주관의 근원(12)에 이르도록 의례의 순서에 따라 관상을 수행하여야 한다.

이와 같이 트리카의 2단계 발전 과정인 카울라 트리카는 칼리 신앙,

49) Dupche(2003), p. 20.

혹은 발전된 교설 형태인 크라마 교설의 영향으로 대우주의 생멸 과정과 개체의 인식 과정을 동일시하는 내면적 관상의 의례로 기존의 신비적 의례를 대체하여 번거로운 많은 의례들을 생략하게 되었다.[50]

트리카 교설의 3번째 발전 단계는 아비나바굽타에 의해 최종적으로 완성되었다. 3번째 단계의 트리카는 특별한 교설적 특징을 가졌다기 보다는, 쉬바파 일원론의 완성된 체계로써, 샤이바싯단타에서 크라마에 이르는 쉬바파의 모든 체계를 일원론적으로 포괄하여 해석한 교설이라는 의의를 가진다.

2단계 트리카 교설은 지금 보았듯이 칼리 신앙과 그의 발전된 형태인 크라마 교설의 영향을 강력하게 받았다. 그럼에도 불구하고 산더슨에 의하면 아비나바굽타 사상의 최고봉이라 할 *TA*에서 "만달라 속의 무시무시한 12칼리의 존재는 주석과 저자가 인용한 아가마 문헌들의 조명하에 분산되어 언급될 뿐 어느 곳에도 명백하게 언급되지 않으며, 해탈론적 실천에 끼친 12칼리의 영향을 드러내는 언급들은 넓은 간격을 두고 나타나며, 끊임없이 완곡한 용어들 속에서 나타난다."[51]

트리카 교설에 강력한 영향을 주었고, 쉬바파 일원론 체계들 중 가장 극단적인 일원론적 입장을 선양한 칼리 신앙과 그 발전된 체계로써 크라마가 트리카 교설 속에서 암묵적으로 다루어진 이유는 무엇일까?

그것은 아비나바굽타의 목적이 단순히 샤이바싯단타에 대한 쉬바파 일원론 교설, 즉 브하이라바아가마Bhairavāgama의 교설의 우월성을 선양하는데 있었다기보다는, 일원론이든 이원론이든 간에 쉬바파 전체의 공통되는 진리를 현시하는 데 있었기 때문이다. 이런 점에서 산더슨은 3단계 트리카 교설의 가장 큰 특징을 수용성이라고 주장한

50) 보다 구체적인 카울라 트리카 교설의 내용은 Sanderson(1989), pp. 681~682; Sanderson(1986), pp. 188~198 참조.

51) Sanderson(1986), p. 199.

다.[52]

아비나바굽타는 그의 주저인 *TA*의 체계가 말리니비자욧타라탄트라*Mālinīvijayottaratantra*에 완전히 포함된다고 하였다. 음音신비주의의 내용을 다루는 이 탄트라 문헌은 12칼리의 내용이나 크라마의 교설을 다루고 있지 않다. 아비나바굽타가 12칼리나 크라마의 교설에 강한 영향을 받은 것이 사실이다. 그럼에도 자신의 주저를 그런 교설과는 큰 관련 없는 이 문헌에 종속되는 것으로 주장한 배경을, 산더슨은 "이 문헌이 쉬바파의 최상의 진리를 드러내기 때문이 아니라, 트리카 교설과 샤이바싯단타 교설의 공통적인 본질을 드러내어, 이 양자의 가교 역할을 하기 때문"[53]이라고 하였다.

이와 같이 트리카 교설의 체계를 통해 샤이바싯단타를 포함한 쉬바파 전반의 진리를 드러내려 했던 그의 의도에 따라, 아비나바굽타의 저서들은 브하이라바탄트라들의 교설뿐 아니라, 샤이바싯단타의 문헌들을 곳곳에서 인용하고 있다.

쉬바파의 진리를 11세기 카쉬미르의 브라만 사회에 현시하기 위해서는, 정통적 브라만의 가치와 가장 대척점에 있었던 12칼리나 크라마의 사상과 실천법들을 직접적으로 기술하는 것은 곤란한 일이었을 것이다.[54] 그래서 트리카의 3여신의 체계 속에 이들 교설을 결합, 순화하여 그 직접적인 모습을 드러내지 않은 것이다.

한편으로 이런 수용적 입장에 따라 브하이라바아가마의 교설의 내용을 보다 전통적인 철학적 용어로 이해하려는 노력이 나타난다. 이것이 바로 3단계 트리카에서 재인식론의 역할이었다. 이로써 아비나

52) Sanderson(1986), p. 202.

53) Sanderson(1986), p. 203.

54) 11세기 카쉬미르의 12칼리 교설이나 트리카의 실천자들에 대한 정통 브라만 사회의 반감을 보여주는 에피소드들은 Dyczkowski(1989), pp. 15~16 참조.

바굽타와 크세마라자의 주석들은 보다 종파중립적인 주석서의 역할을 하게 되었다.[55] 이런 3단계 트리카 교설의 완성으로 쉬바파의 교설에 대한 일원론적 해석이 점차 큰 힘을 가지게 되었다.

이와 같이 파라, 아파라, 파라아파라의 3여신의 힘을 얻으려는 카팔리카의 의례 형태였던 트리카는 칼리 신앙의 교설을 통해 의례와 사상을 심화시키고, 마침내 아비나바굽타에 의해 쉬바파 전반의 진리를 일원론적으로 해석한 교설체계로 완성되었다. 이런 점에서 쉬바파 일원론을 트리카로 부르는 경우, 이것은 아비나바굽타에 의해 완성된 3단계의 트리카 교설을 말하는 것이다.

3) 진동설과 재인식론

쉬바파 일원론을 구성하는 교설들 중에서 트리카와 크라마 교설은 카팔리카나 쿨라의 전통에서 비롯하여 카울라의 개혁을 통해 변화, 발전하였다. 이에 반해 진동설과 재인식론은 기존 쉬바파 일원론의 교설을 철학적으로 해석하며, 9세기 이후 카쉬미르에서 새롭게 발흥한 전통이다. 그래서 트리카나 크라마의 불명료한 기원과는 다르게 진동설과 재인식론은 그 기원과 문헌들의 저자가 알려져 있다.

이 두 교설의 시작은 *SS*의 출현과 깊은 관련을 가진다. *SS*는 쉬바파 일원론의 실천체계와 사상적 핵심을 간결한 수트라로 드러낸 문헌으로, 9세기 이후 카쉬미르의 쉬바파 일원론의 주석적 전통의 첫 문헌이라는 점에서 큰 의미를 가진다. *SS*의 저자로 알려진 바스굽타는 제자로 칼라타브핫타Kallaṭabhaṭṭa가 있었는데, 그는 *SS*의 요약서로서 『스

55) Sanderson(1986), p. 202.

판다카리카Spandakārikā』를 저술하였다고 한다.[56)]

진동설의 명칭은 이 문헌에서 기원한 것으로, *SS*의 대표적 두 주석가인 크세마라자(*SSV*)와 브핫타 브하스카라Bhaṭṭa Bhāskara(*Śivasūtravārttika*)는 공히 『스판다카리카』가 *SS*의 사상을 밀접하게 따르고 있다고 주장한다.[57)]

*SS*는 쉬바파 일원론의 기본적인 철학들을 담고 있지만, 근본적으로 쉬바파 일원론의 실천론을 다루고 있다.[58)] 딕촙스키는 재인식론이 개체와 쉬바의 동일함을 재인식하는 해탈에 초점을 맞추는데 비해, 진동설은 의식의 진동spanda를 체험하는 명상 경험을 중요시한다고 차이를 말했다.[59)]

그래서 진동설의 첫 문헌인 『스판다카리카』가 *SS*의 요약서로서 저술되어 *SS*와 밀접한 연관을 가지고, 의식의 진동에 대한 명상 경험이 강조된다는 것은 진동설이 무엇보다 실천적인 부분에 관심을 가졌던 것을 보여주는 것이다. 그래서 진동설은 쉬바파 일원론을, 특히 실천론을 중심으로 의식의 진동이라는 쉬바파 일원론의 자파自派적 입장에서 설명한 교설이라 할 수 있을 것이다. 이에 비해 소마난다의 *SD*에서 시작한 재인식론은 인도철학의 보편적 논리의 전망 하에서 쉬바파 일원론의 철학적 용어들에 대한 해석적 설명을 시도한 형이상학의 체계로 볼 수 있다.

쉬바파 일원론을 구성하는 교설들을 연구할 때, 한 교설만을 독립

---

56) Dyczkowski(1989), p. 21.

57) Pandit(2003), p. 23.

58) 크세마라자는 *Śivasūtravimarśini*에서 *SS*를 3부분으로 나누어 주석했는데, 그 각 장의 이름은 붙이지 않았지만 실제로는 쉬바파 일원론의 수행에 대한 가장 기본적인 구분인 3종 방편(śāmbhavopāya : 총 22송, śāktopāya : 총 10송, āṇavopāya : 총 45송)을 기준으로 나누고 있다.

59) Dyczkowsky(1989), pp. 20~21.

적으로 할 수도 있고 전체적으로 연구할 수 있다. 한 교설의 체계는 독자적으로 성장했다기보다는 다른 교설들의 영향을 받아 새롭게 해석되면서 성장하였다. 그래서 한 교설의 중요한 용어들은 타 교설의 용어들을 통해서도 설명될 수 있고, 또 타 교설을 전혀 언급하지 않고서는 용어를 해설하기 어렵다.

예를 들어 진동설의 가장 중요한 용어는 진동spanda인데. 이것은 원래 "절대의 자발적이고 순환하는 진동으로서, 대상적으로는 우주의 무한한 영역 내부에 나타나는 우주의 모든 미세한 부분들의 발생과 지멸의 리듬으로서 나타난다. 동시에 진동은 인식자적 주체성jñātṛtva이며 행위자적 주체성kartṛtva인 순수한 인식성upalabdhṛtā으로서 내적인 우주(즉 의식)의 진동이다."[60] 이런 진동의 개념은 인도 고대철학의 절대개념과 사뭇 다른 개념을 보여준다. 인도 고대철학의 절대개념은 현상과 실재성의 수준이 다른 것이었다. 즉 상키야의 푸루샤나 샹카라 베단타의 브라흐만은 현상과는 다른 것이었고, 그래서 그들은 인식자적 주체성jñātṛtva을 자성으로 가진 것이었으나, 행위자적 주체성, 혹은 창조자적 주체성kartṛtva을 가질 수는 없었다. 행위, 혹은 창조란 결국 변화를 말하는 것이고 이것은 절대의 경계에 속하는 것이 아니다. 기존의 인도사상에서 이것은 상키야의 경우 프라크리티에게, 샹카라 베단타에 있어서는 마야에 의한 것이었다. 그러나 진동설에서 진동이란 우주의 모든 미세한 부분들(즉 모든 개체적 존재들)의 생멸의 흐름이며, 바로 이것이 절대가 드러나는 모습, 그 자체이다. 즉 현상과 절대는 다른 것이 아니다.

절대와 현상이 다르지 않다는 것을 주장하는 점에서 진동설과 재인식론, 그리고 여타의 쉬바파 일원론은 공집합의 부분을 가진다. 그래서 이런 진리를 설하기 위해 사용되는 진동이란 개념은 재인식론의

60) Dyczkowsky(1989), p. 24.

의식citi의 개념으로도 설명될 수도 있는 것이다. 왜냐하면 재인식론의 의식 개념 역시 절대와 현상의 궁극적 일원으로서 절대와 현상이 다르지 않음을 보여주는 개념이기 때문이다.

진동설 초기에 진동spanda 개념은 외적으로는 대우주가 생멸하는 '움직임' 이고, 내적으로는 인식자적 주체성jñātṛtva이자 행위자적 주체성kartṛtva인 의식의 순환하는 '움직임' 이라는 '운동' 에 무게를 둔 개념이었다. 그런데 라자나카 라마Rājānaka Rāma나 크세마라자 등의 주석가들은 운동보다는 운동의 '힘' 자체를 더 중요하게 다루면서, 진동 개념을 절대자의 개념으로 치환한다.[61] 특히 크세마라자는 진동을 일으키는 힘spandaśakti을 크라마 교설을 차용하여 인식 과정을 일으키는 여신으로 이해했다. 또 라자나카 라마는 샥티파들의 교설에서 진동 개념을 대체할 개념을 찾아내었는데, 그것은 바로 스스로를 일체로 현현하는 궁극의 여신Parameśvarī이었다.[62]

이와 같이 처음에는 *SS*에 나타난 쉬바파 일원론의 근본적 교설의 계승자인 진동설은 재인식론이나 여타의 쉬바파 일원론 내의 교설들을 통해 재해석되면서 발전해간다.

재인식론의 창시자는 9세기 초반의 인물인 소마난다로, 그는 *SD*를 통해 쉬바파 일원론의 핵심적인 진리에 대한 형이상학적 기반을 마련했다. 쉬바파 일원론을 이루고 있는 다양한 사상들의 기본적인 접점은 절대와 현상의 불이이다. 절대를 쉬바라고 하든(쉬바파적 입장), 혹은 칼리와 같은 여신이라고 하든(샥티파적 입장) 절대와 현상의 근원은 의식이며, 이 의식이 절대와 현상의 동일한 근원이 되기 위해서는 지성知性,

61) "웃팔라데바 이후의 후대 주석가들의 설명 없이 *Spandakārikā*를 주의 깊고 편견 없이 읽어 보면 주석가들이 게송들 사이에 숨겨진 초월적 자아(절대자)를 발견했다는 사실에도 불구하고 사실상 그런 것(절대자)은 *Spandakārikā*에 없다는 것을 드러낸다." Dyczkowski(1989), p. 27.

62) Dyczkowski(1989), p. 29 참조.

jñānatva과 행위성kriyṛtva을 포괄해야만 한다. 재인식론은 이런 입장을 따라 의식cit의 힘śakti적인 부분을 중요시하여, 의식을 치트cit의 여성형인 치티citi로 표현하고 설명한다. 그리고 이런 의식의 양면을, 지적 측면은 프라카사prakaśa로, 행위적 측면은 비마르샤vimarśa라는 개념으로 나타낸다.

진동설이 쉬바파 일원론의 진리를 그대로 인정한 입장에서 자파自派 교설을 해설하는데 비해, 재인식론은 전통적 인도철학과 지식론, 그리고 샤이바싯단타의 용어들을 통해서 쉬바파 일원론의 용어들을 철학적으로 해석해낸다. 재인식론의 전개 과정과 대표적인 학자들, 구체적인 개념들에 대해서는 해당 부분에서 고찰할 것이다.

결론적으로 진동설은 쉬바파 일원론의 진리, 즉 절대와 현상의 불이를 의식의 진동이라는 자파自派적 개념에서 설명한 교설인 반면, 재인식론은 인도철학의 보편적 논리와 용어에 근거하여 설명하는 차이점이 있다. 특히 진동설은 크세마라자에 의해 크라마의 교설을 근간으로 해석되어, 재인식론의 교설을 해설하는 하나의 방식으로 그의 저서들에 나타나고 있다.

3. 아비나바굽타의 트리카의 대성大成

쉬바파 일원론의 전통적인 판디트인 스와미 락쉬만쥐Swami Lakshman jee는 그의 주저인 강론집 『카쉬미르 샤이비즘*Kashmir Shaivism*』의 19장에서 재인식론, 쿨라의 체계들, 크라마, 진동설을 다루고 있다. 그는 이 네 가지 전통이 쉬바파 일원론을 형성한다고 말한다.

> 카쉬미르 쉬바교는 순수한 트리카Trika의 교설이다. …… 트리카 교설은 4종의 체계, 즉 재인식론, 쿨라의 체계, 크라마 그리고 진동설로 구성된다. 트리카라는 하나의 사상을 형성하는 이 4종의 체계는 동일한 문헌군을 인정하고, 또 거기에 기초한다. 이 문헌군은 쉬바교에서 아가마로 불리며 92종인데, 64종의 일원론적 브하이라바사스트라Bhairavaśāstra를 궁극parā으로 하여, 이원론과 연결되는 18종의 루드라사스트라Rūdraśāstra를 매개parāpara로 하고, 10종의 이원론 쉬바사스트라Śivaśāstra를 하위aparā로 한다.[63]

트리카의 구성요소를 위의 네 가지 교설로 보는 것은 현대 학자의 입장도 마찬가지다. 판디트는 다음과 같이 말한다.

> 트리카는 매우 초기부터 여러 방식으로 신비주의적 탄트라 사상과 연결되었고, 마침내 카울라와 크라마와 같은 탄트라파들을 탄생시켰다. 이 신비적 종파들은 트리카와 크게 다르지 않은 철학적 기원을 주로 따르고 있었다. 이 종파들의 특별한 공헌은 실천에 관련된다. 이 종파들의 종교적

---

63) Swami Lakshman jee(1988) pp. 131～132.

실천은 트리카에서도 인정될 그런 것이었다. 트리카가 탄생시킨 철학적 종파로는 진동설과 재인식론이 있다. 포괄적 트리카의 내부적 틀, 바로 여기에서 다양한 종파들의 실천과 사상들의 완전한 공생共生적 결합이 발생하였다.[64]

위 두 인용의 논지는 약간의 차이가 있다. 전자는 쉬바파의 아가마를 기반으로 4종의 체계(카울라, 크라마, 재인식론, 진동설)가 트리카로 대성되었다는 것이다. 이에 반해 후자는 원래적 트리카가 종교, 실천의 측면에서 카울라와 크라마를, 철학적인 면에서 진동설과 재인식론에 영향을 주고, 마지막으로 트리카의 큰 틀 안에서 이들이 다시 종합되었다는 것이다. 이런 4종 교설 상호간의 관계는 쉬바파 일원론의 역사 및 사상 연구의 핵심이 될 것이나, 결론적으로 트리카, 즉 쉬바파 일원론의 구성요소는 카울라 크라마, 재인식론, 진동설이라는 점에는 차이가 없다.

트리카가 카팔리카 전통을 기반으로 3여신의 신앙 의례였던 초기 단계, 칼리 신앙 전통의 크라마의 영향을 받았던 카울라 트리카의 2단계를 이미 언급했다. 트리카는 10세기 말 카쉬미르의 아비나바굽타라는 걸출한 사상가를 통해 3단계 째의 발전을 함으로써, 쉬바파 일원론의 대표적 교설들을 유기적으로 결합한 명실공히 쉬바파 일원론을 대표하는 교설이 된다.

무엇보다 아비나바굽타의 사상적 목표는 쉬바파의 여러 교설들을 하나로 묶어 쉬바파 교설 전체에 공통된 진리를 드러내려는 것이었다. 그는 격외의 길이나 샤이바싯단타의 교설이 진리를 드러내지 못한 것이라고 생각하지는 않았고, 단지 그들은 보다 하위 단계의 진리를 드러낸 것일 뿐이라고 생각했다.[65]

64) Pandit(2003), pp. 277~278.

그러나 그가 활동하던 10세기 말의 카쉬미르의 쉬바파들에서 보다 영향력이 있었던 것은 샤이바싯단타였다. 트리카나 크라마 의례의 비정통적 방식을 생각할 때 이것은 당연했을 것이다.[66] 더구나 9세기 이후 카쉬미르의 쉬바파 의례는 샤이바싯단타의 영원한 쉬바Sadāśiva가 아니라 스바찬다브하이라바Svacchandabhairava와 배우자 아고레스바리Aghoreśvarī 여신의 의례였다. 그래서 샤이바싯단타의 주석가들은 스바찬다브하이라바탄트라의 교설을 자파적 입장, 즉 이원론적 관점에서 주석하여 10세기에는 샤이바싯단타가 당대 카쉬미르의 쉬바 신앙의 패권을 쥐고 있었다.[67]

이런 상황에서 아비나바굽타는 브하이라바탄트라의 문헌을 중심으로 한 쉬바파 일원론의 비의적 교설을 세련되게 제시할 필요를 느꼈던 것이다. 그래서 그는 쉬바파 일원론의 진리를 드러낸 가장 최후의 형태임에도,[68] 전통적인 브라만 계급들에 거부감을 줄 수 있는 극좌도의 크라마 교설을 트리카 체계 내에 포섭하여 극단성을 숨겼다.[69]

그리고 트리카 이론과 의례를 재인식론을 통해 세련되게 체계화하였다. 산더슨에 따르면[70] 제3단계의 트리카를 파악할 수 있는 아비나바굽타의 저작은 *TA*, 『탄트라사라*Tantrasāra*』, 『말리니비자야바르티카*Mālinivījayavārtika*』와 『파라트림쉬카비바라나*Parātriṃśikāvivarana*』의 4종이

---

65) 아비나굽타는 진리를 드러내는 교설의 순서를 Veda(즉, 非쉬바교 교설들 중 정통파들의 교설), 샤이바싯단타, Vāma, Dakṣina, Mata, Kula, Kaula, 트리카의 순서로 보았다. Dupche(2003), p. 18.

66) 산더슨은 9세기 카쉬미르의 쉬바파들이 사적私的으로는 카울라에 속한다 할지라도, 공적으로는 샤이바싯단타나 베다적으로 사회적 교류를 행하는 것이 당대의 처세였을 것이라고 한다. Sanderson(1988), p. 699.

67) Sanderson(1988), p. 700.

68) Sanderson(1988), p. 699.

69) 본서 pp. 131~134 참조.

70) Sanderson(1988), pp. 695~696.

다. 특히 앞의 3종의 저작은 말리니비자욧타라탄트라에 기초한 트리카의 제의와 교설을 설명하는 내용이고, 마지막 저작은 트리카 3여신 중 최고위位의 여신인 파라 여신만을 논의한 저작이라고 한다. 아비나바굽타는 이를 저술할 때 웃팔라데바의 재인식론의 개념과 용어들을 통해 트리카 교설의 형이상학적 기초로 삼았다.[71]

그래서 위의 저작들을 통해 트리카의 의례를 실천하는 수행자는 의례 과정을 웃팔라데바의 재인식론적 관점에서 이해하게 된다. 재인식론에서 개체란 쉬바와 다른 것이 아니며 단지 쉬바의 응축일 뿐이다. 재인식론에서는 쉬바가 스스로를 개체로 응축하는 과정을 36원리나 응축의 4단계空śunya→生氣prāṇa→知性buddhi→신체deha 등의 이론으로 설명한다. 이와 같이 제 3단계의 트리카는 재인식론의 철학적 관점에서 기존의 트리카 의례를 설명하고 체계화하였다.

이런 아비나바굽타의 노력은 제자 크세마라자에 의해 결실을 맺게 된다. 아비나바굽타는 트리카, 혹은 쉬바파 일원론의 비의적 교설들을 재인식론을 통해 철학적으로 해설하는데 중점을 둔 반면, 크세마라자는 제3단계 트리카의 입장을 대중들에게 적극 선양해갔다. 먼저 샤이바싯단타의 주석가들에 의해 이원론적으로 해설되고 있던 *ST*를 일원론적 입장에서 정교하게 분석한 주석 『스바찬도드도야타*Svacchandoddoyata*』를 썼다. 또 트리카 이론과 쉬바파 일원론의 비의적 교설들을 조화시키고, 대중들에게 널리 알리기 위해 *PH*를 서술했다. 이런 노력은 실제적으로 성공하여 11세기 이후에 카쉬미르에는 샤이바싯단타의 교설과 의례를 다룬 저작은 거의 나타나지 않게 된다.[72]

이와 같이 쉬바파 일원론의 비의적 교설들, 트리카와 크라마는 재

---

71) 물론 이 과정에서 진동설의 교설, 역시 재인식론의 용어나 여타 쉬바파 일원론 교설들의 개념들을 통해 재해석되어 트리카의 교설에 영향을 미쳤을 것이다.

72) Sanderson(1988), p. 701.

인식론을 통해 철학적 기초를 가지게 되었다. 그리고 이런 통합을 통해 제3단계의 트리카는 명실상부하게 쉬바파 일원론의 정점에 서게 되었다. 이런 점에서 재인식론은 쉬바파 일원론의 가장 근본적인 철학체계를 보여주는 교설이라 할 수 있을 것이다.

제4장
재인식론의 개념과 전승

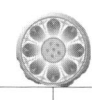

라는 현재의 지각 때문에 순수한 기억도 아니라는 입장을 가지기 때문이다.[6)]

자이나의 경우는 재인식을 니야야의 비교upamāna[7)]와 같은 것으로 생각한다. 비교란 예를 들어 까마귀는 알고 있으나 갈까마귀를 보지 못한 사람이 다른 이에게 "갈까마귀는 까마귀와 비슷하고 그 보다 작고 회색을 가진다"는 진술을 들었다가 나중에 그런 진술에 들어맞는 대상을 지각할 때 '저것이 갈까마귀다'라고 아는 것이다. 즉 현재 처음 지각한 대상(갈까마귀)과 과거에 지각한 또 다른 대상(까마귀)과의 유사성(비슷하고 그 보다 작고 회색을 가진다)을 통해 지식을 얻는 방법이다. 하지만 재인식은 단일한 대상의 과거와 현재에 의해서 발생하는 것이며, 비교는 다른 대상들(예를 들어 갈까마귀와 까마귀) 사이에 발생한다는 차이를 가지고 있다. 이런 점에서 재인식과 비교가 같다는 자이나의 입장은 정당하지 않다.[8)]

상키야와 미망사는 재인식을 독립된 지각의 한 종류로 인정하지 않으며[9)], 불이론 베단타에서는 협의의 재인식 개념을 따르고 있으나, 재인식을 통해 지각되는 대상의 동일성과 더불어 지각하는 주체의 동일성이 있음도 알 수 있다고 주장한다. 즉 "이것이 그 항아리다"라고 할 때 '이것'과 '그 항아리' 사이의 동일성만 아니라 '이것'과 '그 항아리'를 지각한 주체의 동일성이 있음을 재인식이라는 지각을 통해 알 수 있다고 주장한다.[10)] 이는 아트만의 영원성을 주장하기 위한 것으로 생각된다.[11)]

---

6) Sinha(1982). p. 139 참조.
7) NS 1.1.6 "비교는 알려진 대상과의 유사성을 통해 성취되는 것이다(prasiddhasādharmyātsādhyasādhanam 'upamānam')."
8) Sinha(1982). p. 148 참조.
9) Sinha(1982). p. 134; 136 참조.
10) Sinha(1982). p. 143 참조.

그런데 원래 『니야야수트라*Nyāyasūtra*』는 지각이 이루어지는 순서에 따른 3종 지각으로 결정적 지각과 비결정적 지각, 그리고 아누브야바사야anuvyavasāya, 類化라는 개념[12]을 들고 있다. 이 개념은 결정적 지각을 확증하는 인식 행위를 의미한다. 즉, 아누브야바사야는 "이것은 항아리다"라는 결정적 지각(혹은, vyavasāya로 불리는 외적 지각) 이후에 그 지각에 따라서anu 발생하는 "이것이 항아리라는 것을 나는 안다"는 식의 지각으로 앞서의 결정적 지각을 확정하는 내적 지각을 의미한다.[13]

하지만 만약 이와 같이 어떤 지식이 뒤의 아누브야바사야의 지각을 통해 확증되어야만 한다면, 이는 계속 무한히 확장해야할 것이다. 즉 "이것이 항아리라는 것을 나는 안다", "이것이 항아리라는 것을 나는 안다는 것을 안다"는 형태가 계속 발생할 것이다. 이에 대해 니야야에서는 만약 그렇다면 지식은 가능하지 않게 될 것인데, 우리가 지식을 가지는 것은 자명하기 때문에 지식의 확증은 3~4회 반복 후에는 저절로 사라진다고 하는 불충분한 답변을 제시한다.

앞서 말한 협의의 재인식의 개념은 9세기 자얀타 브핫타Jayanta Bhaṭṭa의 『니야야만자리*Nyāyamanjari*』에 나타난 뒤 점차적으로 『니야야수트라』의 아누브야바사야 개념을 대치하여 순서에 따른 3종 지각의 하나로서 자리매김하게 되었다.

---

11) 베단타의 재인식 개념을 통한 아트만의 존재증명은 샤이바싯단타를 거쳐 재인식론에 전해지게 된 것으로 보이지만 여기서는 상술하지 않는다. 본서, p. 163 참조.

12) 그러나 이 용어 자체는 *NS*에 나타나지 않는다. Sinha(1982). p. x 참조.

13) NK, p. 35. "anuvyayavasāyah vyavasāya gocaraṃ pratyakṣam yathāghaṭajñān-ānantaraṃ 'ghaṭaṃ ahaṃ jānāmi' iti mānasaṃjñānam"

2) 재인식론에서의 개념과 특징

간략히 전통적인 인도지식론의 재인식 개념을 고찰하였다. 이를 통해 인도지식론에서 재인식이란 일상적 지각의 일종으로 과거에 지각한 동일한 대상이 현재의 지각에 나타나, 그것을 확인하는 지각이라는 것을 알 수 있었다. 다음으로 재인식론의 재인식 개념과 특징을 살펴본다. 아비나바굽타의 *IPV*에서는 다음과 같이 재인식의 어의를 설명하고 있다.

> '재인식pratyabhijñā'은 잊어버린pratīpam 자아를ātma 마주 대함으로써ābhimukhena 빛나는prakāśaḥ 지식jñānaṃ이다. 'pratīpam'은 자성이 결코 전에 지각된 적이 없다는 것이 아니라, 뒤에 설명하겠지만, 자신의 힘에 의해 제한된 것으로 나타난다는 것을 의미한다.
>
> 재인식은 "이것은 동일한 무엇caitra[14)]이다"라는 판단 속에 나타나는 것처럼, 전에 나타난 것과 지금 나타난 것의 통합으로 구성된다. 그것은 직접 현전하는 것에 관련한 인식이다. 이것은 경험의 통합에 의해 도달된다. 일상생활에서도 재인식은 일반적 술어들, 혹은 누구누구의 아들이라거나, 그렇고 그런 성질이나 특징과 같은 특별한 술어들, 혹은 "그러그러한 것들이 왕에 의하여 재인식되었다"같은 언명 속의 술어들을 통해 기존에 알려진 것들이 차후에 나타날 때의 경험들의 통합으로 구성된다.
>
> 현재 맥락에서도 잘 알려진 푸라나들이나 싯단타, 아가마들이나 추론들을 통하여 얻은 완전한 힘pūrṇaśakti을 가진 자재신에 대한 지식과, 늘 거기에 존재하는 자성自性에 대한 즉각적인 경험, 두 경험들의 통합을 통하

14) 아무개와 비슷한 의미로 쓰이는 고유명사, 영어의 John Doe같은 의미.

여 "확실히 나는 자재신이다"라는 형태로 [재인식은 일어난다.][15]

쉬바파 재인식론에 있어서도 재인식은 이전의 지식과 현재의 지각에 나타난 것의 통합으로 이해되고 있다. 그러나 과거의 지식이 경전이나 추론 등을 통해 알려진 것으로 직접적인 지각이 아니라는 점과 재인식의 대상이 자아에 대한 지식이라는 점, 즉 다시 말해서 재인식을 통해 얻은 지식의 내용이 "나는 자재신(혹은 쉬바)이다"라는 형태로 일어난다는 것이 인도지식론에서 말하는 일반적 재인식의 개념과 다른 점이다.

*IPK*의 구절을 주석하며 아비나바굽타는 다음과 같은 예를 들어 재인식의 개념을 설명한다.

> 신랑의 얼굴을 전혀 본 적이 없는 결혼 예정의 여자가 있다. 그녀는 신랑에 대한 이런저런 정보를 듣고는 그에 대한 무한한 애정을 키운다. 어느 날 우연히 신랑을 만나지만, 그가 신랑인 줄을 모르고 흥미를 느끼지 못한다. 그러다 누가 알려줌으로써, 혹은 문득 그가 이전에 알고 있던 모든 정보와 일치하는 자신의 신랑임을 알게 됨으로써, 한없는 행복에 빠지게 된다.[16]

---

15) *IPV*(vol. I). pp. 36~38. "pratyabhijñā', pratīpamātmābhimukhyena jñānaṃ prakāśaḥ, pratīpam iti-svātmāvabhāso hi na ananūbhūtapūrvo 'vicchinnaprakāśatvāt tasya, sa tu tacchakktayaivavic chinna iva vikalpita iva lakśyate iti vakśyate, pratyabhijñā ca-bhātabhāsamānarūpānusaṃdhānātmikā, sa evāyam caitra-iti pratisandhānena abhimukhībhūte vastuni jñānam, loke' pi etatputra evamgūṇa evamrūpaka ityevaṃ vā, antato' pi sāmānyātmānā vā jñātasya punarabhimukhībhāvāvasare pratisaṃdhitaprāṇitameva jñānaṃ pratyabhijñā-iti vyavahṇiyate, ih -āpi purāṇa siddhānta āgama anumānā ādi vihita pūrṇaśakti svabhāvariśvare, sati svātmanyabhimukhībhūte tatpratisandhānena jñānam udeti nūnaṃ sa evaīśvaro ham-iti"

16) 개략적 번역이다. 원문은 *IPV*(vol. II). pp. 333ff.

위의 예에서 지식은 "이 남자가 바로 나의 신랑이다"라는 것이다. '이 남자'와 '나의 신랑'이 동일 대상인 것은 인도지식론의 일반적 재인식과 같다. 그러나 일반적 재인식에 있어서는 '이 남자'는 과거에 지각되었어야 한다. 그런데 위의 예에서 '이 남자'는 과거에 지각된 것이 아니라 단지 여러가지 정보에 의해서만 알려져 있을 뿐이다. 또 일반적 재인식은 단지 지각에서 그치는 것이지만, 위의 예에서는 그런 재인식이 무한한 행복을 준다. 즉 쉬바파의 재인식은 해탈과 관련을 가진다는 점이 일반적 재인식과 다른 점이다.

위의 내용을 통해 다음과 같은 재인식론의 재인식 개념의 특징을 알 수 있다. 먼저 동일 대상에 대한 재인식인 점은 일반적 재인식과 동일하나 과거의 경험이 직접지각이 아니고 경전śabda이나 추론anumāna 등에 의한 간접적인 지식이라는 점과, 재인식을 통해 얻은 지식의 내용이 자아의 본성에 대한 것으로서 해탈과 관련을 가진다는 점이다. 또 과거의 경험이 경전의 내용이나 추론 등에 의한 것은 앞서 서술한 비교upamāna에 있어서 타인의 진술과도 유사한 역할을 하고 있음을 알 수 있다. 그리고 해탈과 관련을 가진 지각으로서 과연 이것이 일반적 개념의 재인식처럼 일상적 지각에 속하는 것인가 하는 것도 문제가 될 수 있다.[17)]

재인식론은 자아의 본성에 대한 깨달음을 인도지식론의 한 개념인 재인식이라는 용어를 차용해 표현한 것일 뿐, 재인식론과 인도지식론의 재인식 개념은 일치하지 않는다. 이런 점에서 재인식론의 재인식은 자아재인식self-recognition으로 번역되는 경우도 많다.

17) Pandit(2003), pp. 127~162; 244~250 참조.

2. 재인식론의 전개

재인식론의 직접적인 연원을 구태여 쉬바파 아가마들에게까지 뻗칠 필요는 없다.[18] 오히려 일원론과 이원론이라는 본질적 차이에도 불구하고, 현상세계의 실재성을 인정한 점과 신과 인간의 본성이 의식이라는 것을 논리적으로 분석한 점에서 샤이바싯단타의 영향을 받았다.[19]

시작과 전개가 불명료한 여타 쉬바파들의 전통과는 다르게 재인식론의 창시자는 소마난다로 볼 수 있다. 그러나 그는 자신이 저술한 *SD*에서 사상적 원조로써 트리얌바카Tryambaka라는 전설적 인물을 내세우고 있다.

하지만 소마난다의 사상 이전에 먼저 *SS*를 고찰할 필요가 있다. 그것은 이 문헌이 9세기 이후 카쉬미르 쉬바파의 일원론적 주석전통의 첫 이정표 역할을 하기 때문이다. 브하이라바탄트라 문헌들은 저자가 알려지지 않은데 비해, *SS*는 저자가 알려진 최초의 문헌이며, 쉬바파

18) Dyczkowsky(1989), p. 17.

19) "예를 들어 재인식론의 중요한 한 원천은 샤이바싯단타의 철학이다(싯단타아가마와 혼동하면 안 된다). 샤이바싯단타는 이원론적 기원을 가지고 신과 인간의 영혼 사이의 구별을 주장함에도 재인식론의 본질적 요소들의 많은 것을 이미 보여주고 있다. 이 중에서도 특히 중요한 것이 존재에 대한 현상론적인 분석을 통해 경험의 실재성을 강조하는 점이다. 세계는 실재하는 것이며, 본질적 차이에도 불구하고 신과 개체의 영혼의 본성은 의식이다." Dyczkowsky(1989), p. 19. 위 인용문에서 싯단타아가마와 혼동을 주의시키는 것은 재인식론의 철학적 원천의 중요한 하나는 샤이바싯단타사상의 근간이 된 싯단타아가마(좁은 의미의 쉬바파 아가마)가 아니라, 이를 기반으로 카쉬미르에서 발전한 샤이바싯단타의 철학적 체계라는 점을 강조하기 위한 것이다.

일원론을 이루는 교설들 중에서도 가장 철학적인 두 사상인 재인식론과 진동설의 사상적 모태가 되는 문헌이다. 재인식론과 진동설의 사상과 수행론의 맹아는 브하이라바탄트라 교설들 속에 있었다 하더라도, 심도 있는 철학적 분석을 통해 본격적인 체계로 발전하는 것은 *SS*의 출현 이후 카쉬미르 지역이었다.[20)]

재인식론과 진동설은 아비나바굽타에 의해 대성된 트리카 교설을 이루는 한 부분으로, 일원론에 기원을 가진 문헌들을 공통 기반으로 하여, 실재에 대한 일원론적 해석을 가한다는 점은 동일하다. 그러나 전자가 쉬바파 일원론의 형이상학적 부분, 즉 의식(쉬바)과 현상(개체) 사이의 관계를 치중하여 설명하는 반면, 후자는 실천론에 치중한다.
소마난다에게는 명확히 나타나지 않던 재인식 개념을 강조하며 그의 입장을 계승한 이가 아들이자 제자인 웃팔라데바이다. 그의 주저인 *IPK*를 따라서 이 학파의 이름이 명명되었다. 이 문헌에 대한 아비나바굽타의 주석으로 *IPV*와, *IPK*에 대한 웃팔라데바의 자주自註인 『이쉬바라프라트야브히즈냐비브리티*Īśvarapratayabhijñā-vivṛtti*』에 대한 주석 『이쉬바라프라트야브히즈냐비브리티비마르쉬니*Īśvarapratyabhijñāvivṛttivimarśini*(이하 *IPVV*)』의 2종이 있다. 이 책의 연구 대상인 *PH*는 *IPK*의 대한 요약서의 성격을 가진 크세마라자의 저작이다.

이와 같이 재인식론의 전통은 카쉬미르 지역을 중심으로 소마난다, 웃팔라데바, 아비나바굽타, 크세마라자로 이어진다. 이외에도 전설적 전통과 후대의 약간의 전통들을 포함하여 보다 자세한 내용과 문헌들을 아래에서 고찰해본다.

20) "이런 *SS*의 종교적 틀에서 볼 때 재인식론과 진동설은 독립적 두 학파라기보다는 트리카(제 3단계 트리카를 말함)라는 철학적 용광로의 한 부분, 혹은 동일한 나무의 양 가지로 보는 것이 타당할 것이다." Pandit(2003), pp. 21 참조.

1) 재인식론의 전설적 전통

쉬바파 문헌들의 기원에 대한 다음의 전설이 있다.[21] 원래 사티야유가satya-yuga 시대에 쉬바파 문헌들은 총 9,000만 송으로 이루어져 있었다. 쉬바의 이명異名인 브하이라바에서 시작하여 8명의 신적인 존재들을 거쳐 전승된 이 문헌들은 마지막 계승자인 구루Guru에 전해졌을 때 1,000만 송으로 축약되었다.

현재의 칼리유가 시대에 이 문헌들의 전통을 되살리기 위해서는 새로운 신神적인 기원이 필요했기 때문에, 쉬리칸타Śrikantha, 쉬바의 異名는 무명에 빠진 인간들의 해탈을 위해 두르바사Durvāsa 성인聖人에게 쉬바파 문헌들의 지혜를 되살리라고 부탁하였다. 두르바사는 쉬바파 문헌들을 3종으로 분류하여 마음의 아들 3인들에게 이를 전승하였다. 일원론적 문헌들은 트리얌바카Tryambaka에게, 일원론과 이원론적 성격이 같이 나타나는 문헌들은 아마르다카Amardaka에게, 이원론적 문헌들은 쉬리나타Śrīnātha에게 주었다. 특히 트리얌바카의 딸이 반半트리얌바카Ardha-Tryambaka라는 제4의 전승을 새로 창시했다고도 전해지는데, 이는 쿨라의 기원과도 관련이 있다고 한다.

소마난다는 *SD*의 마지막 장에서 자신이 트리얌바카의 제19대 전승자라고 하였다. 1대에서 14대까지는 아무런 정보를 주고 있지 않지만, 15대부터는 상가마디트야Saṅgamāditya, 바르사디트야Varṣāditya, 아루나티트야Aruṅaditya, 아난다Ananda 그리고 자신의 순서로 그 전승을 밝히고 있다.

이 전설에 대해 판디트는 카쉬미르왕조사인 『라자타랑기니*Rajataraṅgiṇī*』를 인용하여 소마난다와 동시대인으로 『스판다카리카

21) Pandit(2003), pp. 8~9 참조.

Spandakarika』의 주석을 쓴 브핫타 칼라타Bhaṭṭa Kallaṭa가 아반티바르만Avantivarman왕王 재위시(855~883년) 인물이기에 트리암바카는 아마도 4세기의 인물이 아닐까 추측한다. 또 이런 점에서 4세기에 3종의 쉬바파가 카쉬미르 지역에서 기원하였고, 또 철학적 사상체계는 없더라도 순수한 의례만을 행하던 일파들이 이 시기 이전에 존재했을 것이라는 가정을 하고 있다.[22] 그러나 이런 판디트의 가설은 전설만을 가지고 주장된 점에서 신빙성이 없어 보인다.

딕콥스키는 소마난다가 트리암바카의 전설을 자신의 사상적 기원으로 삼은 이유는 자신의 사상이 트리암바카로 대표되는 쉬바파의 일원론적 전통의 기원과 동일하다는 것을 보여줌으로써, 재인식론이 일원론적 쉬바파를 대표하는 것으로 보이게 하려는 의도였을 것이라고 주장한다.[23]

2) 쉬바수트라Śivasūtra

*SS*는 쉬바파 일원론이 카쉬미르에서 아비나바굽타를 정점으로 정치한 철학적 체계를 이루는 전체 과정의 첫 이정표의 역할을 하는 기념비적 문헌이다. 그 내용은 일원론적 쉬바파의 요가수행의 정수를 요약한 것으로,[24] 9세기 전반 카쉬미르 지역의 수행자siddha였던 바스굽타가 쉬바의 계시를 통해 전했다고 한다.[25] 4종의 주석이 현재 전해지

22) Pandit(2003), p. 9.
23) Dyczkowsky(1989), pp. 18~19.
24) Dyczkowsky(1989), p. 21.
25) *SS*의 기원에 대한 몇 가지 이견異見은 SS, pp. xvi~xvii 참조; 판디트는 9세기에 *SS*가 갑자기 출현한 것은 샹카라의 불이론적 베단타의 영향이 있었을 개연성을 주장하기도 한다. Pandit(2003), p. 20.

는데, 이 중 크세마라자의 *SSV*와 브핫타 브하스카라Bhaṭṭa Bhāskara의 『쉬바수트라바르티카*Śivasūtravārttika*』[26]의 두 주석이 편집되었다. 그러나 이 둘은 다른 전통에서 주석되어 차이를 가진다.[27] 나머지는 바라다라자Varadarāja의 『쉬바수트라바르티카*Śivasūtravārttikam*』, 저자가 알려지지 않은 『쉬바수트라바르티*Śivasūtravṛitti*』가 있다.[28]

크세마라자와 브하스카라는 공히 *SS*를 3부분으로 나누고 있지만, 전자가 각 부분의 명칭을 붙이지 않은데 비해, 후자는 각 부분의 장명을 붙였다.[29] 이 두 주석은 주석 전통이 달라 내용이 다른 부분이 있지만, 『스판다카리카*Spandakārikā*』가 *SS*의 내용을 따르고 있음을 공통적으로 강조하고 있다.[30]

이런 점에서 *SS*는 재인식론보다는 진동설과 더욱 밀접한 관련을 가지는 것으로 보인다. 딕콥스키는 이렇게 말하고 있다.

> 재인식론의 철학은 영혼의 진정한 본성이 쉬바와 동일한 것을 재인식하는 해탈에 촛점을 맞추는데 비해, 진동설은 의식의 진동, 즉 스판다spanda를 체험하는 것을 강조하고 있다. 진동설의 대들보는 각성된 요가수행자가 지각하고, 행위하는 보편적 의식으로 자신의 본성을 아는 명상 경험이다.[31]

---

26) 1992년도에 *The Aphorisms of Siva: The Siva Sutra With Bhaskara's Commentary, the Varttika*의 제명으로 딕콥스키에 의한 영역이 있다.

27) 브하스카라의 주석 판본은 79송이고 크세마라자의 주석 판본에는 77송이다. 이는 크세마라자 판본의 한 게송이 브하스카라 판본에는 2개로 나뉘어져 있고, 크세마라자 판본에 한 게송이 빠져 있기 때문이다. 보다 자세한 차이점은 Pandit(2003), p. 42 참조.

28) 판본, 번역 등의 서지사항은 Dyczkowsky(1989), p. 273 참조.

29) 1. Sāmānyacitprakāśasvarūpanirūpaṇa, 2. Sahajavidyodaya, 3. Vibhutispanda.

30) Pandit(2003), p. 23.

31) Dyczkowsky(1989), pp. 20~21.

*SS*와 진동설은 실천론에 치중한 반면 재인식론은 개체와 쉬바의 동일성이라는 형이상학적인 부분에 보다 치중하였다는 차이가 있다. *SS*의 사상은 진동하는 의식의 본성과 그를 체험하는 수행법에 대한 내용과 자아와 쉬바의 관계성 등을 다루고 있는데 전자는 진동설을 통해, 후자는 재인식론을 통해 발전하게 된다. 이 두 사상은 후대 아비나바굽타에서 완성되는 트리카 체계에서 다시 통합되는, 한 나무의 두 가지와 같은 것으로 볼 수 있겠다.[32)]

3) 소마난다Somānanda

재인식론의 실질적 창시자이자, 확고한 이론적 기반을 준 이는 9세기 카쉬미르의 소마난다이다. 그는 *SD*를 통해 재인식론을 실질적으로 창시하였다.[33)] 이 외에도 지금은 전하지 않는 2종의 주석이 알려져 있다. 하나는 *SD*의 자주自註인 『쉬바드리시티비브리티*Śivadṛṣṭivivṛtti*』이고 하나는 『파라트림쉬카*Parātrimśikā*』의 주석인 『파라트림쉬카비브리티*Parātrimśikāvivṛtti*』이다.

*SS*나 그 전통을 이은 『스판다카리카*Spandakārikā*』에 나타나는 진동설이 쉬바파 일원론의 수행론을 자파自派의 체계 내에서 설명하는 데 중점을 둔데 비해, *SD*는 쉬바파 일원론에 대한 보편적인 논리적 조망을 통해 체계적인 형이상학을 형성하였다.

이런 재인식론의 특징에 대해 딕콥스키는 "재인식론을 통해 탄트라

---

32) 이 두 사상의 독립성과 상호 연관성에 대한 학자들의 견해는 Dyczkowsky(1989), p. 231 참조.

33) *SS*와 마찬가지로 쉬바신이 소마난다의 꿈 속에서 *SD*를 계시하였다는 설도 있다. Pandit(2003), p. 25.

학파들의 일원론과 관념론들은 모든 철저한 인도철학들이 반드시 씨름했던 근원적 문제들에 대한 건전한 논의와 분석들에 의한 이론적 기반을 가지게 되었다"[34]라고 말했다.

불교 무아론을 강력히 비판한 제자 웃팔라데바에 비해 소마난다는 정통 인도철학들은 비판하고 있으나, 불교는 특별히 비판하지 않았다.[35] 아론과 무아론이라는 점에서 재인식론과 불교는 확연히 다르지만, 신과 인간의 근원을 의식에 두었다는 점 등은 유식唯識불교와의 모종의 연관을 생각하게 한다. 카쉬미르 지역은 전통적으로 불교 이론이 많이 발전한 지역[36]인 만큼 두 사상 간의 상호 영향을 충분히 생각해볼 수 있다. 그러나 이 문제는 재인식론의 대의를 설명하려는 본서의 주제를 넘어서기에 상론하지 않을 것이다.

또 *SD*에는 재인식이라는 용어가 거의 나오지 않으며, 그나마 *IPK*에서 쓰인 전문적 의미, 즉 재인식론의 재인식개념인 자아의 본성에 대한 깨달음이라는 의미로 쓰인 것이 아니다. 아래에서 간략히 다루겠지만 7장으로 구성된 *SD*에서 재인식의 문제를 지식론적으로 다룬 내용은 많지 않다. 단지 쉬바, 즉 존재의 궁극근거로서의 의식의 문제를 상키야나 불이론베단타 등의 인도 정통사상을 비판하며 중요한 주제로 제시한다.[37] 이에 반해 웃팔라데바의 *IPK*는 절대적 자아로서의

34) Dyczkowsky(1989), p. 19.

35) Dyczkowsky(1989), p. 20.

36) "13세기 이슬람의 침입 전에 카쉬미르는 불교와 힌두교 양쪽의 학문의 중심지로 비교할 수 없는 평판을 누리고 있었다." Dyczkowsky(1989) p. 1.

37) 판디트에 따르면 *SD* 제7장이 재인식론의 근본적인 철학적 주제를 다룬다. Pandit(2003), p. 27. 그 내용은 쉬바는 상키야의 푸루샤나 불이론 베단타의 브라흐만처럼 무속성적인 비인격적 절대가 아니고, 인격적이고 긍정적인 절대라는 것이다. 불이론 베단타는 브라흐만만을 실재로 보고, 현상을 비실재 내지는 하위의 존재론적 지위를 가진 것으로 격하하였다. 반면 재인식론은 절대와 현상이 다 실재하며, 쉬바로 상징되는 의식의 양면일 뿐이라고 주장한다. 딕콥스키가 말한 것처럼, 재인식론은 탄트라학파들의 일원론과 관념론을 논리적으로 체계화하는

의식의 존재를 재인식개념을 통해 해결하려 했던 것으로 보인다. *IPK*에서는 재인식개념과 관련한 지식론적인 내용이 적지 않다.[38]

딕콥스키에 따르면 원래 재인식의 개념이 중요해진 것은 샤이바싯단타가 불교의 무아설을 비판할 때, 만약 사물들이 찰나만 존재한다면 재인식은 존재할 수 없으며, 또 재인식이 존재한다는 것은 과거와 현재에 연속하는 불변한 자아의 존재를 증명하는 것이라고 주장한 데서 비롯한 것이다. 이 개념을 웃팔라데바 역시 받아들였으며, 점차 자아의 본성에 대한 깨달음이라는 의미로 전화轉化해간 듯하다. 그래서 딕콥스키는 "재인식 개념의 의미와 함축의 발전은 이원론적 쉬바파에서 일원론적 쉬바파로 발전해가는 인도철학사상사의 논리적 발전을 상징"하는 것이라고 말하고 있다.[39]

소마난다가 *SD*를 저술한 이유는 절대와 현상의 궁극적 근원으로서 의식, 즉 쉬바의 성질을 드러내기 위한 것이지, 재인식의 개념을 새로이 정초하려 했던 것은 아니다. 다만 웃팔라데바가 쉬바의 영속성을 증명하기 위해 재인식이라는 개념을 이용한 데서 재인식론이라는 학파의 이름을 얻은 것이다. 소마난다의 재인식론은 재인식의 개념 자체에 핵심이 있는 것이 아니라, 재인식을 통해 증명해내려 했던 절대와 현상의 일원적 궁극원리로서의 쉬바(즉, 의식)의 일원성에 그 핵심이 있다고 하겠다. 아래는 판디트에 따라 간략히 *SD* 각 장의 주요 내용을 도표화한 것이다.[40]

것이었다. 때문에 당연히 이런 쉬바(즉, 의식)의 성격을 타 학파, 특히 현상과 절대의 관계를 다른 입장에서 보는 이원론의 상키야나, 현상과는 다른 유일한 실재인 브라흐만을 주장하는 불이론 베단타를 비판하며 논의한 내용이 가장 중요한 부분인 것은 당연하다 하겠다.

38) Pandey의 *IPV* 영역본 목차를 참조하라. *IPK*에서 지식론은 1장인 jñānādhikāra와 2장인 kriyādhikāāra의 여러 절들에서 산발적으로 다루어지며, 특히 2장의 3절ānika에서 직접적으로 다루어진다.

39) Dyczkowsky(1989), p. 20.

【표 12】 *SD*의 내용

1장	존재론, 인식론, 우주론
2장	Bhartṛhari의 문법학파와 비교
3장	샥티파śākta가 실재로 주장하는 샥티는 쉬바의 상태 중 하나일 뿐임
4장	우주론(우주의 성질과 기원)
5장	트리카의 초월적 불이론parādvaita
6장	당대當代의 존재론과 인식론에 대한 고찰
7장	다른 일원론, 특히 불이론 베단타의 일원론과의 차이와 그 원인

4) 웃팔라데바Utpaladeva

아비나바굽타에 따르면, 웃팔라데바는 소마난다의 아들이자 제자라고 한다. 그게 사실이라면 9세기 후반에서 10세기 전반으로 그의 시대를 추정할 수 있다. 그의 대표적 저작으로는 먼저 *IPK*가 있다. 웃팔라데바는 여기에 자주自註를 붙였다. 아비나바굽타는 이것을 *IPK-ṭīkā*라고 부르지만 전하지 않는다. 또 웃팔라데바는 『이쉬바라프라트야브히즈냐비브리티*Īśvarapratyabhijñā-vivṛtti*』라는 *IPK*의 약주略註[41]도 썼다. 그 외 재인식론뿐 아니라 쉬바파 일원론의 전반적인 철학에 대한 『싯다트라야이*Siddhatrayaī*』[42], 쉬바신에 대한 종교적 찬가인 『쉬바스토트라발리*Śivastotrāvalī*』가 있다. 이 문헌은 크세마라자의 주석이 있다.

앞서 언급한 것처럼 재인식론의 학파 명칭은 *IPK*에서 온 것이다.

---

40) Pandit(2003), pp. 26~27.

41) *K.S.T.S.* vol. 34.에서 *IPK*와 같이 실린 이 문헌을 볼 수 있다. 이 책의 연구 대상인 *PH*도 *IPK*의 요약해설서로, 크세마라자는 이 책을 알고 있었으리라고 보인다. 그런 점에서 *PH*연구에 중요한 자료가 될 것이나 이 문헌에 대한 연구는 다음 기회로 미룬다.

42) *K.S.T.S.* vol. 34. 이 문헌은 명칭 그대로 *Ajaḍapramātṛsiddhi*, *Īśvarasiddhi*, *Saṃbandhasiddhi*의 세 논문을 합한 문헌이다. 아비나바굽타의 주석이 있다고 하는데 전하지 않는다.

*IPK*의 불교 비판과 재인식의 개념을 새롭게 의미부여한 점은 소마난다의 내용에서 다루었다. *PH*는 *IPK*의 요약해설서이다. 웃팔라데바는 불교의 무아론과 찰나멸설을 비판하고, 쉬바를 절대자아로 내세우기 위해 샤이바싯단타의 영향을 받아 재인식의 개념을 이용한다. 이 개념은 진아에 대한 깨달음이라는 개념으로 전화轉化하는데, 이 과정의 지식론적 변증은 인도지식론에 대한 이해가 없다면 알기 어렵다. 이런 지식론적 변증 없이도 재인식론의 대의를 이해할 수 있도록 한 것이 크세마라자가 *PH*를 저술한 이유이다. 그래서 지식론적 측면을 제외한다면 *IPK*(혹은 *IPV*)와 *PH*는 깊은 유기적 관계를 가진다.

그래서 *IPK*의 내용을 간략히 소개한다. 대개 *IPK*는 주석서인 *IPV*를 통해 연구가 이루어진다. *IPK*는 총 4장adhikāra[43]으로 나뉘고, *IPV*는 1장을 8절āhnika, 2장을 4절, 3장을 2절, 4장을 1절으로 세분하여 주석한다. 아래는 판디트의 관점[44]에 따라 간략히 *IPV* 각 절의 주요 내용을 도표화한 것이다.

【표 13】 *IPV*의 내용

1장	1절	* 자아ātman존재는 자명성은 외적 증명이 필요 없음 * 자아는 힘(샥티)과 지의 능력을 자족하는 전지전능한 존재 * 자아의 자족성을 모르는 것은 무명에 기인함
	2절	* 불교 교설에 대한 비판을 주로 다룬 내용들 * 의식의 순간적 흐름을 초월한 아는 주체의 존재 * 아는 주체의 知Jñāna와 의지의 능력 * 행위kriyā의 능력 * 知의 주체와 행위 주체의 관계에 대한 불교도의 반론에 대한 논의
	3절	* 자기 의식적 존재의 존재 문제
	4, 5, 6절	* 기억, 지각, 개념 등의 지식론의 문제
	7절	* 자아를 순수의식으로 정초하려는 시도 * 모든 심리적 현상의 원천으로서의 자아 (이 장은 순수의식으로서 자아가 최고신과 다르지 않다는 것을 보여줌)

43) 1장 Jñānādhikāra, 2장 Kriyādhikāra, 3장 Āgamādhikāra, 4장 Tattvasaṃgrahādikāra.

44) Pandit(2003), pp. 28~29 참조. 보다 자세한 내용은 *IPV*(vol. III), content 참조.

2장	1절	* 트리카우주론 * 쉬바의 자기 방사인 우주는 절대와 다르지 않음 * 관계성에서 시공 개념의 틀이 발생 * 행위, 관계, 합성체, 시공의 개념 * 이들은 상대적 개념임을 변증
	3, 4절	* 인식론적, 인과론적 문제
3장	1절	* 36원리Tattva
	2절	* 자아가 존재의 경험적 수준에서 응축되고 유한한 것으로 나타나는 이유의 변증 * 자아는 mala에 의해 스스로를 paśu로 파악함 * 속박, 해탈의 성질 * 4종의 의식상태(각성위, 몽위, 숙면위, 초월위)가 문제가 되는 것은 paśu로서의 인간의 맥락에서임
4장	1절	* paśu * pati * 3구나와 관련한 生해탈jīvanmukti의 문제

5) 아비나바굽타Abhinavagupta

10세기 중반에서 11세기 초에 카쉬미르 지역에서 활동했던 아비나바굽타는 트리카Trika의 완성자로 쉬바파 일원론의 정점에 있는 학자이자 탄트라 수행자이다. 그가 배우고 실천한 방대한 사상과 수행 그리고 60여 종에 달하는 저술을 생각해 볼 때, 불교의 나가르주나, 인도 정통철학의 샹카라에 비견되는 탄트라의 대학자라 할 만하다.[45)]

그의 주된 관심은 탄트라의 사상과 실천이었으나 탄트라, 시와 희곡에 관련한 미학, 철학에 걸친 방대한 저술을 했다. 딕콥스키는 그의 연대기를 따라 저술 활동을 나누었다.[46)] 그의 40대 초반은 쉬바파 교설을 트리카 체계로 정초하려한 시기였다. 이 시기의 대표적 저작이 *TA*이다. 그의 최고의 저작이면서 탄트라 전체를 통틀어 최고의 철학

45) 그의 간단한 전기와 저술에 대한 내용은 Muller-Ortega(1989), pp. 45~47; Dyczkowsky(1989), pp. 9~14; Pandit(2003), pp. 29~32 참조.

46) Dyczkowsky(1989), p. 10.

적 문헌 중의 하나인 이 저술을 통해, 그는 쉬바교의 의례와 수행법을 트리카 체계를 통해 일원론적 관점에서 정초하였다.[47] 총 37장āhnika으로 이루어졌으며, 자야라타Jayaratha의 『비베카*Viveka*』로 불리는 주석과 더불어 *K.S.T.S.*의 12권[48] 분량으로 출판되었다. 이를 아비나바굽타 자신이 약술한 『탄트라사라*Tantrasāra*』[49]가 있다.

두 번째 시기는 미학 관련서의 저술기다. 대표적으로 브하라타Bharata의 『나트야샤스트라*Nāṭyaśāstra*』 주석 『아비나바브하라티*Abhinavabhāratī*』, 아난다바르드하나Ānandavardhana의 『드흐반야알로카*Dhvanyāloka*』 주석 『드흐반야알로카로차나*Dhvanyālokalocana*』가 있다.

마지막 시기는 철학 저작들이 나타난다. *IPV*와 *IPVV*는 이 시기에 속한다. 이런 점에서 *IPV*는 가장 원숙한 철학적 경지를 드러낸 저작의 하나로 볼 수 있다.

이외에도 중요 저작으로, 최초작인 총 16송의 『보드하판차다쉬카*Bodhapañcadaśikā*』[50]가 있다. 이 저술은 탄트라 초심자들이 이해할 수 있도록 쉬바와 샥티의 개념, 그 관계성을 설명한다. 또 『루드라야말라탄트라*Rudrayāmalatantra*』의 후반부로 알려진 『파라트림쉬카*Parātriṃśikā*』의 주석 2종 『파라트림쉬카비바라나*Parātriṃśikā-vivaraṇa*』, 『파라트림쉬카비브릿티*Parātriṃśikā-vivṛtti*』를 저술했다. 이 주석서는 삼위三位의 여신으로

---

47) 이 저술은 주로 탄트라의 의례와 실천의 문제를 트리카의 체계로 설명하는데, 판디트에 의하면, 특히 철학적 부분은 아래와 같다. 1장 : 철학적 주제들을 다루겠다는 개설적 안내, 2장 : 무방편anupāya; 3장 : śāmbhava upāya, 4장 : śākta upāya, 5장 : āṇava upāya, 9장 : 36tattva, 13장 : 업의 문제. 이외에도 다음과 같은 철학적 주제들이 논의된다. 속박을 일으키는 원인; 속박에서 해탈 방법; 지와 무지의 문제; 무지에서 지로 나오게 하는 것은 무엇인가; 타 학파와 연관된 해탈의 성질과 해탈지에 대한 설명; 우주의 기원. Pandit(2003), p. 31 참조.

48) *K.S.T.S.*, vol. 23, 28, 30, 36, 35, 29, 41, 47, 59, 52, 57, 58; R. Gnoli의 이탈리아어 완역이 있다. 영역은 부분적으로만 이루어졌다.

49) *K.S.T.S.*, vol. 20. R. Gnoli의 60년판 이탈리아어역과 85년도의 힌디역만 있다.

50) *K.S.T.S.*, vol. 76.

상징되는 의지icchā, 지jñāna, 행위kriyā에 대한 내용이다. 또 『말리니비자욧타라탄트라*Mālinīvijayottaratantra*』의 주석 『말리니비자야바릇티카*Mālinīvijayavārttika*』[51]가 있다. 『바가바드 기타』의 핵심을 서술한 『바가바드기타아르타-상그라하*Bhagavadgītārtha-saṃgraha*』가 있다. 이것은 친척으로 추측되는 브라만 로타카Loṭaka의 요청으로 저술되었다고 한다. 그리고 약간의 찬가들을 저술하였다.

그의 학문은 다음의 계보를 통해 전승한 것이다. 먼저 그는 최초로 자신의 아버지이자 학자인 나라싱하굽타Narasiṃhagupta에게 범어와 논리, 문학 등의 전통 학문을 배웠다.[52] 그리고 당대 카쉬미르의 많은 학자들에게 다양한 학문을 섭렵하였다. 재인식론은 락시마나굽타Lakṣmaṇagupta에게 배웠는데, 그는 웃팔라데바에게서 배운 학자였다.[53] 진동설은 칼라타Kallaṭa, 무쿨라Mukula, 브핫텐두라자Bhaṭṭendurāja[54], 아비나바굽타Abhinavagupta의 맥으로 이어진다. 트리카는 수마티Sumati, 삼브후나타Śambhunātha, 아비나바굽타의 맥으로 이어진다.

크세마라자의 스승이기 때문에 재인식론에 대한 아비나바굽타와 크세마라자의 관점은 크게 다르지 않을 것으로 보인다. 크세마라자가 *PH*를 저작할 때, 그는 분명 *IPV*의 직접적인 영향을 받았을 것이다. 그러나 아직은 아비나바굽타와 크세마라자의 재인식론의 동이점을 비교하고 어떤 결론을 낼 단계는 아닌 것으로 생각된다. 이 과제는 두 사람의 사상이 보다 깊이 연구될 때 가능할 것이다.

---

51) *K.S.T.S.*, vol. 32.

52) Dyczkowsky(1989), p. 11.

53) Muller-Ortega(1989), p. 44.

54) Kallaṭa의 아들이며 Mukula의 제자. Muller-Ortega(1989), p. 44.

6) 크세마라자Kṣemarāja

크세마라자는 아비나바굽타의 상수제자로 그의 문하에서 모든 교설들을 기록하였다고 한다.[55] 아비나바굽타 말년의 저작이 11세기 초반[56]이기에 그 역시 이 당시에 활동하고 저술하였을 것이다. 아비나바굽타는 친척과 지인들로 이루어진 소모임에서 공양을 받고 학문과 수행을 가르쳤는데, 크세마라자는 아비나바굽타의 부계 쪽 삼촌의 아들들 중의 하나였을 것이라고 한다.[57] 아비나바굽타와 그는 사촌 정도의 친척 관계였던 것 같다. 그의 전기傳記자료는 거의 없으므로,[58] 학문적 배경은 스승인 아비나바굽타를 통해서 추적할 수밖에 없다.

아비나바굽타의 제자로서, 그는 스승의 입장과 주석 방식을 그대로 따랐다.[59] 그는 학문적으로 샤이바싯단타, 그리고 의례에서는 *ST*의 의례가 주가 되던 11세기 카쉬미르 사회에 쉬바파 일원론을 선양하려는 의도로 저술 활동을 하였다.

그의 저술 분야는 아비나바굽타처럼 탄트라, 쉬바 교설, 시문詩文 분

---

55) Muller-Ortega(1989), p. 46.

56) 뮬러-오르테가는 아비나바굽타가 950~975년 사이에 탄생했을 것이라고 주장한다. Muller-Ortega(1989), p. 45; 산더슨은 아비나바굽타의 연대에 관하여 975~1050년과 975~1025년의 두 가지 입장을 소개하고 있다. Muller-Ortega(1989), p. 244, 재인용. 어떤 입장을 따르더라도 아비나굽타의 주된 저술 활동 시기는 10세기 말에서 11세기 초가 될 것이다.

57) Dyczkowsky(1989), p. 11.

58) 그의 *Stavacintāmaṇivivṛtti*의 마지막 송에서 지금의 인도 카쉬미르의 스리나가르 동쪽 50킬로미터 정도 떨어진 곳에서 이 책을 저술한다는 내용이 나타난다. 또 적지 않은 저술을 했음에도 카쉬미르의 왕조사인 *Rājataraṅgiṇī*에 나타나지 않는 점은 당시 중앙 정치와는 관련이 없었음을 보여준다. *K.S.T.S.*.(vol. 31.) pp. VI~VII.

59) Pandit(2003), p. 3; *K.S.T.S.*(vol. 31), p. VII.

야였다. 먼저 탄트라 문헌의 주석들로는 *ST*의 주석 『스바찬도드도야타*Svacchandoddoyata*』[60], 『네트라탄트라*Netratantra*』의 주석 『네트로드요타*Netroddyota*』[61], 『 비즈냐브하이라바탄트라*Vijñānabhairavatantra*』의 주석 『비즈냐브하이라봇드요타*Vijñānabhairavoddyota*』[62]가 있다. 시문 관련 저술로는 『드흐반야알로카로차놋드요타*Dhvanyālokalocanoddyota*』가 있다.

또 철학 저술로는 『스판다카리카*Spandakārikā*』 제1송을 주석하여 진동설의 전반적 내용을 해설한 『스판다산도하*Spandasandoha*』[63], 스판다카리카*Spandakārikā*』 전체의 주석인 『스판다니르나야*Spandanirṇaya*』[64]가 있다. 이 외에도 이 책의 연구 대상인 *PH*[65], *SSV*[66] 그리고 『스타바친타마니*Stavacintāmaṇi*』의 주석 『스타바친타마니비브리티*Stavacintāmaṇivivṛtti*』[67], 『파라마아르타상그라하비브리티*Paramārthasaṃgrahavivṛtti*』, 『브하이라바아누카르나스토트라*Bhairavānukarṇastotra*』, 『파라프라베시카*Parāpraveśika*』[68], 웃팔라데바의 찬가 『쉬바스토트라아발리*Śivastotrāvalī*』의 주석 『쉬바스토트라아발리카*Śivastotrāvalīkā*』, 『삼바판차쉬카*Sāmbapañcāśikā*』[69]가 있다.

60) *K.S.T.S.*. vol. 31, 38, 44, 48, 51, 53, 56.
61) *K.S.T.S.*. vol. 46, 61.
62) *K.S.T.S.*. vol. 8, 9.
63) *K.S.T.S.*. vol. 16.
64) *K.S.T.S.*. vol. 42.
65) *K.S.T.S.*. vol. 3.
66) *K.S.T.S.*. vol. 1.
67) *K.S.T.S.*. vol. 10.
68) *K.S.T.S.*. vol. 15.
69) Trivandrum Sanskrit Series, vol. 104.

제5장
재인식론의 사상

제5장 재인식론의 사상

본서에서 재인식론의 연구를 위해 채택한 *PH*는 베단타학파의 『베단타사라*Vedāntasāra*』와 같은 성격의 책이다.[1] 논리적인 변증과 지식론적인 내용의 논쟁을 피하여 간결한 형태로 중요한 교의 체계만을 총 20수트라에 담아, 크세마라자 자신의 주석을 붙여 설하고 있다. 크세마라자는 이 책 서두의 귀경歸敬부분에서 다음과 같이 말하고 있다.

> 샹카라śāṅkara[2]와 관련한 비밀한 교설의 핵심인 재인식의 대양大洋에서 크세마라자는 윤회의 독毒을 제거하기 위해 정수를 정리하였다. 세상에는 성찰력이 발달되지 않았으며, [논리나 변증론과 같은] 어려운 저작을 연구해 본 적이 없으나, 헌신적이며 자재신과의 상호통일samāveśā을 통해 샥티의 하강śaktipāta이 일어나길 열망하는 사람들이 있다. 이런 이들을 위하여 *IPK* 교설의 진리를 간결히 설명한다.[3]

---

1) *PH*, Introduction, p. 3.

2) 쉬바의 별칭.

3) *PH*, pp. 45~46. "śāṅkaropaniṣatsārapratyabhijñāmahodadheḥ | kṣemeṇoddhṛyate sāraḥ saṃsāraviṣaśāntaye || iha ye sukumāramatayo 'kṛtatīkṣṇatarkaśāstrapariśramāḥ śaktipātonmiṣitapārameśvarasamāveśābhilāṣiṇaḥ katicit bhaktibhājaḥ

원래 소마난다의 *SD*는 절대와 현상의 일원적 근원으로서의 의식과, 이 일원적 절대적 의식과 응축된 개체의 관계성에 대한 설명이 주 목적이었다. 이를 위해 불이론 베단타의 무속성적 브라흐만과 상키야와 샤이바싯단타의 이원론을 비판하며 이들을 종합하는 형태로 논지를 전개하였다.

그러나 일원적 의식의 존재 증명을 위해 웃팔라데바는 샤이바싯단타의 재인식 개념을 차용하고 발전시켜 나갔다. *PH*는 *IPK*의 요약서라는 밀접한 관계에 있다. 그러나 *IPK*의 복잡한 지식론의 논쟁과 학파간 대론은 *PH*에는 별로 나타나지 않는다. 그래서 무엇보다 이 문헌은 재인식론을 처음으로 이해하려는 사람이 대의를 파악하기에 유용하다. 이를 통해 크세마라자는 샤이바싯단타가 대세였던 11세기 초반의 카쉬미르 지역의 쉬바교를 일원론을 통해 해석하려는 의지를 보여주고 있다.

*PH*는 1911년 출판된 *K.S.T.S.*시리즈의 제3권에 차테르지J.C. Chatterji에 의해 편집되어 실려 있다. 번역본으로는 1938년도에 Bare의 독역본과, *The Secret of Recognition*이라는 제목으로 인도 Adyar Library에서 영역 출판된 것이 있다. 1963년도에 싱J.D. Singh에 의해 *Pratyabhijl̲ñāhṛdayam-The Secret of Recognition*의 제목으로 영역 출판되었다. 이 영역본은 *K.S.T.S.*의 원문을 영역한 것으로, 본 연구는 이 책의 1982년도 제4수정판의 재판(1984)을 이용했다.[4)]

---

teṣām īśvarapratyabhijñopadeśatattvaṃ manāk unmīlyate |'; 이와 유사한 내용이 *PH*의 마지막에 한 번 더 나온다. *PH*, p. 115. "진리의 이 가르침은 쉬바의 작용으로 샥티의 하강이 생겼으나 진지한 학습의 부족으로 인해 날카로운 논쟁에 맞지 않고 그래서 *IPK*를 이해하지 못하는 이들을 위하여 주어진 것이다(yeṣāṃ vṛttaḥ śāṅkaraḥ śaktipāto ye 'nabhyāsāt tīkṣṇayuktiṣv ayogyāḥ | śaktā jñātuṃ neśvarapratyabhijñām uktas teṣām eṣa tattvopadeśaḥ ||)."

4) 이 책의 서문에 따르면 싱은 기존의 영역본인 K. F. Leidecker의 번역에 오역이 많아 다시 번역했다고 하는데, 필자는 Leidecker의 번역본을 입수치는 못했다.

이 책의 초판 서문에서 싱은 "누구도 이 책을 단순히 문법과 사전만으로는 이해할 수 없으며, 이 전통에서 직접 수행한 체험자의 도움이 필수적"이라고 주장한다. 그는 카쉬미르 스리나가르의 쉬바교 승려로서 전통적인 수행과 학습을 한 스와미 락쉬만쥐Lakshman jee에게서 번역과 인용 문헌의 출처 확인에 큰 도움을 받았다고 밝히고 있다.[5] 싱은 역시 같은 출판사에서 1973년도에 힌디어 번역본을 출판했다.

1974년도에 타이미니I. K. Taimini에 의해 *The Secret of Realization*이란 제목으로 영역본이 출판되었다. 현대 힌두승려인 스와미 샨타난다Shantananda의 강론집 성격을 띤 영역서인 *The Splendor of Recognition*이 Siddha Yoga Publications에서 2003년도에 출판되었다. 이 책은 전문적인 학술적 성격을 가지지는 않지만, 이 전통을 지킨 수행자의 강론집이라는 점에서 참고할 만한 가치가 있다.

재인식론의 수행론 부분은 *SSV*를 *PH*와 함께 고찰하였다. *PH*의 간략한 서술로 인하여 재인식론, 나아가 쉬바파 일원론 전체의 수행론의 대의를 파악하기 어려웠기 때문이다. 또 *SS*는 당대의 일원론적인 쉬바파들의 실천법을 집성하였으므로, 쉬바파 일원론의 수행법을 고찰하기에 적합하다고 생각했기 때문이다. 그리고 *SSV*와 *PH*는 공히 크세마라자의 저작이므로, 사상적 상위相違없이 재인식론의 수행론을 파악할 수 있을 것으로 판단하였다. 그래서 먼저 쉬바파 일원론의 수행론을 *SSV*를 통해 파악하여 전체적으로 간략히 서술한 다음, *PH*에 나타난 수행법들의 방법과 특징을 구체적으로 서술하였다.

*SS*와 *SSV*는 1911년 J.C. 챠테르지에 의해서 편집되어 *K.S.T.S.*의 제1권으로 출판되었다. 1912년 아이엥가S. Iyengar에 의해서 처음으로 영역되었고, 싱에 의해 1979년 *Śiva sūtras: the yoga of supreme identity*

PH, in preface to the first edition.

5) *PH*, in preface to the first edition.

라는 제명으로 영역되었다. 또 같은 해에 토렐라R. Torella의 이탈리아어역과 그 다음 해에 불어역이 나왔다. 여기서는 싱이 영역한 위의 책 초판 제6쇄본(1991)을 이용하였다.

1. 궁극적 실재로서 의식citi

*PH*의 제1 수트라는 우주의 궁극적 절대원인으로서 우주적 의식citi[6]를 내세우고 있다. 제1 수트라는 다음과 같다.

> (우주적) 의식은 절대자유이며 우주 발생의 원인이다.[7]

*PH*의 제1 수트라는 치티citi의 정의로 시작된다. 대개 제1 수트라가 나머지 수트라의 근본이라는 점에서, 치티라는 용어를 재인식론의 가장 핵심적 개념으로 볼 수도 있을 것이다. 중성 치트cit가 쉬바를 의미하는 것인데 비해, 치티는 의식을 의미하는 여성형 단수로 쉬바의 힘, 혹은 능력을 의미하는 샥티를 의미한다.[8] 이 수트라에 대한 크세마라자의 자주自註에 나오는 것처럼, 치티는 그 자체로 쉬바이면서 동시에 쉬바의 힘을 의미한다. 결코 치티는 쉬바의 힘이라는 쉬바의 한 속성만을 의미하는 것이 아니고, 쉬바의 힘(샥티)을 쉬바의 본성으로 보는 쉬바파 재인식론의 입장을 드러낸다고 할 수 있다.

---

6) 치티를 단순하게 의식으로 번역하는 것은 문제가 있다. 뒤에 나오는 citta(개체적 의식) 역시 의식이기 때문이다. 또 cit, cetana, saṃvit같은 용어들도 의식으로 번역할 수 있기 때문이다. 치티는 citta가 자신의 무한한 힘을 완전히 회복한 의식의 원래적 상태, 즉 쉬바의 의식 상태를 말한다. 그러나 서술의 편의를 위해 이 책에서는 대개의 경우 치티를 그대로 쓰거나, 치티는 의식, 혹은 우주적 의식으로, citta는 개체적 의식으로 번역하였다.

7) *PH*, p. 46. "citiḥ svatantrā viśvasiddhihetuḥ ||1||"

8) *PH*, notes, p. 122.

1) 절대자유svatantra

제1 수트라는 치티citi의 힘은 스바탄트라svatantra이며, 우주 발생의 원인으로서, 일체의 근원이 된다는 것을 의미한다. 여기서는 치티의 힘을 말하는 스바탄트라[9]를 일반적인 영역英譯[10]을 고려하여 '절대자유' 로 일단 번역한다. 그러나 이 용어로서 충분한 의미를 드러내기는 어려워 스바탄트라라는 용어를 그대로 이용한 경우도 있다. 이 용어는 인도 고대철학의 사상들과 구별되는 탄트라의 형이상학을 보여주고 있다. 딕콥스키는 다음과 같이 말하고 있다

> 카쉬미르 쉬바파(쉬바파 일원론을 의미함)의 교설은 능동적 역할을 통해 초월하는 새로운 길navamārga[11]이다. 자유란 '~으로부터의from 자유' 가 아니라 '~를 지향하는to의 자유' 이다. 욕망은 거부되지 않고 오히려 높은 차원에서 절대의 순수의지, 자유svātantrya로서 인정되었다.[12]

베단타의 샹카라는 브라흐만이 유일한 실재이며 이것은 활동성kartṛtva을 가지지 않는다고 하였다.[13] 활동하는 것은 변화하는 것이며, 변화하는 것은 시간성에 종속된 순간적인 것이기 때문에 실재가 아니라는 것이 샹카라의 입장이다.[14] 또 이것은 전통적인 인도 고대철학의

---

9) svatantra의 추상명사 형태인 svātantrya로도 표기된다.

10) 일반적으로 자립self independence, 독립independence, 자기의지self will 등의 사전적 의미를 가진 svatantra는 보통 자유freedom로 영역된다.

11) 이 단어는 웃팔라데바가 *IPK*에서 자신의 재인식론을 표현한 용어이다. Dyczkowski(1989), p. 235.

12) Dyczkowski(1989), p. 39.

13) *PH*, introduction, p. 22.

입장이기도 하다. 그래서 해탈이란 현상계의 시간성의 종속으로부터 벗어남이었다. 그렇기 때문에 절대로서 브라흐만은 활동성을 가지면 안 된다. 쉬바파의 철학자들은 이것을 샨타브라흐마바다śāntabrahmavāda, 즉 '불활적인 브라흐만의 교설'이라고 하였다.[15] 그리고 베단타의 브라흐만을 활동성(행위자성, kartṛtva)을 결여한 불완전한 절대개념으로 간주했다.

재인식론은 활동성이 없다면 아무것도 발생할 수 없기 때문에, 모든 것의 근거로서 궁극적 절대라면 활동성을 가져야만 한다고 주장한다. 그 활동성이 우주의 궁극원인인 동시에 일체로 현현하는 쉬바의 절대자유, 즉 스바탄트라이다.[16] 다시 말해 절대인 동시에 일체 현상으로 자신을 현현하는 쉬바의 힘이 스바탄트라이다. 이런 점에서 스바탄트라는 절대가 곧 현상이라는 탄트라의 형이상학을 잘 대변한다고도 할 수 있을 것이다. 그러면 치티가 자신의 자유대로 스스로를 현현한다는 것은 무엇인가. 크세마라자는 제1 수트라에 대해 아래와 같은 자주自註를 붙이고 있다.

> 우주는 영원한 쉬바Sadāśiva에서 지地에 이르는 것을 [의미하며], siddhi란 prakāśana의 드러남에서, 진아의 유지에서, 최고의 경험자의 자아로 머무는 멸진에서[를 의미한다]. 신성한 citi는 실로 절대자의 힘parāśakti이며, 절대자유이며, 최상의 비마르샤이며, 위대한 주主이신 쉬바와 다르지 않은 원인 중의 원인이다.[17]

---

14) 인도의 시간과 실재의 문제에 대해서는 엘리아데(1998) pp. 67~106; 침머(1995) pp. 13~36 참조.

15) *PH*, introduction, p. 22.

16) *PH*, introduction, p. 22. "svātantrya는 kartṛtva와 실제로 동일한 것이다."

17) *PH*, pp. 46~47. "viśvasya sadāśivādeḥ bhūmyantasya siddhau niṣpattau prakāśane sthityātmani parapramātṛviśrāntyātmani ca saṃhāre parāśaktirūpā citir eva

우주viśva는 궁극적인 일원인 우주적 의식citi이 자신의 스바탄트라를 통해 스스로를 응축된 존재로 현현시켜낸, 미세하거나 조대한 모든 존재들을 말하는 것이다. 재인식론의 우주론은 36원리설이다. 이것은 상키야의 25원리설과 유사하다. 프라크리티의 평형이 깨지면서 현상세계가 전변해 나오듯이, 36원리설도 영원한 쉬바Sadāśiva의 원리에서 시작하여 점점 조대해지는 현상세계를 마지막의 지地의 원리에 이르기까지 설명하고 있다. 그러나 상키야의 전변설은 프라크리티라는 현상세계의 궁극적 원리를 상정한데 비해, 재인식론은 모든 존재의 궁극인, 일원적 원리인 쉬바를 첫 원리로 삼은 것이 다르다.

영원한 쉬바는 쉬바와 샥티에 뒤이은 제3원리이지만, 우주가 나타나는 주객 분리가 이 단계로부터 시작하기 때문에 우주의 시초가 된다. siddhi는 '현현, 성취, 충족, 완성'을 의미하는데 여기서는 우주의 나타남현현을 의미한다. 우주는 현현하여 유지되다가 환멸한다. 그러나 이것은 그렇게 짐짓 보일 뿐, 현현은 모든 현현의 불변하는 존재론적 근거를 의미하는 프라카사prakāśa의 현현이며, 유지는 자아ātman의 유지이며, 환멸은 모든 대상적 존재가 사라져, 최고의 경험자로서 자아에 머무는 상태이다. 그래서 우주는 변화를 겪는 것 같지만, 이 과정은 프라카샤이며, 자아이며, 파라프라마트리parapramātṛ인, 우주의 유일한 원인인 치티의 자존自存, 다시 말해 치티의 절대자유일 뿐이다. 치티의 절대자유는 파라샥티parāśakti, 아누타라비마르사anuttaravimarśa로도 불리며, 이것이 바로 쉬바이다. 크세마라자는 위의 주석에 이어, 다음과 같은 주석을 하고 있다.

> 눈을 뜨면 우주가 존재해 나타나고, 유지되고, 눈을 감으면 나타나는 것

---

bhagavatī svatantrā anuttaravimarśamayī śivabhaṭṭārakābhinnā hetuḥ kāraṇam |"

이 사라진다는 스스로의 경험에서, 실로 여기에 주체가sākṣī [있다].[18]

대상은 주체에 의지한 경험일 뿐이다. 그리고 이 경험의 대상은 결코 치티와 다른 것이 아니다. 경험의 대상과 주체가 치티를 유일한 원인으로 한다는 것을, 크세마라자는 다음의 질문과 답변을 통해 설명한다.

다른 무엇인가가 없고, 우주는 치티와 분리된 것이 아니지 않은가? [그렇다면] 어떻게 원인과 원인을 가진 것hetumat이 있다고 말해지는가?[19]

현상의 원인이 될 만한 치티와 다른 무엇, 즉 프라크리티나 마야 같은 것 없이, 결과인 우주가 원인인 치티와 다르지 않다면, 원인인 치티와 결과인 우주 사이의 인과관계가 성립할 수 없다는 반론이다. 이에 대해 크세마라자는 다음과 답한다.

신성한 의식만이 빛나는 자존성이며, 거기에서 헤아릴 수 없는 세계의 존재가 발현한다는 거기에서(즉, 맥락에서), 이 인과관계는 최상의 의미[로 적용된 것]이다. 이것(의식)만이 주관, 의식의 장, 객관으로 이루어지는 우주 현현의 원인이기 때문에, 새로운 대상들을 드러내는 성질인 빈약한 인식 수단은 현현의 절대적이고, 제한되지 않으며, 자명한 성질에 맞지도 적합하지도 않다.[20]

---

18) *PH*, p. 47. "asyāṃ hi prasarantyāṃ jagat unmiṣati vyavatiṣṭhate ca nivṛttaprasarāyāṃ ca nimiṣati iti svānubhava eva atra sākṣī |"

19) *PH*, p. 48. "nanu jagad api cito bhinnaṃ naiva kiṃcit abhede ca kathaṃ hetuhetumadbhāvaḥ ucyate |"

20) *PH*, p. 48. "cid eva bhagavatī svacchasvatantrarūpā tattadanantajagadātmanā sphurati ity etāvat paramārtho 'yaṃ kāryakāraṇabhāvaḥ | yataś ca iyam eva pramātṛpramāṇaprameyamayasya viśvasya siddhau prakāśane hetuḥ tato 'syāḥ

여기서는 두 가지를 말하고 있다. 먼저 치티는 빛나는 자존성이며, 동시에 헤아릴 수 없는 세계 존재이기 때문에, 재인식론에서 절대와 현상 사이의 인과는 시간적인 인과가 아니라 동시적 인과관계, 즉 빛나는 자존성인 치티가 바로 세계로 현현한다는 의미의 인과관계이다. 둘째로 시간성 내에서 분별적으로 대상을 파악하는 인식수단으로서는 이 인과관계를 이해할 수 없고, 설명할 수 없다는 말이다.

현상은 헤아릴 수 없이 구분되어 나타나지만, 이것은 유일한 치티의 드러남일 뿐이다. 그래서 절대는 끊임없는 변화 속에 있다고 말하는 것도 결코 틀리다고 할 수는 없지만, 다른 입장에서는 절대 속에서는 어떤 변화나 운동도 나타나지 않는다고도 말할 수 있다.[21] 운동이나 변화는 한 실체가 다른 실체로 변화하는 것이라고 말할 수 있을 텐데, 혹은 공간과 시간 속의 변화가 있어야 하는데, 오직 치티만이 존재하기에 변화는 있을 수 없는 것이다.

치티가 스바탄트라라는 것은 절대가 곧 현상이며 현상이 곧 절대라는 말이다. 다시 말해 유일한 것이 다양한 것으로 드러나고, 다양한 것은 유일함이 스스로를 드러낸 형태일 뿐이다. '일즉다一卽多, 다즉일多卽一'의 이 논리는 분명 모순이다. 그러나 분별적인 논리를 기반으로 할 때는 모순으로 보일 수밖에 없는 우주의 실상을 그대로 보여주는, 바로 여기에 재인식론의 특징이 있다. 이것은 샹카라의 일원론이 가지고 있던 이원성을 넘어선 새로운 일원론을 보여주고 있는 것이다.

---

svatantrāparicchinnasvaprakāśarūpāyāḥ siddhau abhinavārthaprakāśanarūpam na pramāṇavarākam upayuktam upapannaṃ vā |"

21) Dyczkowski(1989), p. 81.

2) 재인식론의 일원론

재인식론의 일원론īśvarādvayavāda[22]이 상키야 이원론과 샹카라 베단타의 일원론을 극복한 입장이라는 것을 크세마라자는 다음과 같이 말하고 있다.

> 치티는 단수로 시공時空 등에 제한되지 않는 것을 나타내며, 모든 이원론의 비실재성을 보여준다. 스바탄트라라는 용어는 브라흐만 교설과의 구분을 말하며, 치티가 마헤스바라(Māheśvara, 쉬바)의 최고 수준임을 말한다.[23]

치티만이 유일무이한 실재이기 때문에 단수로 표시된다. 무한한 시간과 공간에 존재하는 어떤 존재들도 치티 외의 다른 것이 아니다. 그래서 따로 현상의 원인을 주장하는 이원론은 인정되지 않는다. 그렇기 때문에 현상의 원인으로서 프라크리티의 실재성을 주장하는 상키야 이원론 교설은 인정되지 않는다. 그러나 치티는 스바탄트라이기 때문에 샹카라의 일원론, 위의 용어를 차용하면 브라흐만 교설brahmavāda에서 말하는 활동성을 가지지 않은 브라흐만과는 다르다.

상키야의 교설은 "왜 이 세계는 무가 아니고 유인가"라는 근본적인 물음에 매우 단순 명료한 대답을 줄 수 있다. 원래 세계는 무시무종으로 실재한다는 것이 이에 대한 상키야의 답변이 될 것이다. 이 세계의 근본적 질료인 프라크리티가 무한히 전변과 환멸을 반복하며, 우주가

---

22) 여기서 Īśvara는 당연히 쉬바이다.

23) *PH*, p. 50. "citiḥ iti ekavacanaṃ deśakālādyanavacchinnatām abhidadhat samastabhedavādānām avāstavatāṃ vyanakti | svatantraśabdo brahmavādavailakṣaṇyam ācakṣāṇah cito māheśvaryasāratāṃ brūte |"

창조되고, 유지되고, 환멸한다는 이 입장은 이미 존재가 존재하고 있다는 현실에 대한 자연적인 수긍이라고 할 수 있다. 그런데 아무리 프라크리티가 전변한다 하더라도, 이를 인식하지 못하면 존재는 드러나지 않는다. 그래서 존재를 드러내는 앎의 주체로서 상정되는 것이 푸루샤이다. 존재는 영원히 드러나기 때문에 푸루샤도 영원하다. 이런 점에서 상키야의 교설은 지금 이 순간 존재가 드러나고 있다는 이 사실을 아는 자와 알려지는 자라는 점에서 세계를 해석한 자연스러운 논리의 귀결이라고도 말할 수 있다. 이점에서 "상키야의 전변설은 이원적 사고의 현실성을 인정하고, 이 현실을 전개하는 심적 원리들에 대한 통찰로써 다시 그것을 극복하려는 이론"으로 이해된다.[24)]

이 프라크리티와 푸루샤와는 달리 시공에 제한된 개체적 존재는 실재가 아니다. 무한한 전변과 환멸의 시간성이라는 관점에서 처음과 끝이 정해진 존재는 실재성을 부여받지 못한다. 그러므로 프라크리티의 전변의 한 과정일 뿐인 개체적 존재는 부정되고, 그 전변의 과정을 향수하는, 즉 아는 주체인 푸루샤가 개체의 진정한 자아가 되는 것이다.

그런데 이와 같은 상키야의 입장은 두 실재의 관계성이라는 점에서 난점을 가지고 있다. 각각 독립적이고 자족적인 두 실재가 서로 관계를 가질 필요는 없다. 더구나 이미 완전한 푸루샤가 무상하여 고통스러운 프라크리티의 전변을 왜 향수해야 하는가.

상키야의 입장대로 프라크리티가 실재로서 영원히 존재하고, 또 그 존재가 존재로서 드러나기 위해서, 푸루샤는 영원히 프라크리티와 관계를 가져야만 한다. 이런 입장은 아는 주체로서 모든 제한을 넘어선, 자존적인 푸루샤를 제한하는 상키야 교설의 자기모순이다.

상키야가 현상의 문제를 설명하기 위해 주장한 프라크리티의 전변

---

24) 정승석(1992), p. 226.

을, 샹카라는 절대의식의 초월성을 유지하기 위해서 비실재로 치부한다. 비록 현상이 눈앞에 현전하지만, 이것은 가현vivarta일 뿐 실재가 아니며, 변화와 생성의 세계는 브라흐만에 가탁adhyāsa되어 나타난 것일 뿐이다.[25] 현상으로 나타난 것은 우주적 법칙인 마야에 의한 것이다. 알려지는 어떤 것도 실재가 아니며, 부정을 통해서만 실재는 이해된다.[26] 이와 같이 푸루샤(절대의식)의 초월성을 유지하기 위해, 샹카라의 일원론은 현상으로 드러난 것을 마야의 힘에 의해 브라흐만에 가탁된 것으로 치부한다. 그를 통해 현상의 구성요소 중 보여 지는 것은 제외하고, 보는 주체만을 실재로 인정한다.

상키야의 교설은 현상의 원인을 실재로 인정함으로써, 현실 속에서 구체적으로 일어나는 사실인 변화, 혹은 생성을 설명하기에 적합한 교설이다. 그러나 이원론의 모순으로 인해, 그럴 경우 현상이 현상으로 드러나기 위한 요소로서 푸루샤가 영원히 현상과 관계를 맺어야 하는 제한을 받음으로써, 독존하는 자로서 자기모순을 가지게 된다. 이에 반해 샹카라의 일원론은 현상을 단지 마야에 의한 가탁으로 주장함으로써 브라흐만의 초월성, 혹은 일원성을 잘 드러내고 있다. 그러나 현상을 설명하는 데 있어서 마야를 원인으로 주장하기 때문에 다시 새로운 형태의 이원론에 귀결될 위험을 가지고 있다.[27] 그래서 샹카라의 일원론에 대해 아비나바굽타는 다음과 같이 비판하고 있다.

---

25) *Brahmasūtraśaṅkarabhāṣya* 1.1.1.

26) *Bṛhadāraṇyakopaniṣad* 2.3.6. 샹카라는 상키야의 이원론의 난점에 대하여 마야설과 가탁설의 관념에 기대어 현현ābhāsa의 개념을 도입하는데 상키야설의 난점과 ābhāsa 개념에 대해서는 마에다 센가쿠(2005), pp. 165~170 참조.

27) 마에다 센가쿠는 "샹카라가 그의 후계자들에게 남긴 최대의 과제는 필시 무명의 문제일 것이다"라고 말하였다. 그러나 여기서는 더 이상 이 문제를 다루지는 않을 것이다. 브라흐만만을 유일한 실재로 내세우면서도 현상의 문제를 설명하기 위해 마야의 개념을 제시하여 발생한 이 문제에 대한 후대 베단타 학자들, 특히 Sarvajñātman의 학설에 대해서 마에다 센가쿠(2005), pp. 240~247 참조.

> 아비나바굽타는 말한다. 우리의 논쟁은 이원론에 내재한 모순 때문에 [실재가] 하나라는 사실에 기초하는 것이 아니다. 그것은 이[방법]을 인정하는 그대들의 접근법이다. [반면] 만약 [이원성과 단일성이 서로 모순되는 것이] 사실이라면 그들은 명백히 두 가지 [구별되는 실체들]일 것이다.[28]

이와 같이 기존의 이원론과 일원론을 거부하며, 재인식론은 상대적인 현상까지도 포함한 포괄적인 일원, 혹은 절대를 주장한다. 즉 이원성과 일원성을 포괄하는 절대적 일원을 내세운 것이다. 이 점에 대하여 카비라즈G. Kaviraj는 "마야를 브라흐만, 영원하고 실재인 것으로 인정함으로써, [탄트라에서] 브라흐만과 마야는 하나이며 동연同延적인 것이 된다"[29]라고 하였다. 이런 점에서 재인식론의 일원론은 상키야의 이원론과 현상을 배재한 일원론을 종합하여 극복한 새로운 형태의 일원론이라고 이해할 수 있다.

싱은 샹카라의 일원론에서 브라흐만은 지성知性, jñātṛtva만을 가진데[30] 비해 재인식론의 쉬바는 지성과 활동성活動性, kartṛtva을 같이 가진 것으로, 샹카라의 일원론과 재인식론의 일원론 간의 차이를 설명하고 있다.[31] 재인식론에서는 지知, jñāna도 일종의 행위kriyā이다. 만약 활동성을 가지지 못한다면 브라흐만은 어떤 대상도 알 수 없다. 다르게 표현하면 드러낼 수 없다.

또 샹카라의 일원론에서 마야는 규정 불가능한 것anirvacanīya으로 말해지지만, 재인식론에서는 쉬바의 힘의 하나인 마야의 힘māyāśakti으로, 실재이며, 다양성과 차이의 느낌을 불러 온다.[32]

---

28) *Mālinīvijayavārtika* 1.628.(*K.S.T.S.*, vol. 32), Dyczkowski(1989), p. 37 재인용.

29) Dyczkowski(1989), p. 37 재인용.

30) "아뜨만은 '정신성을 본성으로 하고(caitanyasvarūpa)', '각지覺知를 본질로 하고(bodharūpa)', '오직 지뿐인 것(cinmātra)' 이라 한다." 마에다 센가쿠(2005), p. 65 재인용.

31) *PH*, introduction. p. 22.

그렇기 때문에 샹카라에 있어 우주viśva는 비실재mithyā이지만, 재인식론에 있어서 우주는 완전히 실재하는 것이다. 따라서 해탈 시에 샹카라의 입장에서는 우주는 소멸되지만, 재인식론에서는 쉬바 의식의 형태로 나타난다.[33] 다시 말하자면 제한된 영혼jīva, 즉 유정有情들이 느끼는 방식으로 우주가 쉬바 내에 존재하는 것은 아니지만, 우주는 쉬바의 경험이나 관념의 형태로 존재한다.[34]

샹카라 일원론의 경우에 무명無明, avidyā은 지식vidyā에 의해 극복되어 해탈을 얻을 수 있다. 그러나 재인식론은 무지無知, ajñāna를 2종류로 나누고, 지식만으로는 해탈을 얻지 못한다고 한다. 2종의 무지란 개체의 근본적인 무지인 존재론적 무지pauruṣa ajñāna 그리고 지知적인 무지bauddha ajñā-na이다. 후자는 지식에 의해 극복된다. 그러나 전자는 깨달은 구루의 입문식dīkṣā이나, 신의 은총에 의한 '힘의 하강śaktipāta'을 통해 쉬바 의식의 존재 상태를 체험할 때 비로소 가능하다.[35]

3) 의식의 두 성질

동전의 양면 같은 의식cit의 두 성질, 프라카샤prakāśa와 비마르샤vimarśa를 설명하기 전에, 혼동을 피하기 위해 쉬바의 성질을 표현한 다양한 술어들을 정리하고자 한다. 쉬바와 샥티를 표현하는 다양한 술어들이 재인식론에 나타나는데, 그것들이 치트cit, 치티citi, 파라마쉬바paramaśiva, 쉬바śiva, 파라샥티parāśakti, 샥티śakti 등이다.

32) *PH*, introduction. p. 23.
33) *PH*, introduction. p. 25.
34) *PH*, introduction. p. 24.
35) 본서, pp. 225~227 참조.

먼저 의식cit 자체이면서 동시에 의식의 자기 인식의 힘citi, 즉 존재를 현현시키는 힘citi이기에, 쉬바이면서 동시에 전 우주로 현현해 있는 절대적 상태를 최상의 쉬바paramaśiva라고 한다.[36] 최상의 쉬바는 쉬바와 샥티가 불일불이의 상태로 존재하는 것이다.

일반적으로 쉬바라고 말할 때 이 최상의 쉬바의 개념이지만, 때로는 치티citi와 구별된 의식cit 자체만을 지시하는 좁은 개념으로 사용되는 경우도 있다. 또 치트cit로 파라마쉬바paramaśiva를 의미하는 경우도 있다.

샥티śakti는 존재를 현현시키는 쉬바의 힘을 의미하는데, 좁은 의미에서는 우주에 편재하고 일체 존재를 생성하는 일종의 에너지 개념으로 사용되지만, 보다 높은 의미에서는 쉬바의 치티citi적인 면을 의미한다. 후자의 개념으로 쓰일 때 샥티는 최상의 샥티parāśakti라고 표현된다.[37]

일반적으로, 특히 베단타에서 존재sat는 의식cit과 둘로 나눌 수 없기 때문에 sat-cit로 표현되었다. 특히 존재와 의식이 하나로 합일된 상태를 환희ānanda로 보고, 이를 satcitānanda로 표현했다. 이 관점에서 샥티와 구별된 개념으로써 쉬바śiva, 치티citi와 구별된 개념으로써 치트cit, 프라카샤prakāśa는 존재를 의미하는 sat 개념과 대응하고, 샥티śakti, 치티citi, 비마르샤vimarśa는 의식을 의미하는 치트cit 개념에 대응한다. 역

---

36) *PH*. p. 54에서는 다음과 같이 최상의 쉬바paramaśiva가 쉬바와 쉬바가 현현한 우주가 동연인 상태로 존재하는 개념인 것을 설명하고 있다. "우주를 초월하면서도 우주인, 최고의 축복이며 프라카샤의 덩어리로 이루어진 축복스러운 paramaśiva 속에서, 쉬바에서부터 地dharaṇi에 이르기까지 완전한 우주는 최상의 쉬바와 동일하게 빛난다(śrīmat paramaśivasya punaḥ viśvottīrṇa viśvātmaka paramānandamaya prakāśaikaghanasya evaṃ vidham eva śivādidharaṇyantam akhilaṃ abhedena iva sphurati)."

37) 또 맥락에 따라 최상의 언어parāvāk, 절대자유svātantrya, 지고aiśvarya, 활동성kartṛtva, 일어남sphurattā, 심장hṛdaya, 진동spanda이라고도 불린다.

시 이 관점에서 최상의 쉬바는 존재와 의식이 둘이 아닌 것을 의미하는 sat-cit(혹은 satcitānanda) 에 대응되는 개념이라고 생각하면 이해가 용이할 것이다.[38]

의식의 두 성질인 프라카샤와 비마르샤는 각각 치트cit(satcit의 sat적 측면)과 치티citi(satcit의 cit적 측면)에 해당한다고 할 수도 있을 것이다. 또 종교적인 의미에서는 각각 쉬바와 샥티에 해당한다.[39] 딕쿱스키는 일체 현상의 불변하는 존재론적 기반을 프라카샤라 하고, 절대자의 창조적 인식을 비마르샤라고 하면서, 이 둘이 함께 일체를 포괄하는 의식의 충만성pūrṇatā을 구성한다고 한다.[40] 이것이 바로 재인식론이 발전시킨 개념이고 웃팔라데바의 *IPK*의 핵심 개념이다.[41]

이렇게 재인식론에서 의식과 의식의 힘을 나타내는 용어들은 맥락에 따라 다양하게 혼용된다. 이것은 절대와 상대를 포괄한 일원론을 주장한 쉬바파 일원론의 입장 때문일 것이다. 즉 쉬바와 샥티, 혹은 치트cit와 치티citi는 결코 둘이 아니라, 하나의 양면을 다른 관점에서 지칭하는 것일 뿐이다. 이런 점에서 의식을 나타내는 용어들이 사용될 때, 어떤 맥락에서 사용되고 있는지를 주의 깊게 생각해야만 한다.

---

38) 이해를 위해 간단한 도표를 제시한다. 정확히 말한다면 이와 같은 대응이 각 개념의 정확한 의미를 드러내지는 못한다. 그러나 jñāna적 측면(sat, 혹은 존재론적 측면)과 kriya적 측면(cit, 혹은 인식론적 측면)의 양의兩義에서 표현되는 절대와 관련된 용어들이, 둘 중 어떤 측면에 주안을 두고 있는 용어인지를 이해하는 데 도움이 될 것이다.

베단타의 절대(의식) 개념		sat	cit	satcit(혹은 sarcitānanda)
쉬바교의 절대(의식) 개념	종교적 개념	śiva	śakti	paramaśiva
	철학적 개념	cit	citi	
	의식의 두 성질	prakāśa	vimarśa	

39) Pandit(2003), p. 56.

40) Dyczkowski(1989), p. 59.

41) Dyczkowski(1989), p. 59.

(1) 프라카샤prakāśa

*HP*에는 다음과 같이 프라카샤[의식의] 빛를 설명하고 있다.

> 의식의 빛prakāśa과 분리된 다른 것들, 즉 마야, 프라크리티 등등은 비非 프라카샤라는 성질에 의해 비존재이며, 실로 무엇에 대해서도 원인이 아니다. 프라카샤라는 성질에서, 프라카샤와 하나가 되는 것에서, 프라카샤의 성질을 가진 치티가 실로 원인이며, 다른 어떤 것들도 이것(즉 원인)이 아니다.[42]

프라카샤의 글자 그대로의 어의는 빛인데, 재인식론에서는 의식, 자아ātman가 현시하는 원리, 그것에 의해 모든 것이 알려지게 되는 원리를 말한다.[43] 무엇보다 먼저 의식의 성질은 프라카샤, 즉 빛으로 상징된다. 대개의 신비주의에서 신비적 각성의 순간은 보통 빛으로 상징되는 것과 같다.[44] 이런 점에서 재인식론의 내용도 본질적으로는 실재에 대한 직접적 경험을 표현하려 한 것이지, 단순한 철학적인 이론에만 그치는 것이 아니라는 점[45]을 염두에 두어야 한다. 초월과 내재[46]

---

42) *HP*, p. 47. "anyasya tu māyāprakṛtyādeḥ citprakāśabhinnasya aprakāśamānatvena asattvān na kvacid api hetutvam prakāśamānatve tu prakāśaikātmyāt prakāśarūpā citir eva hetuḥ na tv asau kaścit ǀ"

43) *PH*, Glossary of Technical Terms, p. 166.

44) Dyczkowski(1989), p. 61.

45) Dyczkowski(1989), p. 61.

46) 여기서 초월과 내재를 엄격한 철학적 의미를 두고 사용한 것은 아니다. 여기서 초월이란 의미는 상키야의 푸루샤처럼 시간성에 종속되지 않기 위해서, 프라크리티와는 본질적으로 다른 것이라는 점에서 현상에서의 초월을 의미한다. 내재란 진정한 일원론으로서 쉬바 외에 다른 원인은 없기 때문에 모든 존재물의 내재한 본질이라는 의미이다. 재인식론에서 쉬바란 이 두 가지 개념을 통합시킨, 논리적인 면에서 보면 다분히 모순적 개념이다. 말하자면 부동不動의 동자動者와 같은 개념이라고 할 수 있다.

라는 모순의 통일은 결국 논리적으로 이해 불가능한 것일 수도 있기 때문이다.

위의 인용문은 현상의 원인은 마야나 프라크리티와 같은 것이 아니고, 프라카샤 자체가 현상으로 현현한다는 내용이다. 그런데 이것은 프라카샤의 개념에 비마르샤의 의미를 이미 내포하고 있다. 샹카라와 재인식론의 궁극적 차이는 전자가 의식의 성질을 프라카샤, 즉 존재를 드러내는 지知, jñāna에만 국한하여 의식이 불활niṣkriya적이라고 주장하는데 비해, 후자는 의식이 프라카샤와 비마르샤의 통일된 상태sāmarasya라고 규정하는 데 있다.[47] 다시 말해 재인식론의 의식은 지성知性과 더불어 활동성活動性을 가진 것으로 규정된다. 그래서 프라카샤만을 따로 놓고 설명하기에는 어려운 점이 있으나, 일단 여기서는 딕콥스키의 서술에 따라 프라카샤의 개념을 고찰해본다.[48]

먼저 프라카샤는 '현상의 궁극적 자아ātman' 이다.[49] 라자나카 라마Rājānaka Rāma에 따르면 "태양이나 다른 빛과는 달리 이 빛은 일체를 드러낼 뿐 아니라 그것들의 궁극적 원천이다"[50]라고 한다. 일반적으로 빛은 사물을 드러내지만 빛과 사물은 다른 것인데 비해, 여기서는 빛 자체가 현상의 본질이다. 이에 대해 크세마라자는 제1 수트라의 주석에서 "이것(의식)만이 주관, 의식의 장, 객관으로 이루어지는 우주 현현의 원인이기 때문"[51]이라고 설명한다. 즉 프라카샤는 현상을 현현시킬

47) Pandit(2003), p. 15.
48) Dyczkowski(1989), pp. 60~61 참조.
49) *IPPV*, vol.Ⅱ.(*K.S.T.S.*, vol. 62) p. 68. "prakāśa eva arthasya ātmā"
50) *Spandakārikāvivṛtti*.(*K.S.T.S.*, vol. 6) p. 16. "nanu sūryādiprakāśāntargataṃ ghaṭapaṭādidravyaṃ tena tena rūpeṇa prakāśamānatvāt sattām āsādayati" Dyczkowski(1989), p. 60 재인용.
51) *PH*, p. 48. "yataś ca iyam eva pramātṛpramāṇaprameyamayasya viśvasya siddhau prakāśane hetuḥ"

뿐 아니라 현상의 본질이다.

둘째로 "프라카샤는 일체 현상들의 결합, 즉 단일성이며,[52] 모든 존재 범주들(36원리)의 집산적 전체이다."[53] 즉, 모든 현상의 본질로서 프라카샤는 시간과 공간을 초월하여 무시무종과 무한한 공간에 존재하는 모든 구성물의 포괄적 일체이기도 하다. 결코 프라카샤는 개별적 존재물과 같이 일정한 시공을 차지하는 존재가 아니다. 프라카샤는 그런 개별적 존재물들의 본질이며 동시에 일체 개별적 존재들의 총합이다. 시공 역시 프라카샤의 한 구성물일 뿐이며, 프라카샤의 구성물들 사이의 관계일 뿐이기에 시공에 의해서 프라카샤는 나뉘지 않는다.[54]

앞서 인용한 "신성한 의식만이 빛나는 자존성이며 거기에서 헤아릴 수 없는 세계의 존재가 발현한다라는, 거기에서 이 인과관계는 최상의 의미"[55]라는 *PH* 내용에서 보듯, 일즉다의 논리에서 일상적 의미의 시간적 인과관계는 초월된다. 변화는 프라카샤를 구성하는 개체적 구별자의 입장에서만 작동하는 것이며, 이미 그런 구분을 넘어선 인식상태에서는 시간은 영원한 현재이다. 그래서 시간을 영원한 현재로 만드는 프라카샤는 "늘 새롭고 비밀이면서 태고의 것이며 모두에게 알려진 것"[56]으로 말해진다.[57]

---

52) *Mahārthamañjarī*(K.S.T.S., vol. 11) p. 132. "tenānekasya rūpasya śleṣa aikātmyam-eva saḥ"

51) *PH*, p. 48. "yataś ca iyam eva pramātṛpramāṇaprameyamayasya viśvasya sidd-hau prakāśane hetuḥ"

52) *Mahārthamañjarī*(K.S.T.S., vol. 11) p. 132. "tenānekasya rūpasya śleṣa aikātmyam-eva saḥ"

53) *Mahārthamañjarī*(K.S.T.S., vol. 11) p. 10. "prakāśaikasvabhāvaḥ ṣaṭtriṃśattattvasa-ṃpiṇḍanātmā"

54) Dyczkowski(1989), pp. 60~61 참조.

55) 본서, p. 179 참조.

56) Parātrīśkālanghuvṛttiḥ(K.S.T.S. vol. 68.), intro verse. 3. "sadābhīnavaguptaṃ yatpur-āṇāṃ ca prasiddhimat"

그런데 이와 같이 프라카샤는 모든 개체적 현상들의 총합이기도 하지만, 개체적 현상의 본질이기에 결코 현현된 대상들, 즉 개체적 현상들의 총합과 단지 동일한 것이 아니다. 다시 말해 프라카샤는 개체적 현상을 초월한 본질이기도 하다.[58]

이것은 마치 거울에 비추어진 영상이 거울의 비추는 성질과 분리된 것은 아니지만, 결코 거울 자체와 동일한 것은 아닌 것과 같다. 판디트는 이를 아래와 같이 설명하고 있다.

> 영상pratibimba과 영상의 원래 대상bimba[59]은 차이가 있는데, 이것은 우리가 사는 세계는 쉬바와 다르다는 것을 의미한다. 영상으로서의 세계는 쉬바와 구분되는데 이것은 영상으로서의 전자가 후자가 존재하는 것과는 존재론적으로 본질적 측면에서 동일한 것이 아니라는 점에서이다. 여기에서 영상은 실재이면서도 비실재이기도 하다는 점이 도출된다. 영상의 원래 대상, 즉 쉬바와 본질적으로 동일한 것으로 이해된다는 점에서 이것은 실재이지만 영상이 존재해 나타나 있는 것 자체[60]가 아니라는 점에서 그것

---

57) 이와 같은 일상적 개념으로는 프라카샤(혹은 의식)를 설명할 수 없는, 불가설명성을 *Trikasāra*에서는 다음과 같이 말하고 있다. *PH*, p. 49 재인용. "자신의 발로 자신의 머리의 그림자를 넘어 뛰려고 시도하는 자의 머리가 자신의 발이 있는 장소에 결코 있지 않을 것처럼 baindavī kalā 역시 그렇다.(svapadā svaśiraśchāyāṃ yadval laṅghitum īhate | pādoddeśe śiro na syāt tatheyaṃ baindavī kalā iti)"; baindavī kalā는 의식의 아는 힘, 즉 의식 자체를 말한다. 다리는 지식(주객이 만나는 의식의 장, pramāṇa)에 해당되고 머리는 주관pramātā에 해당한다. 머리의 그림자가 발의 위치에서 늘 벗어나 있기에 발로 머리의 그림자를 넘는 것이 불가능한 것과 마찬가지로, 지식의 다양한 수단들을 통해 아는 자를 아는 것은 불가능하다. 왜냐하면 다양한 수단들은 자신의 존재 근거를 아는 자Baindavī kalā에 두고 있기 때문이다." *PH*, p. 126.note. 26 참조.

58) *PH*. p. 54. "최상의 쉬바는 우주를 초월하면서 우주를 구성한다 ……(śrīmat paramaśivasya punaḥ viśvottīrṇaviśvātmaka ……)."

59) 영상은 곧 현상을 말하는 것이며, 영상의 원래 대상이란 현상으로 나타난 절대, 즉 쉬바를 말한다.

은 비실재이다. 거울 속의 얼굴 영상은 실제적인 살과 뼈로 이루어진 것은 아니라 단지 영상의 원래 대상의 영상일 뿐이기 때문이다.[61]

재인식론은 현상의 다른 원인을 인정하지 않기 때문에 영상의 원래 대상은 쉬바 외에 따로 존재하지 않는다. 일반적으로 거울에 어떤 영상이 비칠 때 3가지 요소를 생각할 수 있다. 영상, 거울, 영상의 원래 대상의 3가지가 그것이다. 이를 통해 현상과 본체의 관계를 설명하는 이론을 영상설映像說, pratibimbavāda이라고 한다. 영상pratibimba은 의식의 절대자유svatanra일 뿐, 의식이 아닌 영상의 원래 대상bimba같은 다른 원인은 쉬바 외에 없다는 것이 재인식론의 기본 사상이다. 이것은 *PH*의 제2 수트라에서 아래와 같이 단정적으로 말해진다.

스스로에 의해서 자신에게 우주를 현현시킨다.[62]

재인식론에서 영상은 거울의 드러내는 힘에 의해 존재할 뿐이다. 다시 말해 현상은 의식이라는 본질의 절대자유svatantra에 의해 나타난 것이다. 현상이 드러난다는 것은 그 현상을 경험하는 것이며, 경험은 '나는 이것을 본다' 는 형식으로 언제나 주객의 결합 형태로 나타난다. 만약 의식이 현상과 동일하다면, 좀 더 엄밀히 말해서 주관과 객관이 하나가 되면 경험은 가능할 수 없다. 의식은 스스로를 현상으로 드러내면서 현상으로 나타난 스스로를 인식한다. 다시 말해 의식은 현상을 경험하는 자prakāśaka이며, 드러난 현상prakāśaya이며, 현상을 경험하는 자와 드러난 현상이 불가분리의 하나로서 존재하는 지知의 빛prakāśa

60) 실재하는 것, 즉 쉬바.

61) Pandit(2003), p. 189.

62) *PH*, p. 51. "svecchayā svabhittau viśvam unmīlayati ||2||"

이다.[63]

그래서 현상은 쉬바의 드러난 형태라는 점에서 쉬바와 다른 것이 아니지만, 현상 그 자체가 쉬바가 아니라는 점에서 현상이 바로 프라카샤라고 말할 수 없는 것이다.

재인식론의 본체와 현상 간의 관계가 난해해 보이는 것은 쉬바, 혹은 의식이 모든 것을 드러내는 빛으로서 초월적인 성격과 더불어 모든 것의 질료인으로서 내재적 성격을 동시에 지니기 때문이다. 상키야의 푸루샤나 샹카라 일원론의 브라흐만은 단지 지성만을 가진, 다시 말해, 단지 프라카샤였다면, 재인식론의 쉬바, 혹은 의식은 스스로를 현상으로 드러내어, 스스로를 인식하는 활동성, 비마르샤를 가진다.

(2) 비마르샤Vimarśa

재인식론에서 의식은 시간성을 벗어난 영원한 빛, 혹은 지知로서 초월이면서, 동시에 스스로 분열하여 스스로를 인식한다. 다시 말해 절대이면서, 동시에 스스로를 제한된 존재로 현현한다. 이것이 쉬바의 스바탄트라svatantra이다.[64] 이 중 스스로 분열하여 스스로를 인식하는 의식의 활동성적인 측면을 비마르샤라고 한다. 바로 이것이 쉬바파 일원론자들이 발전시킨 가장 중요한 개념이다.

비마르샤는 어원적으로 '둘', 혹은 '나뉘다'란 의미를 가진 vi와, 촉觸의 의미를 가진 mṛś가 합해진 단어로, 두 개로 나뉜 것이 맞물린 것을 의미한다고 할 수 있을 것이다.[65] 이것은 의식이 스스로를 이분하여 자기 인식한다는 내용을 함축한다. 이 비마르샤의 개념을 통해

63) Dyczkowski(1989), p. 63.

64) *PH*, introduction. p. 16. "parāvāk, Vimarśa, aiśvarya는 svatantra와 동의어일 뿐이다."

65) J. Singh은 이 용어의 語義를 정신적 접촉mentally touch으로 풀고 있다. *PH*, p. 125.note.20.

앞서 말한 "프라카샤는 개체적 현상의 본질이면서 동시에 모든 개체적 현상들의 총합이기도 하지만, 결코 현현된 대상 그 자체와 동일한 것은 아니다"라는 내용을 조금 더 이해할 수 있다. 이를 위해 절대와 현상 간의 관계에 대한 인도의 전통적인 입장을 고찰해본다.

인도의 우주론은 전통적으로 집합설ārambhavāda, 전변설pariṇāmavāda, 가현설vivartavāda의 3종으로 나뉜다. 집합설은 원인과 결과는 완전 다르다는 입장으로, 결과는 여러 종류의 원인이 결합하여 생하며, 모든 것은 원자의 결합에서 생한다는 니야야, 와이세시카 학파의 입장이다. 이는 여기서 일단 논외로 한다.[66] 전변설은 상키야와 초기 베단타의 입장이며, 가현설은 샹카라 이후 일원론자들의 주된 입장이다. 전변설과 가현설의 차이를 다르마라자Dharmarājā는 다음과 같이 정의한다.

> 전변이란 질료인과 동일한 실재성을 갖는 결과가 생하는 것이다. 가현이란 질료인과 다른 실재성을 갖는 결과가 생기는 것이다.[67]

베단타 일원론에서 브라흐만은 실재하는 것이고, 우주는 브라흐만의 가현으로 이 둘은 같은 것일 수 없다. 이 점 때문에 우주의 질료인upādāna으로서 마야를 상정할 수밖에 없었고, 아비나바굽타와 같은 쉬바파 일원론자들은 이 입장을 또 다른 형태의 이원론이라고 비판하였다.

이 문제를 해결하기 위해 쉬바파 일원론자들은 비마르샤라는 개념을 제시했다. 가현론에서 우주는 의식(브라흐만) 외부에 현현한다. 그래야만 브라흐만은 현상에 대해 초월성을 유지할 수 있기 때문이다. 즉 시간성 속에서 변화하는 현상의 속성을 마야에 돌림으로써, 시간과 변화를 초월한 영원한 존재로서 브라흐만의 초월성을 유지할 수 있었

66) 마에다 센가쿠(2005), p. 107.

67) *Vedāntaparibhāṣā* 1.85. 마에다 센가쿠(2005), p. 107 재인용.

다. 그러나 비마르샤는 의식(쉬바)이 스스로를 이분하여 자신의 내부에 현상을 현현시키는 활동성이다. 이것이 두 관점의 결정적 차이이다. "자신의 의지로 자신의 부분에 우주를 현현한다"는 *PH*의 제2 수트라는 이것을 의미하는 것이다.

스스로 분열하여 스스로를 인식하는 의식의 자기인식이라는 활동성을 비마르샤라고 한다. 만약 의식의 비마르샤성性이 인정되지 않는다면 현상은 드러나지 않을 것이다. 아비나바굽타는 다음과 같이 말하고 있다.

> 대자재신(maheśvara, 쉬바)이 무한한 다양성 속에서 나타나지 않고, 고립된 단일성 속에만 놓여 있다면, 그것은 대자재신도, 의식saṃvit도 아니며, 다만 항아리와 같은 것일 뿐이다.[68]

절대자(즉 의식)가 단지 프라카샤만으로, 즉 아무런 속성을 가지지 않은 단순한 지성知性, prakāśa만으로 이루어진 것이라면, 절대자는 개체적 무정물처럼 그저 존재할 뿐, 현상을 인식할 수 없다. 의식이 단순한 지성 이상의 빛으로서 존재를 드러내면서, 동시에 그것을 알 수 있는 것은 비마르샤성性, 즉 의식의 자기인식에 의한 것이다. 이것에 의해 존재하는 모든 것들은 비로소 존재하고 드러나게 된다. 그리고 그것은 자기가 자기를 보는 것이기 때문에 의식과 우주는 다른 것이 아니다.

---

68) *TA*, 3. 100.(*K.S.T.S.*, vol. 28) p. 108. "asthāsyadekarūpeṇa vapuṣā cenmaheśvaraḥ || 3-100|| maheśvaratvaṃ saṃvittvaṃ tadatyakṣyad ghaṭādivat |"

2. 우주론

쉬바파 일원론의 궁극실재로서 의식은 우주의 모든 개별적 형태들을 자기 안에 내포하고 있다. 재인식론은 의식을 '공작의 난황卵黃, mayūrāṇḍarasanyāya'에 비유한다. 마치 공작의 아름다운 깃털 등이 난황 속에 나뉘지 않은 상태로 들어 있듯이, 우주의 모든 현상은 의식 속에서 완전한 통일과 분리되지 않은 한, 한 덩어리의 상태로 존재한다는 것이다.

그런데 난황의 상태는 상키야 전변설의 질료인upādāna kāraṇa인 프라크리티와 다른 것이다. 재인식론이나 상키야나 원인 중에 결과가 있다는 인중유과론의 입장을 견지한다. 그러나 재인식론의 인과론은 원인인 의식과 결과인 우주를 동연적인 것으로 본다. 그래서 원래 의식으로서 하나인 쉬바는 다양하게 나타난 우주와 다른 것이 아니다. *PH*의 제7 수트라는 아래와 같이 말하고 있다.

> 그리고 그(cit)는 하나로, 두 형태로, 셋으로 구성된 것으로, 넷의 자아로, 35개의 자성으로 [현현한다].[69]

여기서 '하나'란 쉬바를 말한다.[70] '두 형태'라는 것은 *PH* 제2 수트라의 내용처럼 우주적 의식이 '스스로에 의해서 자신에게 우주를

69) *PH*, p. 63. "sa caiko dvirūpas trimayaś caturātmā saptapañcakasvabhāvaḥ ||7||"
70) *PH*, p. 63. "실로 cit의 본성을 가진 위대한 쉬바는 유일한 아트만으로 다른 어떤 것도 아니다.(cidātmā śivabhaṭṭāraka eva eka ātmā na tu anyaḥ)"

현현' 하기 때문에, 프라카샤성性과 응축되어 현현한 우주라는 두 형태로 존재하는 것을 말한다.[71] 즉 경험자와 경험되는 자의 2종으로 나뉜다. '세 가지로 구성된다' 는 것은 주관들이 3종의 말라mala에 의해 나누어지는 것을 말한다.[72] 말라는 뒤에서 따로 설명할 것이지만, 뒤에 이어지는 '7종saptaka의 성질' 로 나뉘는 주관pramātṛ들을 구분할 때 관련을 가진다.[73] '네 가지의 아트만' 이란 자아ātman가 공空, 프라나prāṇa, 미세신, 조대신의 4종으로 나타나는 것을 말한다.[74]

'7곱하기 5의 성질을 가진 것saptapañcakasvabhāvaḥ' 은 크세마라자의 자주自註에 따르면 "7곱하기 5의 것들은 쉬바를 비롯하여 지地까지 35원리들이고, 이것들을 본성으로 갖는다"[75]로 해설되어 있다. 그런 의미에서 'saptapañcaka' 라는 부분은 7곱하기 5정도로 해석되어 35원리를 지시한다고 할 수 있을 것이다. 재인식론의 우주론인 35원리는 상키야 전변론의 25원리와 밀접한 관련을 가진다. 상키야의 전변론은 이런 맥락에서 5곱하기 5로 말해질 수 있을 것이다. 먼저 푸루샤와 프라크리티 그리고 3종의 내부기관을 합한 5종이 첫 번째 그룹이고, 다음으로 5종의 인식기관, 5종의 행위기관, 5종의 미세원소, 5종의 조대원

71) *PH*, p. 64. "실로 프라카샤의 스바탄트라에 의해 프라나 등의 응축과, 응축된 대상들의 (개체적) 주체 상태인 것처럼 짐짓 나타나기 때문에, 그것은 프라카샤성과 응축된 현현의 두 형태로 나타난다(prakāśa eva yataḥ svātantryāt gṛhītaprāṇādisaṃkocaḥ saṃkucitārthagrāhakatām aśnute tato 'sau prakāśarūpatva saṃkocāvabhāsavattvābhyāṃ dvirūpaḥ)"

72) *PH*, p. 64. "āṇava, māyīya, kārma의 말라에 덮임으로써 세 가지로 구성된다.(āṇava māyīya kārmamala vṛtatvāt trimayaḥ)."

73) 본서, pp. 212~214 참조.

74) *PH*, p. 64. "공空, śūnya, 기氣, prāṇa, 미세신puryaṣṭaka, 조대신śarīra의 성질로부터 네 가지가 된다(śūnyaprāṇapuryaṣṭakaśarīrasvabhāvatvāt caturātmā)."; puryaṣṭaka는 글자 그대로는 8도시를 말하는 것으로 5유唯와 3종 내부기관인 아함카라, 붓디, 마나스로 이루어진 미세신sūkṣmaśarīra을 의미한다.

75) *PH*, p. 64. "saptapañcakāni śivādipṛthivyantāni pañcatriṃśattattvāni tatsvabhāvaḥ."

소의 순으로 총 5곱하기 5의 25원리로서 우주를 설명하고 있다.

여기에 *PH*에서는 5종의 순수전개원리śuddhasṛṣṭi tattva와 5종의 덮개kañcuka라는 두 그룹을 25원리의 상위에 두어서 총 35원리로 구성된 우주론을 주장한다. 이렇게 상키야의 이원적 우주를 초월한 곳에 일원적 의식 차원이 있다는 것이 쉬바파 일원론의 우주론의 핵심이다.

이하에서는 *PH*에 나타난 재인식론의 우주론을 35원리설, 7종 주관론을 중심으로 고찰한다. 이것은 재인식론의 우주론의 가장 기본이 되는 것이기 때문이다.[76] 이 두 이론은 밀접한 관련을 가진 것으로, 35원리설은 우주의 전개 과정, 즉 의식이 물화物化되어 가는 각 단계를 범주적으로 다룬데 비해, 7종 주관론은 우주 전개의 과정을 주관의 의식 수준 차이로 7단계로 대별하여 요가수행과 관련을 가지는 데 차이가 있다.

1) 36원리설

35원리pañcatriṃśat-tattva는 일반적으로 36원리로 알려져 있는데, 이는 5종의 덮개kañcuka를 통괄하여 마야māyā라는 표제를 개별적인 원리로 두었기 때문이다. 그러나 실제적으로 덮개는 5종이며 마야는 덮개를 통괄하는 표제적 의미만을 가지기 때문에 마야를 포함하는 경우는 36원리로 부르고, 포함하지 않는 경우는 35원리로 명명하는 것으로 보인다. 여기서는 일반적인 예를 따라 36원리로 명명하고자 한다.

36원리 중에서 제1, 제2 원리인 쉬바와 샥티는 우주의 원인인 의식 자체의 속성이므로 우주에 포함되지 않는다. 그래서 크세마라자는 36

76) Tantrāloka, 9.51~52. "35원리설과 7종 주관론은 트리카우주론의 기초다." Pandit(2003), p. 236 재인용.

원리를 다루는 제3 수트라의 자주自註를 제3원리인 영원한 쉬바sadāśiva 원리에서 시작하고 있다. 그러나 여기서는 쉬바와 샥티까지 포함하여 설명하고자 한다. 36원리를 아래의 표에 제시한다.

【표 14】 36원리

[1] 순수전개 원리(śuddhasṛṣṭi tattva, śuddha adhvā)
우주적 현현 이전의 원리
1. 쉬바
2. 샥티
<anāśrita śiva>
우주적 현현 이후의 원리
3. sadāśiva(영원한 쉬바)
4. iśvara(자재신)
5. śuddha vidyā(청정지)
<mahamāyā>
[2] 불순전개 원리(aśuddhasṛṣṭi tattva, aśuddha adhvā)
(1) 마야와 5종의 kañcuka(덮개)
6. māyā
7. kalā(부분)–쉬바의 sarvakartva(일체행위성)의 제한
8. vidyā(지혜)–쉬바의 sarvajñātva(일체지성)의 제한
9. rāga(욕망)–쉬바의 pūrṇatva(충족성)의 제한
10. kāla(시간)–nityatva(영원성)의 제한
11. niyati(제한)–svatantratā(절대자유성)과 vyapakatva(편재성)의 제한
(2) 푸루샤, 프라크리티와 3종의 내부기관(antaḥkaraṇa)
12. 푸루샤
13. 프라크리티
14. ahaṃkāra(覺)
15. buddhiḥ(我慢)
16. manas(意)
(3) 5종의 인식기관(5知根, pañca jñānendriya)
17. śrota(耳)

18. tvak(皮膚)
19. cakṣu(眼)
20. rasanā(舌)
21. ghrāṇa(鼻)
(4) 5종의 행위기관(5作根, pañca karmendriya)
22. vak(言語)
23. pāṇi(手)
24. pāda(足)
25. pāyu(排泄)
26. upastha(生殖)
(5) 5종의 미세원소(5唯, pañca tanmātra)
27. śabda(聲)
28. sparśa(觸)
29. rūpa(色)
30. rasa(味)
31. gandha(香)
(6) 5종의 조대원소(5大, pañca māhābhūta)
32. ākāśa(空)
33. vāyu(風)
34. tejas(火)
35. jala(水)
36. pṛithvī(地)

위의 36원리는 크게 순수전개원리, 그리고 마야 이하의 불순전개원리의 2종으로 크게 나뉜다. 그리고 원리tattva라기보다는 존재론적 위치를 나누는 일종의 경계선 역할을 하는 반半원리, 혹은 상태avasthā가 아나쉬리타쉬바anāśritaśiva와 마하마야mahamāyā의 2종이 있다.

순수전개원리로 불리는 이유는 이 원리들에서는 비록 의식이 '이것idam' 이라는 대상을 투사하기는 하지만, 이때의 '이것' 은 아직 주관과 객관의 이원으로 분리된 상태가 아니기 때문이다. 이 원리들에서 투사된 '이것' 은 의식 내부의 자기 분열일 뿐, 아직 의식 외부에 나타나는 것처럼 나타나지 않는다.

'이것'이 외부적 대상성을 가지고 나타나는 것은 제6원리 마야māyā가 작동한 이후이다. 구별bheda과 말라mala가 나타나 작동하는 것은 바로 불순전개원리 이후부터이다. 비록 '이것'이 나타나더라도 단지 의식 내의 자기 분열이었던 것이, 마야에 의한 제한kañcuka을 따라 의식 밖에 존재하는 것처럼 주체와 객체의 개체적 사물들로 나타난다. 이 개체적 사물들이 나타나 정신, 물질적인 세계를 만들어 내는 과정은 상키야의 25원리설과 동일하다.[77]

(1) **순수전개원리**śuddhasṛṣṭi tattva

크세마라자는 36원리설을 *PH*의 제3 수트라의 자주自註를 통해 설명하고 있다. 그는 우주를 인식하는 주관의 의식 수준에 따라 그에 따른 객관으로서 우주가 다양하게 나타난다고 한다. 그리고 우주의 첫 현현이 시작되는 제3원리인 영원한 쉬바의 원리부터 각 원리들의 상태에 해당하는 주관과 그에 대응하는 객관을 설명하고 있다. 제3 수트라는 아래와 같다.

> 그것(우주)은 주관과 객관의 구별에 따라 다르게 [나타난다.][78]

순수전개원리는 최상의 쉬바paramaśiva의 5종의 힘śakti의 전개와 관련을 가진다. 최상의 쉬바에 대해서는 *PH* 제3송의 주석 끝부분에 다음

77) 단, 상키야에서 푸루샤는 오직 지성知性만을 가진 의식으로 궁극적 존재이지만, 36원리설에 있어서 푸루샤는 무한한 쉬바의 힘이 5종의 덮개에 의해 응축된, 개체적 존재의 주관일 뿐이다. 또 상키야는 프라크리티를 다수의 푸루샤들에 공통된 기반으로 단일한 것으로 보지만, 36원리설에서는 프라크리티가 각각의 푸루샤에게 각각 존재한다고 한다.

78) *PH*, p. 52. "tan nānā anurūpagrāhyagrāhakabhedāt ||3||"

과 같이 설명된다.

> 상서로운 최상의 쉬바는 또한 우주를 초월하고, 우주의 본질이고, 최상의 환희로 이루어지며, [의식의] 빛prakāśa과 하나인 것이며, 쉬바로부터 지地, dharaṇi에 이르기까지 완전히 차별 없이 빛난다."[79)]

최상의 쉬바란 우주를 초월한 것이며, 동시에 우주인 것이 동연관계로 존재하는 것을 말한다. 이 최상의 쉬바는 무한한 힘(샥티)을 가지는데, 가장 중요한 것은 의식cit, 환희ānanda, 의지icchā, 지jñāna 그리고 행위kriyā의 5종의 힘pañcaśakti이다. 다음의 설명은 최상의 쉬바와 5종의 힘의 관계를 잘 나타내고 있다.

> 자신의 세 갈래 심장icchā, jñāna, kriyā에서 나온 감로와 고기로 고양되어, 환희로 충만된 쉬바 자신이 그의 얼굴을 들어 그 자신의 광휘를 응시하는 것이 샥티다.[80)]

이 설명을 통해 쉬바가 스스로를 보는 것을 샥티라 하고, 쉬바의 본질은 세 갈래 심장hṛdayatrikoṇa인 의지, 지혜, 행위의 샥티라는 것을 알 수 있다. 이렇게 5종의 힘의 관계로 설명할 수 있는 존재가 바로 최상의 쉬바이다.

36원리의 제1원리로서의 쉬바는 최상의 쉬바의 의식cit적 측면이다.

---

79) *PH*. p. 54. "śrīmatparamaśivasya punaḥ viśvottīrṇa viśvātmaka paramānandamaya prakāśaikaghanasya evaṃvidham eva śivādidharaṇyantam akhilaṃ abhedena iva sphurati"

80) *Mahārthamañjarī*(K.S.T.S., vol. 11). *PH*, introduction, p. 9 재인용. "sa eva viśvameṣituṃ jñtuṃ kartu conmukho bhavan | śaktisvabhāvaḥ kathito hṛdayatrikoṇa-madhumāṃsalollāsaḥ ||"

제1원리로서 쉬바는 최상의 쉬바 개념이 아니라, 다른 원리들의 원인이라는 개념 정도의 쉬바이다. 그러나 이 두 개념의 쉬바가 다른 것은 아니다. 쉬바가 나머지 다른 원리들의 원인이라는 것은 일반적 인중유과론과는 달리 쉬바를 질료인으로 하여 우주가 발생한다는 것이 아니라, 동연적 인과관계에 있는 나머지 원리들의 원인이라는 의미여서, 원인인 쉬바와 그 결과인 우주가 다른 것이 아니라는 것을 나타내려는 것이다.

제2원리인 샥티는 최상의 쉬바의 환희ānanada적 측면이다. 환희란 치티citi의 우주를 현현하는 힘, 즉 절대자유svatantra[81]를 의미하기에 샥티와 다르지 않다. 싱은 샥티의 정의를 위해 "쉬바가 자신의 심장 속에 함축된 우주의 온전한 광휘를 드러내려 할 때 쉬바는 삭티로 나타난다"[82]라고 『마하아르트타만자리*Mahārthamañjarī*』의 설명을 인용하고 있다. 이를 통해 쉬바와 샥티가 다른 것이 아니라 쉬바에 내재한 우주가 현현하는 역동적인 힘의 측면을 샥티라고 하는 것을 알 수 있다.

프라카샤와 비마르샤의 개념으로 설명한다면 제1원리 쉬바는 의식의 두 성질 중 하나인 프라카샤에 대응하고, 제2원리 샥티는 의식의 비마르샤성에 대응하는 개념으로 볼 수 있다. 의식은 제1원리 쉬바와 제2원리 샥티가 불이의 관계로 존재하여 우주를 초월한viśvottīrṇa 것이지만, 제3원리 이하부터 불이의 관계에 분열이 일어나기 시작한다. 이것이 우주viśva의 시작이다.

그런데 쉬바와 샥티의 불이상태와 우주가 처음 나타나는 최초의 주

81) *Tantrasāra,* Āhn.1.(*K.S.T.S.* vol. 17). *PH.* introduction. p. 7 재인용. "svātantryam ānanadaśaktiḥ"

82) *Mahārthamañjarī*(*K.S.T.S.* vol. 11). *PH,* introduction. p. 9 재인용. "쉬바가 자신의 심장에 머무는, 방사되지 않은amukta 형태의 대상성을, 외부에 드러내려 얼굴을 들 때 삭티라고 이름한다(yadā svahṛdayavartin amuktarūpam arthatattvaṃ bahiḥkartumunmukho bhavati tadā śaktiriti vyavahriyate)."

객 분열의 순간 사이에는 아나쉬리타쉬바anāśritaśiva라고 하는 경계가 있다. 크세마라자는 다음과 같이 말한다.

> 위대한 최상의 쉬바는 [자신의] 자성과 통일된 것으로서 존재하는, 영원한 쉬바 등의 형태들로 [구성된] 우주를 현현하려 [할 때], 먼저 의식의 통일성에 대한 무지로 구성된, [의식의] 빛과 다르지 않은 것으로서 빛나지만, 공성空性보다 공空한 아나쉬리타쉬바로부터 [시작한다].[83)]

아나쉬리타anāśrita는 '기반이 없는', '독립적인'의 의미를 가지며 아나쉬리타쉬바anāśritaśiva란 어떤 대상도 가지지 않은 의식의 주관적 측면을 의미한다. 재인식론에서 진정한 자아의 체험이란 모든 대상, 혹은 경험이 쉬바라는 것을 아는 의식의 통일성cidaikya의 체험이다. 주객 구분의 분별없이 존재가 바로 의식인 신비적 의식이요, 존재 그 자체라고 할 수 있을 것이다.

아나쉬리타쉬바의 상태avasthā란 주객 구분 없는 의식의 통일성 단계에서 최초의 주객 구분이 발생하는 제3원리 사이에서 대상성 없이 주관성의 상태로만 존재하기 때문에, 이것은 알려질 수 있는 것이 아니고, 단지 존재할 뿐이다. 그런데 과연 이것을 존재라는 말로 규정할 수 있느냐가 문제가 될 것이다. 여기서 아나쉬리타쉬바가 존재한다는 것은 상대적인 유무有無의 유有로 존재한다는 것을 의미하지 않는다. 그래서 위에서 아나쉬리타쉬바는 "[의식의] 빛과 다르지 않은 것으로서 빛나지만, 공空보다 더 공하다"고 말하는 것이다. 주관성 그 자체이기에 프라카샤 개념에는 속할 수 있지만 대상없는 주관, 아무런 내용

83) *PH*. p. 55. "śrīparamaśivaḥ svātmaikyena sthitaṃ viśvaṃ sadāśivādyucitena rūpena avabibhāsayiṣuḥ pūrvaṃ cidaikyākhyātimaya-ānāśritaśiva-paryāyaśūnyātiśūnyātmatayā prakāśābhedena prakāśamānatayā sphurati"

을 가지지 않은 텅 빈 의식이란 아무것도 아니기 때문이다.

주객이 서로 관계를 가져야만(통일된 상태로 관계하거나, 아니면 분열된 상태로 관계하거나 간에) 그 존재론적 지위를 확보할 수 있다. 아나쉬리타쉬바의 개념은 주관성만 존재하는 단계로, 어떤 존재론적 지위도 확보하지 못하고, 단지 주객 통일과 분열의 경계선적 역할만을 한다. 그래서 이것은 원리가 아니고 반半원리, 혹은 상태일 뿐이다.

주객 사이에 음영이 생기면서 우주가 현현하는 실제적 첫 원리는 제3원리인 영원한 쉬바sadāśiva의 원리 단계에서이다. 실제적인 주객 분열의 첫 단계인 제3원리, 영원한 쉬바의 단계는 최상의 쉬바의 의지의 힘icchāśakti이 드러난 상태이다. 이것은 쉬바가 자신을 드러내려하는 의지의 단계에서 나타나는 잠정적 주객 분리 상태이기 때문이다. 크세마라자는 *PH* 제3 수트라 주석에서 영원한 쉬바 원리를 다음과 같이 설명한다.

> 거기 영원한 쉬바 원리에서 나성性이 지배적이고 이것성性은 불명료해서, 절대이면서 상대인 성질의 우주라는 객관[이 있다]. 성스러운 영원한 쉬바의 영역에는 만트라마헤스바리mantramaheśvara로 불리는 [주관들이] 최상의 자재신의 의지에 대응하여 머문다.[84)]

이 원리는 사다크흐야사트바(sādākhyatattva, 존재라고 불리는 원리)라고도 하는데, 이 상태는 나성性, ahantā이 지배적이어서 '내가 있다'라는 경험을 하는 의식이다. 그러므로 아직 이것성idanā의 경험은 일어나지 않았다고 해야 하지만, '나aham'를 상정하는 것은 암묵적으로 '이것idam'을

84) *PH*, pp. 52~53. "tathā ca sadāśivatattve 'hantācchāditāsphuṭedantāmayaṃ yādṛśaṃ parāpararūpaṃ viśvaṃ grāhyaṃ tādṛg eva śrīsadāśivabhaṭṭārakādhiṣṭhito mantramaheśvarākhyaḥ parameśvara icchāvakalpita tathāvasthānaḥ |"

전제하는 것이기 때문에, 이것성은 불명료asphuta하다는 것이다. 그래서 이 원리에서는 주관과 동일하면서도 동시에 다른, 즉 절대이면서 상대인 성질parāpararūpaṃ의 우주가 객관이다.[85] 영원한 쉬바 원리의 존재성을 경험하는 주관을 만트라마헤스바라mantramaheśvara라고 한다.

제4원리인 자재신iśvara 원리를 *PH*는 아래와 같이 설명하고 있다.

> 자재신원리에서는 이것性과 나性의 동등함이 명료한 상태의 우주의 객관이 [있다]. 그렇다 하더라도 위대한 자재신의 영역에는 일련의 mantreś-vara[가 있다.][86]

이 원리에서는 객관을 알고자 하는 의도가 더 강해진 상태여서, 이것idam의 개념이 앞의 원리보다 더욱 명료해진다. 그래서 최상의 쉬바의 지혜jñāna적인 측면이 강한 특징을 가진다.[87] '나는 이것이다ahami-dam, 혹은 나는 존재한다' 라는 상태가 영원한 쉬바 원리의 의식 상태라면, 이 상태는 '이것은 나다idantāhantā' 라는 상태이다. 즉 영원한 쉬바 원리에서는 '나' 라는 의식만이 지배적이고 '이것' 이라는 개념은 암묵적인데 비해, 자재신 원리에서는 '이것' 이 드러나되sphuta, 이것을 분리 없이 나로 느끼는 상태이다. 이 상태를 경험하는 주관을 만트라마헤쉬바라라고 한다.

---

85) 이것은 비단 영원한 쉬바 원리의 우주만이 아니라 그 이하의 다른 순수전개원리들에서도 마찬가지다. 순수전개원리들에서, 우주는 비록 주관과의 사이에 음영을 가지고 있지만, 불순전개원리에서 보이는 의식 외적인 것으로 나타나는 주객분리는 나타나지 않는다.

86) *PH*, p. 53. "īśvaratattve sphuṭedantāhantāsāmānādhikaraṇyātma yādṛg viśvaṃ grāhyam tathāvidha eva īśvarabhaṭṭārakādhiṣṭhito mantreśvaravargaḥ |"

87) "이 단계에서 경험의 대상적 면, 즉 '이것(우주)' 은 명확히 규정된다. 그래서 jñānaśakti가 지배적이다." in *Vivaraṇa* by Rājānaka Ānanda, *PH*, p. 11 재인용.

제5원리인 청정지清淨知, śuddhavidyā의 원리는 아래와 같이 설명된다.

> 비드야vidyā의 단계, 성스러운 ananta의 영역에는, 다양한 이차적 구별이 나뉘고, 만트라mantra가 주관이다. 거기에서 실로 구별되는 것이 본질인 우주가 객관이다.[88]

청정지 원리에서 나성性과 이것성性은 정확히 구분된다. 영원한 쉬바 원리에서는 나성性이 지배적이기 때문에 이것성性은 잠재적asphuta인데 비해, 자재신의 원리에서는 이것性이 나타난다sphuta. 그러나 이 두 원리에서는 의식이 나와 이것 중에 어디에 더 주안을 두고 있는가 하는 차이였을 뿐이었다. 즉 나성性이 두드러지느냐, 이것성性이 두드러지느냐 하는 차이일 뿐, 주객이 완전히 분리된 상태는 아니었다. 이에 비해 청정지 원리에서 주객은 명확히 나뉜다. 그래서 이 상태는 '나는 나, 이것은 이것ahamaham-idamidam' 으로 표현된다. 그러나 이 상태의 주객은 일상적 인식의 주객 분리처럼 의식 외적으로 물화物化되어 개체화한 주객이 아직 아니다. 이 상태는 비록 주객이 명확히 구분된다 하더라도 '이것' 은 나의 부분으로서 나타난 '이것' 이기 때문이다. 즉 대상의 경험이 있더라도 나와 다른 것이 아닌 것으로 경험된다. 이 원리의 의식 상태를 가진 주관을 만트라mantra라고 부른다.

재인식론은 청정지 원리와 제6원리 마야māyā 사이에 또 하나의 반半원리, 즉 경계선의 상태인 마하마야mahāmāyā를 두고 있다. 아나쉬리타쉬바anāśritaśiva가 의식 내부의 주객 합일과 분열 사이의 경계선이었다면, 이 두 번째 반원리인 마하마야는 의식 내부의 주객과 의식 외부의

---

88) *PH*, p. 53. "vidyāpade śrīmadanantabhaṭṭārakādhiṣṭhitā bahuśākhāvāntarabheda-bhinnā yathābhūtā mantrāḥ pramātāraḥ tathābhūtam eva bhedaikasāraṃ viśvam api prameyam ǀ"

주객 사이의 경계선이다. 물론 재인식론에서 의식 외부는 없기 때문에, 의식 외부란 마야의 힘에 의해 일어난 미혹일 뿐이다. *PH*는 특별히 마하마야를 설명하지는 않고,[89] 단지 이 상태의 주관을 비즈냐나칼라vijñānākala라 부르며 다음과 같이 설명하고 있다.

> 마야 위의 비즈냐나칼라는 작용이 없는 순수한 인식성이다. 그에 대응하는 인식 객관은 이전 존재의 상태들에서 알려진 사칼라sakala와 프랄라야칼라pralayākala이다.[90]

이 비갸냐나칼라는 *PH*의 다른 두 부분에서 언급되는데, 먼저 제5 수트라의 주석에서 "치트cit가 지배적이면서, 동시에 프라카샤만이 지배적인 경우에, [그 주관은] 비갸냐나칼라이다"[91]라고 하며, 기존 인도 사상들을 비판하는 *PH*의 제8 수트라 주석에서 "상키야와 여타의 [관점들은] 비즈냐나칼라로 특징되는 단계에 집착한다"[92]는 대목이 그것

---

89) 이 개념은 샤이바싯단타의 끈pāśa의 교설에서 영향 받은 것이다. 샤이바싯단타에서 물질세계는 크게 마하마야mahāmāyā(혹은 bindu)와 마야로 나누어진다. 전자는 말라mala, āṇava)와 카르마의 영향을 받지 않는 영혼들을 구성하는 미묘한 물질이며, 후자는 말라와 카르마에 영향받는 개체적 영혼들의 주관과 객관을 이룬다. 이 사이에 존재하는 의식의 상태가 vijñānakala이다. 재인식론에서 순수전개원리와 불순전개 원리 사이의 경계를 마하마야라고 한 것은, 재인식론에서도 이를 분기점으로 그 이상의 인식 경계에 머무는 주관들은 카르마와 마야에 영향받지 않기 때문이다. 샤이바싯단타의 vijñānakevala에 해당하는 것이 재인식론의 vijñānakala이다. 이 의식 상태의 존재는 개체āṇava의 말라만을 가지고 있다. 샤이바싯단타와 재인식론의 pāśa론은 약간의 명칭 차이와, 또 이원론과 일원론에 의한 근본적인 차이를 가지고 있다. 이에 대해서는 본서 pp. 220~225 참조.

90) *PH*, pp. 53~54. "māyordhve yādṛśā vijñānākalāḥ kartṛtāśūnyaśuddhabodhātmānaḥ tādṛg eva tadabhedasāraṃ sakala pralayākalātmaka pūrvāvasthāparicitam eṣāṃ prameyam |"

91) *PH*, p. 59. "citprādhānyapakṣe sahajaṃ prakāśamātrapradhānatve vijñānākalatā"

92) *PH*, p. 67. "sāṃkhyādayas tu vijñānakalaprāyāṃ bhūmiṃ avalambante"

들이다. 제8 수트라 주석의 설명과 연관하여 비즈냐나칼라의 개념은 지성知性만을 속성으로 가지는 상키야의 푸루샤에 해당하는 것으로 생각할 수 있다.

그래서 마하마야의 상태란 푸루샤의 의식이 존재하는 상태를 말한다고 할 수 있을 것인데, 바로 여기서부터 말라가 작동하기 시작한다. 이 말라에 의해 주객은 의식 외적 개체로 나타나게 된다. 마하마야의 상태에 속하는 비갸냐나칼라에게는 3종 말라들의 근본이며, 개체적 느낌을 주는 말라인 개체의 말라mala, āṇavamala만 작용한다.

(2) 6종의 덮개kañcuka

덮개kañcuka는 사전적으로 '상체에 꼭 맞는 옷, 껍질, 덮개' 등을 의미한다. 그런 뜻에서 아마도 덮개는 실재에 덮인 환상이나 장막 같은 것으로, 실재를 불명료하게 가리는 것을 의미하는 것으로 보인다. 그 내용은 마야māyā, 幻影, 칼라kalā, 부분, 비디야vidyā, 지혜, 라가rāga, 욕망, 칼라kāla, 시간, 니야티niyati, 제한인데, 이중 마야는 나머지 5종 덮개를 대표하는 표제標題적 개념, 혹은 5종 덮개의 근본적 원인이기에 구체적 항목으로는 5종 덮개가 있다고 할 수 있다.[93]

마야는 어근 mā에서 나온 단어로 mā는 '측정한다' 라는 의미를 가진다. 그래서 마야란 우리의 경험을 이것에서 나를, 나에서 이것을, 이것과 저것을 구별하는 역할을 한다.[94] 순수전개의 원리들에서는 '나',

---

93) *PH*, p. 123.note.6 참조.

94) *PH*, introduction, p. 12 참조. 쉬바파 일원론은 마야에 의한 의식(쉬바)의 제한에 의해서, 다양하고 제한된 개체적 실체들이 나타난다고 보기 때문에, 마야란 어떤 면에서 분별의 개념과 유사한 것이다. 그래서 측정이라는 뜻을 가진 어원에서 그 의미를 도출한다. 그러나 샤이바싯단타는 현상의 물질적 원인을 마야로 보기 때문에, 모든 개체적 실체들이 거기에서 생성되고 귀멸하는 것으로 이해하여, 마야라는 용어를, ma는 환멸을, yā는 전개를 의미하는 어원에서 나온 것으로 본다.

'이것' 이 나누어진다 하더라도 통일된 하나의 의식 속의 나와 이것이 었는데 비해, 마야와 5종의 덮개를 통해 나와 이것, 그리고 이것과 저것들은 의식 외적인, 서로 구분되는 개별적인 것들로 나타나게 된다. 다시 말해 우주적 의식으로서 무한성을 잃어버리고, 개체적인 것으로 응축되어 나타난다.

마야를 제외한 첫 덮개인 칼라(kalā, 부분)은 쉬바의 무한한 행위의 힘kriyāśakti을 제한한다. 쉬바의 크리야kriya에 대비하여 칼라에 의해 제한된 행위를 카르마karma, 業라고 한다. 칼라에 의해 제한된 행위인 업은 선악의 윤리적 차원을 가지게 되어 속박을 가져 온다.

두 번째 덮개은 비드야vidyā, 지혜인데, 이것은 제한된 지혜asuddhavidyā로서 이원성의 경험을 기반으로 하는 지혜이며, 자신의 진아를 모르는 것을 말한다.

세 번째 덮개은 라가rāga, 욕망로 이것은 원만성(혹은 충족성, pūrṇatva)을 제한한다. 라가는 염리厭離, dveṣa에 반대되는 의미인 집착을 말하는 것이기도 한데, 불완전함이나 무언가의 결핍을 말한다.[95] 다양한 우주의 모든 구성물들은 단일한 쉬바의 응축된 현현일 뿐이기에 '진정한 의미의 나' 와 다른 것이 아님에도, 자성自性에 대한 무지에 의해 제한된 대상에 욕망을 일으키고, 또 이렇게 해서 소유하게 된 대상을 잃어버리게 될까 두려워한다.

욕망의 완전한 충족이 이루어지지 않는 것은, 시간성과 깊은 관련을 가진다. 자신은 물론 자신과 다른 것으로 상정된 개체도 시간 속에서 끊임없이 변화해간다. 그렇기 때문에 욕망에 의해서 소유하고 집착하게 된 대상은 시간 속에서 변화하고, 필연적으로 고통을 주게 된다. 이와 같이 의식의 영원성nityatva, 혹은 무시간성을 제한하여, 과거,

---

95) Pandit(2003), p. 213.

현재, 미래라는 시간 구별을 가져오는 제한이 바로 칼라kāla, 시간이다.

마지막 덮개는 쉬바의 편재성vyapakatva을 제한하는, 공간의 제한인 니야티niyati이다. 이를 통해 의식은 일정한 지점에 국한된 개체로서 자신을 인식하게 된다.

마야로 대표되는 5종의 덮개kañcuka는 절대적이고 유일한 의식의 무한한 힘이 제한되는 다섯 범주라고 할 수 있다. 마야는 샹카라가 말하는 것처럼 의식 밖에 존재하는 다른 원인이 아니다. 이것은 쉬바의 근본적인 5종 행위sṛṣṭi, sthiti, saṃhara, vilaya, anugraha 중 하나인 은폐vilaya이다. 응축된 다양한 것들로 짐짓 나타남으로써 쉬바의 본성이 나타나지 않게 하는, 쉬바의 근본적인 활동 중의 하나이다. 은폐로 인하여, 쉬바는 다양한 현상으로 스스로를 드러낸다.[96] 이것이 쉬바의 절대자유이다.

재인식론은 현상을 폐기하지 않는다. 이것이 상키야나 베단타 일원론 같은 인도 고대철학의 주장과 다른 점이다. 현상은 쉬바의 절대자유에 의해 드러난 것으로, 쉬바와 다른 것이 아니다. 그래서 현상은 쉬바의 현현태라는 것을 인식함으로써 현상 속에 있으면서도 현상을 벗어난 자, 즉 생해탈자jīvanmukta가 될 수 있는 것이다.

쉬바파 이원론의 주장처럼 비의식acit적인 끈pāśu이 아니라, 의식(쉬바) 자체의 절대자유에 의해서, 의식의 무한한 힘이 제한되어 속박이 있는 것이며, 그 제한 형태의 범주가 5종의 덮개이다. 여기에서 쉬바의 5종의 힘과 순수전개원리, 덮개에 의해 제한되는 힘의 관계를 도표로 제시한다.

96) 또는 쉬바의 힘들 중 하나인 마야샥티māyāśakti에 의한 것으로 볼 수도 있다. 마야샥티에 의해서 다양한 현상이 드러난다는 것은, 쉬바가 은폐되었다는 것과 같은 의미이다. 다양한 현상이 드러나는 것을 원인적 관점māyāśakti에서 보느냐, 그 결과적 관점vilaya에서 보느냐의 차이만 있을 뿐이다.

【표 15】 덮개kañcuka와 힘śakti의 제한

쉬바의 5종의 힘	순수전개 원리	덮개	제한되는 힘
행위kriyā	청정지 원리 śuddhavidyā	kalā(부분)	일체행위성 sarvakartṛtva
지jñāna	자재신 원리 iśvara	vidyā(지혜)	일체지성 sarvajñātva
의지iccha	영원한 쉬바 원리 sadaśiva	rāga(욕망)	충만성pūrṇatva
환희ānanda	샥티 원리śakti	kāla(시간)	영원성nityatva
의식cit	쉬바 원리śiva	niyati(제한)	편재성vyāpakatva

2) 7종 주관saptapramātṛ론

*PH*의 제3 수트라는 36원리와 더불어 7종 주관론을 설명하고 있다. 앞서 고찰한 36원리설이나 7종 주관론이거나 간에 양자는 공히 의식의 수준에 따른 우주론으로 볼 수 있다. 특히 36원리설은 주객 분리의 강도에 따른 물화物化 정도에 따라 우주를 범주적으로 설명하는 이론이라면, 7종 주관론은 주관의 의식 상태를 위주로 하여, 36원리의 범주들을 7단계로 나누어 우주를 설명한 이론이다. 그렇기 때문에 7종 주관론은 물화된 육체를 벗어나 의식의 근원적 상태로 돌아가려는 수행자의 의식 수준에 대한 이론과 밀접한 관련을 가진다.

락쉬만쥐Lakshman jee는 고양되어 가는 수행자의 의식 수준이라는 입장에서 실천적으로 이 이론을 설명한다.[97] 이런 입장에서 7종 주관론은 물화된 존재가 점차적으로 의식의 완전한 자유를 성취하는 과정의 7단계, 혹은 의식이 완전한 깨달음을 얻기 위해, 다시 말해 쉬바의 의식 상태에 도달하기 위하여 수행자가 거쳐야만 할 7단계의 의식 상태라고도 볼 수 있다. 먼저 *PH* 제3송과 제5~6송의 내용에 입각하여 7

97) Lakshman Jee(1991), pp. 51~56 참조.

종 주관론을 간단한 도표를 제시한다.

【표 16】 다양한 우주를 구성하는 7종의 주관과 객관들

원리	주관		객관
1. 쉬바	쉬바		주객 미분
2. sadāśiva	vidyāpra-mātṛ	mantramahe-śvara	불명료asphuta한 우주, "나는 이것(aham-idam)"의 의식 상태로 "나"만이 드러남.
3. iśvara		mantreśvara	명료한sphuta 우주, "이것이 나idam-aham"의 의식 상태로 "이것"이 나로 드러남.
4. śuddha vidyā		mantra	나와 이것의 명확한 구분, "나는 나, 이것은 이것(aham-aham-idamidam)"의 의식 상태로 이 상태의 주객 분리는 의식 내부의 분열이므로 의식 외적인 개체로서의 주객 분리와는 다름.
5. mahāmāyā	māyāpra-mātṛ	vijñānakala	pralayākala, sakala
6. māyā		pralayākala	śūnya(無記空)
7. māyā 이하		sakala	개체로 경험되는 모든 대상들

판디트Pandit는 7종 주관들을 프랄라야칼라pralayākala, 혹은 layākala, 사칼라sakala, 비즈냐나칼라vijñānakala, 혹은 jñānakala, 만트라mantra, 만트레쉬바라mantreśvara, 만트라마헤쉬바라mantramaheśvara, 쉬바의 순으로 의식의 팽창 정도에 따라 의식 수준을 설명하고 있다.[98]

먼저 프랄라야칼라란 단어 그대로 라야layā상태, 즉 우주의 해체 상태에 속한 주관이다. 상키야적 입장에서 본다면 이 주관은 프라크리티의 평형 상태에 존재한다. 이 주관은 무의식 상태에 있다. 객관세계 역시 전개되지 않은 상태이다. 기절한 상태나 깊은 수면 같은 의식 상태의 주관이다.

다음 단계가 사칼라로 일반적인 인간들의 현실의식, 혹은 천신天神들의 의식 수준을 가진 주관이다. 이것은 불순전개원리 이후의 존재

98) Pandit(2003), p. 235.

들의 주관으로, 마야에 속박된 의식 상태를 가진다. 진정한 자아에 대한 지식이 없는 개체들의 주관이다.

비즈냐나칼라는 상키야의 푸루샤에 해당하는 주관이다. 마야의 단계와 속박없는 순수전개 원리들 사이에 존재하는 간격인 마하마야의 상태에 존재하는 주관으로, 요가수행자가 이 주관의 의식 상태를 성취하는 것은 매우 의미가 있다. 왜냐하면 일단 이 상태를 성취하면, 나머지 단계의 의식 상태, 즉 만트라, 만트레쉬바라, 만트라마헤쉬바라 그리고 쉬바의 의식 상태는 자동적으로 성취되기 때문이다.[99]

만트라, 만트레쉬바라, 만트라마헤쉬바라 그리고 쉬바는 말라mala를 벗어난 주관이다. 하지만 의식 내부에서의 분리이지만 주객 분리라는 응축이 있기 때문에, 응축의 정도에 따라 순차적인 주관으로서 구분된다. *PH*에서는 아래와 같이 설명하고 있다.

> 치트cit가 그 자연스러운 상태 속에서 지배적이고, 프라카샤만이 있는 경우에 비즈냐나칼라이다. 프라카샤와 비마르샤가 공히 있는 경우, 주관은 비드야프라마트리vidyāpramātṛ이다. 이 단계에서 조차도 응축은 단계적으로 줄어들기 때문에 이샤īśa, 사다쉬바sadāśiva, 아나쉬리타쉬바ānāśritaśiva의 단계들이 있다.[100]

위에서 비드야프라마트리는 만트라, 만트레쉬바라, 만트라마헤쉬바라를 말하는 것으로, 각각 숫드하비드야, 이샤, 사다쉬바 원리에 해당하는 주관들이다. 말라와 7주관 사이의 관계는 다음에 고찰한다.[101]

99) Lakshman Jee(1988), p. 59.

100) *PH*, pp. 59~60. "citprādhānyapakṣe sahajaṃ prakāśamātrapradhānatve vijñānākalatā । prakāśa parāmarśa pradhānatve tu vidyāpramātṛtā । tatrāpi krameṇa saṃkocasya tanutāyāṃ īśa sadāśiva ānāśritarūpatā ।"

3. 속박론과 해탈론

1) 속박론

일원론에서 속박은 늘 문제가 된다. 모든 것은 일원一元의 현현이기 때문에 따로 속박이 없기 때문이다. 그래서 샹카라의 일원론은 속박이 일어나는 현상계의 존재를 절대인 브라흐만에 가탁된 가현으로 보고, 원인을 무명에 돌렸다. 그러나 무명은 브라흐만이 아니기 때문에, 이런 주장은 결국 브라흐만과 무명이라는 이원론에 떨어지고 만다.

샤이바싯단타가 이원론을 전개한 것은 샹카라의 일원론을 따른다면 쉬바 신앙은 착각 이외에 아무것도 아닌 것이 되기 때문이다. 쉬바파는 교설이기 이전에 인도 중세의 한 특징이었던 신앙 운동이기에 샹카라적 일원론은 받아들일 수가 없었을 것이다. 쉬바신을 신앙의 대상으로 한 것은 쉬바파 일원론 역시 샤이바싯단타와 다르지 않다. 그래서 재인식론의 철학적 입장은 샤이바싯단타보다 더욱 어려웠다고 할 수 있다. 즉 그들은 절대와 현상의 일원적 원인으로서 의식을 주장하는 동시에 이 둘 사이의 차별을 설명해야 했기 때문이다.

재인식론이 의식을 지성知性에 한정하지 않고 활동성活動性을 가장 중요한 특징으로 내세운 이유는 어떤 면에서 속박의 문제에 대한 기초적 준비였다고도 할 수 있을 것이다. 속박은 인간이 처한 현상세계의 현실을 말하는 것이고, 현상세계의 현실이란 다양성과 변화, 즉 시간을 기반으로 한 활동성을 근거로 하는 것이다. 그래서 절대와 현상

101) 본서, pp. 224~225 참조.

을 이루는 개체의 궁극적 근거를 의식이라는 일원一元을 통하여 설명하려 했던 재인식론은 당연히 의식의 본성을 지성에 한정시킬 수는 없었을 것이다.

그래서 재인식론의 실재론(의식론)과 더불어 속박론은 재인식론이 쉬바파 일원론 전체의 철학적 정당성을 입증하기 위하여 매우 중요한 부분이다. 재인식론이 속박론에서 해결해야 할 철학적 문제는 두 가지이다. 먼저 현상은 절대의 가현으로서 착각이 아니라 실재라는 점을 설명해야 한다. 재인식론에서 이것은 개체와 절대가 본질적으로 동일하다는 것을 밝힘으로서 해결될 것이다. 두 번째로는 현상과 절대의 차별을 일원론적 입장에서 설명하는 것이다. 재인식론에서 이것은 어떻게 무지가 발생하는가 하는 것을 밝히는 일이다. 왜냐하면 재인식은 일원론으로서, 의식 외의 다른 원인에서 현상이 발생하는 것이 아니라, 스스로의 힘에 의해서 발생한 무지에 의해서 현상이라는 차별이 일어난다고 주장하기 때문이다.

(1) 개체와 절대의 동일성

현상을 이루는 개체가 절대와 동일함을 *PH*의 제4 수트라는 아래와 같이 주장하고 있다.

> (우주적) 의식이 응축된 자아의 의식은 또한 응축된 우주로 구성된다.[102]

응축된 자아의 '의식cetana'[103]은 우주적 의식citi의 응축된 형태이다.

102) *PH*, p. 55. "citisaṃkocātmā cetano 'pi saṃkucitaviśvamayaḥ ||4||"
103) 재인식론에서 citi가 우주적 의식, citta가 개체적 의식을 의미하는 전문 용어라

그래서 쉬바가 우주를 신체로 가지는 것처럼(우주적 의식이 곧 우주인 것처럼), 응축된 자아의 의식도 내부에 우주를 포괄한다. 이것을 크세마라자는 자주自註에서 다음과 같이 설명한다.

> 성자聖者(쉬바)는 우주의 신체이듯이, 그와 같이 우주적 의식citi이 응축한 자아는, 제한된 우주적 의식cit의 형태인 [개체적] 의식cetana이며, [개체적] 주관grāhaka이다. [이것은] 실로 반얀나무vaṭa[104]의 씨앗처럼, 응축된 완전한 우주의 형태이다.[105]

이와 같은 사실을 증명하기 위해 그는 쉬바파의 경증들을 인용한다.

> 그래서 샤이바싯단타는 " [하나의] 신체와 신체화 된 것은 일체의 신체와 신체화된 것이다"라고 말한다. 트리쉬로마타*Triśiromata*에는 "신체는 일체의 신들로 구성된다. 그것과 관련하여 들어라! 연인이여! 땅은 견고함 때문에, 유동성에서 물이라고 불린다"라고 시작하면서, "삼두三頭브하이라바Triśirobhairava는 사람 속에 현존한다. 우주에 편재하며"라고 끝나면서, [개체적] 주관grāhaka의 응축된 우주로 구성된 성질을 실로 설한다.[106]

라면, cetana는 이 둘의 개념을 포괄하는 일반 용어로서 '의식'을 의미한다. 그래서 재인식론 문헌들에서 cetana는 맥락에 따라 상이하게 사용된다.

104) 인도의 반얀나무는 매우 큰 나무이다. 매우 큰 물체가 씨앗 같은 작은 것에 들어가 있다는 것을 상징하기 위한 것이다.

105) *PH*, p. 56. "yathā ca evaṃ bhagavān viśvaśarīraḥ tathā citisaṃkocātmā saṃkucitacidrūpaḥ cetano grāhako 'pi vaṭadhānikāvat saṃkucitāśeṣaviśvarūpaḥ"

106) *PH*, p. 56. "tathā ca siddhāntavacanam vigraho vigrahī caiva sarvavigrahavigrahī | iti |triśiromate 'pisarvadevamayaḥ kāyas taṃ cedānīṃ śṛṇu priye | pṛthivī kaṭhinatvena dravatve 'mbhaḥ prakīrtitam || ity upakramya triśirobhairavaḥ sākṣād vyāpya viśvaṃ vyavasthitaḥ | ity antena granthena grāhakasya saṃkucitaviśvamayatvam eva vyāharati |"

이와 같은 경증들과 더불어 개체와 절대의 동일성을 그는 다음과 같이 설명한다.

> [여기서는] 이것이 함축해 있다. [개체적] 주관grāhaka은 실로 이 [의식의] 빛이 자아이기 때문에, 그리고 언급된 아가마들의 추론 때문에, 우주의 신체[를 가진] 쉬바의 형태이다. 오직 그것(개체적 주관)은 [쉬바의] 마야의 힘māyāśakti에 의해서 자성이 현현하지 않기 때문에 응축된 것으로 나타난다. 응축[된 것]은 또한 관찰을 통해 의식cit의 성질로 현현되기 때문에 의식cit만으로 구성된다. 그렇지 않다면 아무것도 없다. 그래서 일체의 [개체적] 주관은 실로 우주의 몸을 [가진] 위대한 쉬바[와 동일하다].[107]

경증 외에도, 크세마라자는 다음의 두 이유로 절대와 개체의 동일성을 주장한다. 먼저, (개체적) 주관grāhaka, 즉 개체는 쉬바의 마야샥티māyāśakti에 의해 그 본성을 드러내지 못하기 때문에, 응축된saṃkucita 존재로 나타날 뿐이다. 다음으로 모든 주관은 의식cit으로 이루어져 있다. 만약 의식이 아니라면 어떤 존재도 알려질 수 없기 때문이다. 즉 존재하는 모든 존재는 알려지는 것이기 때문에 알려지는 존재는 결국 의식이라는 것이다.

다시 말해 절대인 쉬바도 의식이요, 개체인 개체적 주관도 의식이기 때문에, 이 둘은 동일하다는 것이다. 그래서 현상은 절대의 가현이 아니며, 의식 그 자체로서 실재이다. 다만 개체는 의식의 본성의 하나인 마야샥티에 의해서 응축된 것일 뿐이다.

---

107) *PH*, p. 57. “ayaṃ cātrāśayaḥ grāhako 'pi ayaṃ prakāśaikātmyena uktāgamayuktyā ca viśvaśarīraśivaikarūpa eva kevalaṃ tanmāyāśaktyā anabhivyaktasvarūpatvāt saṃkucita iva ābhāti | saṃkoco 'pi vicāryamāṇaḥ cidaikātmyena prathamānatvāt cinmaya eva | anyathā tu na kiṃcit iti sarvogrāhako viśvaśarīraḥ śivabhaṭṭāraka eva |”

(2) 응축saṃkoca의 발생

개체가 쉬바와 동일한 의식이라면, 왜 다양한 개체의 차별이 발생하는가. 이는 *PH* 제4 수트라에 대한 주석 마지막 부분에서 반대자의 의견을 통해 명시되고 있다.

> 반대가 있을 수 있다. 개체적 주관grāhaka은 분별vikalpa의 성질을 가진다. 그리고 분별은 개체적 의식citta에 기인한다. 개체적 의식이 거기에 있기 때문에, 그grāhaka가 어떻게 쉬바의 성질일 수 있겠는가? [이 문제를] 이해시키기 위하여, 크세마라자는 개체적 의식[의 함의]를 해결하기 위하여 다음과 같이 말한다.[108)]

주관은 객관에 상대되는 것이다. 이런 상대적인 주관은 개체적 의식citta에 속한다. 그런데 이런 상대적인 주관의 의식이 어떻게 우주적 의식인 쉬바와 동일할 수 있겠는가 하는 것이 이 인용문의 의미이다. 이 반론에 대해 *PH*의 제5 수트라는 다음과 같이 말하고 있다.

> (우주적) 의식은 실로 [응축되지 않은] 의식cetana단계에서 하강함으로써, 응축된 의식 대상인 (개체적) 의식이 [된다].[109)]

우주적 의식citi이 스스로 하강하여 개체적 의식이 된다. 이것은 우주적 의식인 쉬바 자신의 힘인 마야의 힘에 기인한다. *PH*의 제6 수트

---

108) *PH*, p. 58. "nanu grāhako 'yaṃ vikalpamayaḥ vikalpanaṃ ca cittahetukaṃ sati ca citte katham asya śivātmakatvaṃ iti śaṅktvā cittam eva nirnetum āha"
109) *PH*, p. 59. "citir eva cetanapadād avarūḍhā cetyasaṃkocinī cittam ||5||"

라는 개체적 의식을 가진 주관들을 다음처럼 정의한다.

그것(cittam)으로 구성된 것이 māyāpramātā(마야의 주관)이다.[110]

마야의 주관māyāpramātṛ, 즉 개체적 의식 수준의 주관에 속하는 것은 비갸냐나칼라, 프랄라야칼라, 사칼라의 주관들이다.[111] 분별을 특징으로 하는 이들은 말라에 의해 응축된 정도에 따라 분류된다.

(가) 染汚mala

말라는 '불순물', '찌꺼기' 등의 의미를 가진다. 그러나 불순물이라는 역어는 물질적 의미를 함의하여 여기서는 염오染汚라는 역어를 사용한다. 염오를 다루고 있는 *PH*의 제9 수트라는 다음과 같다.

우주적 의식cit의 성질인 힘의 응축으로부터, 그것은 염오에 덮인 윤회자가 된다.[112]

크세마라자는 이 수트라의 주석 초두初頭에 유일한 실재인 의식이 다양한 것으로 나타나 윤회자가 되는 이유를 다음과 같이 설명한다.

의식이 본질인 최상의 쉬바는 자신의 절대자유에 의하여 무구별의 편재를 숨기고, [점차] 하강하면서 구분의 편재를 [나타내어], 그래서 의지 등의 힘들이 실로 응축이 없으면서도, 짐짓 응축을 나타낸다. 그리고 실로 이 염오에 덮인 것이 윤회하는 존재가 된다.[113]

---

110) *PH*, p. 62. "tanmayo māyāpramātā ||6||"

111) 본서 p. 212 참조.

112) *PH*, p. 71. "cidvat tac chaktisaṃkocāt malāvṛtaḥ saṃsārī ||9||"

윤회의 주체인 개체적 의식citta은, 쉬바의 절대자유svātantrya로 인한 마야의 힘을 통해 자신의 힘을 스스로 응축함으로써 나타난다. 이 응축은 크게 2종으로 분류할 수 있을 것이다. 먼저 순수전개원리 단계의 주객 분리라는 응축을 생각해볼 수 있다. 그러나 이 분리는 통일 속의 분리이기 때문에, 즉 아직 의식 내적인 분리로서 주객이 서로 통일성을 유지하기 때문에 진정한 의미의 응축은 아니다. 그러나 36원리의 제6마야원리(혹은 半원리인 mahāmāyā원리)부터 주객 분리는 의식 내적인 분리가 아니라 의식 외적인 분리로 나타난다. 여기에서 의식의 일원성은 사라지고 개체적 의식citta과 그에 상대된 분별된 객관이라는 개체가 나타난다.

이때 응축은 염오로 불리는 3종의 범주를 통해 나타난다. 이에 대한 제9 수트라 주석의 설명은 아래와 같다.

> 의지의 힘샥티는 제한되지 않는 그 힘이 제한을 짐짓 나타내면서, 개체의 염오āṇavamala가 되는데, 이것이 스스로를 불완전한 것으로 간주하게 한다. 지식의 힘은 단계적으로 다양성의 세계 속에 단계적으로 응축됨에 기인하여 그 전지성이 약간의 것들에 한정된다. 내부기관, 지각기관의 획득에서 시작하는 극단적 응축을 짐짓 나타냄에 의해, 그것은 모든 대상들을 다른 것으로 이해하는 마야의 염오māyīyamala를 초래한다. 행위의 힘의 경우, 그것의 전능은 차별의 이 세계 속에서 몇몇에만 [미치는] 행위자에 제한된다. 그리고 행위기관 형태 속의 제한을 짐짓 나타내는 것으로 시작해, 그것은 극단적으로 제한되고 선악의 행을 구성하는 업의 염오karmamala를 초래한다. 그러므로 응축을 인정함으로써, 힘(샥티)의 전능, 전지, 완전, 영원, 편재

113) *PH*, p. 71. "yadā cidātmā parameśvaraḥ svasvātantryāt abhedavyāptiṃ nimajjya bhedavyāptim avalambate tadā tadīyā icchādiśaktayaḥ asaṃkucitā api saṃkocavatyo bhānti | tadānīm eva ayaṃ malāvṛtaḥ saṃsārī bhavati |"

는 각각 칼라(kalā, 부분), 비디야(vidyā), 지혜, 라가(rāga, 욕망), 칼라(kāla, 시간), 니야트(niyati, 제한)로 나타난다. 이 힘이 불충분한 형태가 윤회자라고 말해진다. 그러나 자신의 힘의 팽창에서 실로 쉬바가 [된다].[114]

재인식론에서 염오mala는 샤이바싯단타의 말라mala[115] 개념과는 달리 물질적인 것이 아니라, 의식의 무한한 힘이 제한되는 3종의 범주를 말한다.[116]

3종의 염오는āṇava, māyīya, karma는 쉬바의 3종의 힘icchā, jñāna, kriyā에 각각 대응하여 제한함으로써, 의식을 개체적 의식과 사물로 현현시키며, 업에 종속되게 한다. 의식은 무한하지만 염오에 의해 개체화되어, 주체와 객체, 정신과 물질로 구별되고, 업을 따라 윤회하게 되는 속박이 발생한다.

'개체의 염오āṇavamala' 은 원자를 의미하는 aṇu에서 온 용어로 응축을 가져오는 근본염오mūlamala이다. 이 염오는 쉬바의 의지의 힘을 제한하는 것이다. 의지의 힘은 3종의 힘 중 가장 일차적이며, 우주로 현

114) *PH*, pp. 72~73. "tathā ca apratihatasvātantryarūpā icchāśaktiḥ saṃkucitā satī apūrṇamanyatārūpṃ āṇavaṃ malam | jñānaśaktiḥ krameṇa saṃkocāt bhede sarvajñatvasya kiṃcijjñatvāpteḥ antaḥkaraṇa buddhīndriyatāpattipūrvaṃ atyantasaṃkocagrahaṇena bhinnavedyaprathārūpaṃ māyīyaṃ malam | kriyā-śaktiḥ krameṇa bhede sarvakartṛtvasya kiṃcit kartṛtvāpteḥ karmendriyarūpa saṃkoca grahaṇa pūrvaṃ atyantaparimitatāṃ prāptā śubhāśubhānuṣṭānamayaṃ kārmaṃ malam | tathā sarva kartṛtva sarvajñatva pūrṇatva nityatva vyāpakatva śaktayaḥ saṃkocaṃ gṛhṇānā yathākramaṃ kalā vidy ārāga kāla niyatirūpatayā bhānti/ tathāvidhaś ca ayaṃ śaktidaridraḥ saṃsārī ucyate | svaśaktivikāse tu śiva eva ||"

115) 그러나 샤이바싯단타의 끈pāśa, 즉 비의식acit 요소도 현대 과학의 물질 개념과는 다르다. 단지 그 중 하나인 마야는 물질세계의 원인으로 물질 개념으로 볼 수 있다. 본서 pp. 87~88 참조.

116) 이런 점에서 염오를 제한조건the limiting condition으로 번역하는 경우가 많다. *SS*. p. 8 참조; Pandit(2003), p. 124 참조.

현하는 신적 의지로서, 지혜의 힘과 행위의 힘이 통일된 최상의 쉬바paramaśiva의 내적 상태이다.[117] 개체의 염오에 의해서 우주의 모든 것으로 드러나려는 쉬바의 의지의 힘이 제한되어 무한한 의식은 개체로 제한된 무지無知의 상태에 처하여 유한한 것으로 나타나게 된다.

마야의 염오māyīyamala는 어의 그대로 마야에서 나타난māyīya 염오이다. 이것은 형태의 차이를 통한 구별의 느낌을 가져온다. 근본염오인 개체의 염오가 개체화를 가져 오기 때문에, 개체화된 존재는 내부기관과 인식기관을 통해 자신을 주관, 그리고 다른 것을 객관으로 구별하며, 또한 인식기관의 범주에 제한되어 객관들을 다양하게 구별하게 된다. 그래서 내부기관과 인식기관의 틀에서만 대상을 파악하기 때문에 전지성의 제한이 발생하여, 쉬바는 지식의 힘이 제한된 구별되는 존재로 나타난다.

행위에는 욕망을 동기로 해서 선악의 결과를 놓는 카르마karma, 동기 없이 행해져 어떤 결과도 산출하지 않는 크리야kriyā가 있다. 크리야는 신의 힘에 속하는 것으로 업의 염오는 이를 제한한다. 업의 염오karmamala는 내부기관의 영향 아래, 욕망을 가지고 인식기관과 행위기관에서 이루어지는 활동과 그 습기vāsanā이다.[118]

3종 염오는 근본염오인 개체의 염오에서 시간적 순차를 두고 일어나는 것이 아니고, 쉬바의 힘인 무한한 의지, 지혜, 행위가 제한되는 형태, 혹은 방식으로 보아야 할 것이다. 과거 · 현재 · 미래라는 시간 구분은 염오에 기인한 것이기 때문이다. 이와 같이 5종의 덮개kañcuka도 쉬바의 무한한 힘이 제한되는 5가지 범주로 볼 수 있을 것이다.

그래서 개체적 의식을 말하는 citta는 쉬바의 힘이 완전히 발현하지 못한 상태를 말하는 것으로, 이것이 속박의 상태이며, 힘이 완전히 발

---

117) *SS.* Glossary of Technical Terms. pp. 238~239 참조.

118) *SS.* p. 10.note.9 참조

현된 우주적 의식으로 존재하여, 자신의 본성이 쉬바라는 사실을 완전히 아는 것이 해탈이다.

염오는 7종 주관론과 밀접하게 연관된다. 이 관계는 샤이바싯단타설에 영향 받은 것으로 보인다. 샤이바싯단타는 끈pāśa에 영향 받는 정도에 따라 의식을 아래와 같이 세분하였다.

【표 17】 샤이바싯단타의 의식 수준과 끈pāśa의 관계[119]

pāśa 의식 수준	mala(āṇava)	karman	māyā
쉬바	-	-	-
해탈된 진아muktātman	-	-	-
vijñānakevala	+	-	-
pralayakevala	+	+	-
sakala	+	+	+

* - 는 영향 받지 않음, + 는 영향 받음.

이에 비해 재인식론에서는 의식의 응축과 염오의 영향 관계를 아래 도표처럼 말하고 있다.

【표 18】 재인식론의 7종 주관들과 염오의 관계

7종의 주관	영향을 미치는 염오
쉬바	염오와 관련 없음
mantramaheśvara	
mantreśvara	
mantra	
vijñānakala	개체의 염오
pralayākala	개체의 염오, 업의 염오
sakala	개체의 염오, 업의 염오, 마야의 염오

119) Davis(2000), p. 26 참조; 샤이바싯단타의 끈과 재인식론의 염오는 다른 개념을 함의하지만, 그 명칭과 역할은 유사한 점이 있다.

두 교설의 의식 수준과 끈pāśa(샤이바싯단타의 경우), 혹은 염오(재인식론의 경우)의 관계는 두 도표에서 확인되듯, 용어 차이는 있으나 대동소이하다. 그러나 재인식론의 순수전개원리에 속하는 주관인 만트라마헤쉬바라, 만트레쉬바라, 만트라를 샤이바싯단타에는 단순히 해탈된 자아muktātman로만 설명하는 점에서, 재인식론이 의식의 응축 정도를 보다 세분하여 고찰했음을 알 수 있다.

쉬바, 만트라마헤쉬바라, 만트레쉬바라 그리고 만트라와 같이 순수전개원리들에 속하는 주관들은 염오와 관련이 없다. 마하마야라는 반半원리의 존재 상태(혹은 의식 상태)에 존재하는 비즈냐나칼라vijñānakala에는 개체의 염오만이 작동한다. 프랄라야칼라pralayākala는 우주의 해체 상태에 존재하는 주관으로, 이 상태가 깨어지면 잠재적이었던 업이 다시 작동하기 때문에, 개체와 업의 2종의 염오에 영향을 받는다. 사칼라sakala는 우주가 시작한 이후 발생한 신이나 인간 등 유정有情의 주관으로, 3종 염오에 모두 영향을 받는다.

(나) 5종 행위의 근원에 대한 무지無知

염오에 의한 응축의 발생은 샤이바싯단타설에 영향을 받은 것으로 보인다. 이에 비해 5종 행위의 근원에 대한 무지로 발생하는 속박은 쉬바파 일원론의 독창적 속박론이라 할 수 있다. 왜냐하면 쉬바파 일원론은 속박이 의식과 다른 실재인 끈pāśa에서 오는 것이 아니고, 우주적 의식과 개체적 의식이 동일하다는 진리에 대한 무지에서 오는 것이라는 입장을 가지기 때문이다. *PH*의 제6 수트라의 주석에는 다음과 같이 설하고 있다.

> 바른 자성自性의 지知로부터 해탈은 [가능하고], 바르지 못한 [자성의 지에서] 윤회는 [기인하기 때문에] 조금씩 그것의 자성에 대한 정확한 분석이

제안된다.[120)]

여기서 바른 자성의 지samyak svarūpajñāna란 쉬바를 아는 것이고, 이것은 곧 개체와 쉬바의 동일성을 아는 것이다. 이에 대해 크세마라자는 『스판다카리카Spandakārikā』의 구절을 이용하여 *PH* 제4 수트라의 자주自註 말미에 다음과 같이 설명하고 있다.

> 이 의도를 가지고, 개체적 영혼jīva과 쉬바śiva의 동일성은 진동설의 경전에서 "개체적 경험자는 전 우주와 동일하기 때문이다"라고 시작하여 "그렇기 때문에 말이든, 대상이든, 정신적 이해든 쉬바가 아닌 상태는 없다"라고 끝을 맺으며 설해진다.(Spandakārikā, II. 3-4) 이 진리에 대한 원만지圓滿知가 실로 해탈이며, 이 진리의 무지가 실로 속박이다. …….[121)]

재인식론은 2종의 무지ajñāna를 말하고 있다. 하나는 존재론적 무지pauruṣa ajñāna이고, 또 하나는 지식적 무지bauddha ajñāna이다. 존재론적 무지란 우주적 의식인 쉬바가 자신의 절대자유를 통해 스스로를 응축된 존재로 드러내는 것을 말한다. 이것은 개체적 존재의 의식 수준으로 인정되는 푸루샤의 차원과 연결된 무지이다. 지식적 무지란 신체나 생기生氣, prāṇa, 붓디buddhi 등을 자신의 진정한 자아로 아는 잘못된 지식을 말한다. 이것은 지적인 판단을 하는 붓디의 차원과 연결된 무지이다. 각각의 무지가 파우루샤즈냐나pauruṣājñāna, 바우드하즈냐나

---

120) *PH*, p. 63. "asyaiva samyak svarūpajñānāt yato muktiḥ asamyak tu saṃsāraḥ tataḥ tilaśa etatsvarūpaṃ nirbhaṅktum āha"

121) *PH*, p. 58. "anenaivāśayena śrīspandaśāstreṣu yasmāt sarvamayo jīvaḥ …… | ity upakramyab tena śabdārthacintāsu na sāvasthā na yaḥ śivaḥ | ityādinā śivajīvayor abheda evoktaḥ | etattattvaparijñānam eva muktiḥ | etattattvāparijñānam eva ca bandha iti ……."

bauddhājñāna로 불리는 것은 바로 이 때문이다.[122]

후자는 경론의 연구나 스승의 가르침을 통해 해소할 수 있으나, 전자는 지식만을 통해서는 해소되지 않고, 의례나 수행을 통해서만 해소 가능하다. 존재론적인 차원에서 자신의 무한함을 체험하여, 자신이 쉬바임을 알고, 모든 것이 쉬바의 현현임을 확실히 알 때 해탈이 이루어진다.

크세마라자는 *PH*의 제12 수트라를 통해, 5종 행위의 근원에 대한 무지에 기인한 미혹들에 의해 윤회자가 된다고 말하고 있다.

> 그(5종 행위의 근원)[것에 대한] 무지로부터 [발생한] 스스로의 힘śakti에 대한 미혹으로부터 윤회자성性이 [발생한다].[123]

여기서 '그것'은 5종 행위의 근원, 즉 쉬바, 다시 말해서 의식cit을 말한다.[124] 모든 것의 근원은 쉬바임에도, 이 근원에서 나온 힘들이 만든 대상에 미혹되어, 그 대상을 자아로 잘못 생각하여 윤회자가 된다.

크세마라자는 이 수트라의 자주自註에서 힘의 종류를 중심으로, 자신의 힘들에 미혹되는 3종의 형태를 설명한다. 그 힘의 종류는 절대어語의 힘parāvācśakti, 의식의 힘citiśakti, 절대자유의 힘aiśvaryaśakti, svātyantryaśakti이다.

① 절대어語의 힘parāvāc-śakti에 의한 미혹

절대어를 크세마라자는 *PH* 제12 수트라의 주석에서 다음과 같이

---

122) Pandit(2003), p. 246 참조.

123) *PH*, p. 78. "tadaparijñāne svaśaktibhir vyāmohitatā saṃsāritvam ||12||"

124) *PH*, p. 78. "tat는 늘 일어나는 5종 행위의 근원을 의미한다(tasyaitasya sadā saṃbhavataḥ pañcavidhakṛtya kāritvasya)."

말하고 있다.

> 여기에서 의식의 빛, 영원히 소리를 내는 위대한 만트라의 형태, 완전한 '나'의 의식으로 구성된, a로 시작하여 kṣa로 끝나는 소리의 형성된 샥티들의 윤환輪環 전체를 포함한 의식과 동일한 절대어의 힘parāvākchakti은 파쉬얀티paśyanti, 마드흐야마madhyama 등의 계속되는 단계를 통해 [개체적] 주관의 영역을 현현한다.[125]

위의 주석을 통해서 절대어는 모든 철자와 단어들의 총합이며, 이것은 의식, 즉 쉬바와 동일한 것으로, 모든 현현한 것들의 궁극적 근원임을 알 수 있다. 언어를 존재의 궁극으로 보고, 그 전화轉化가 다양한 현상계를 이룬다는 사상의 단초는 베다와 우파니샤드에 소급할 수 있다고 한다.[126] 그러나 이런 사상은 브하르트리하리Bhartṛhari와 그의 저서 『바크야파디야*Vākyapadīya*』 대한 주석을 쓴 하리브리사브하Harivṛṣabha에 의해 본격적인 철학체계를 형성하였다. 이들의 사상은 『사르바다르샤나상그라하*Sarvadarśanasaṃgraha*』에서 '파니니다르샤남Pāṇinidarśanam'의 표제 하에 문법학파Vaiyākaraṇa로 불리면서 다루어진다.

이 이론은 쉬바파 일원론에서 특이한 사상적 발전을 하게 되는데, 파더에 따르면[127] 다음의 두 가지 점에서 문법학파와 쉬바파 일원론의

---

125) *PH*, pp. 79~80. "athā hi citprakāśāt avyatiriktā nityoditamahāmantrarūpā pūrṇāhaṃvimarśamayī yeyaṃ parāvākchaktiḥ ādikṣāntarūpāśeṣaśakticakragarbhiṇī sā tāvat paśyantīmadhyamādikrameṇa grāhakabhūmikāṃ bhāsayati |"

126) *RV*, 1.164.45.에는 vāc의 4종 형태를 나누는 분류가 나타난다고 한다. Padoux(1990), p. 167; 우파니샤드에 나타난 이 사상에 대한 내용은 Padoux(1990), pp. 20~23 참조; 또 인도만의 사상도 아니어서 셈족 전통의 이슬람이나 유대 신비주의 사상에서도 이런 관점을 찾아볼 수 있다. 이즈쓰 도시히코(2004), pp. 225~231 참조.

127) Padoux(1990), p. 167 참조.

언어론은 차이를 가진다고 한다. 먼저 문법학파는 언어심리학적 관점에서 보다 철학적인 체계인데, 쉬바파 일원론의 입장은 우주론과 신비생리학에 보다 밀접하게 관련된다는 것이다. 둘째, 언어가 미세한 차원에서 조대한 차원으로 전화轉化할 때, 문법학파는 파쉬얀티paśyanti, 마드흐야마madhyama, 바이크하리vaikharī라는 3단계를 상정하는데 비해, 쉬바파 일원론은 이들의 궁극적 근원으로 절대어의 단계를 첨가하여 4단계로 본다.[128)]

여기서 절대어는 쉬바이며, 쉬바의 궁극적 힘parāśakti이다. 절대어의 단계에서 언어의 수준은 지시자vacāka와 지시된 것vācya이 미분된 상태인, 모든 현현의 궁극적 원천이다. 이에 대해 파더는 다음과 같이 설명한다.

> 절대어는 궁극적인 의식과 동일하다. 트리카에서 궁극적인 의식은 프라카샤비마르샤마야prakāśavimarśamaya, 다시 말해 미분未分된 의식prakāśa, (즉 순수의식)이자, 동시에 이 순수한 빛을 아는 인식vimarśa이다.[129)]

파쉬얀티paśyanti는 봄to see의 의미로, 이 단계의 수준에서 언어는 아

---

128) 재인식론은 문법학파의 3단계 언어론trayīvāc은 진리를 충분히 드러내지 못한 것으로 비판한다. 언어를 4단계로 나누는 것은 소마난다의 입장이며, 이는 크세마라자에게 계승되어 *PH*의 제8 수트라의 주석에서 문법학파가 주장하는 진리의 수준을 재인식론적 입장에서 평가한 다음의 내용이 있다. *PH*, p. 67. "브라흐만을 paśyanti 형태의 자아원리라고 [간주하는] 문법학파들은 sadāśiva의 단계에 있다(śabdabrahmamayaṃ paśyantīrūpaṃ ātmatattvam iti vaiyākaraṇāḥ śrīsadāśivapadamadhyāsitāḥ |)." 문법학파는 최고의 실재를 소리의 브라흐만śabdabrahman으로 보고, 이를 언어의 paśyanti 단계에 해당하는 것으로 주장했다. 그러나 재인식론에서 최고의 실재는 paśyanti 단계를 초월한 parāvāc의 단계에 속하는 것이며, 그렇기 때문에 문법학파들이 주장하는 최고의 실재는 재인식론의 입장에서는 36원리의 3번째 단계인 Sadāśiva 수준에 그치는 것이라고 한다.

129) Padoux(1990), p. 174.

직 나타나지 않으며, 단지 언어를 드러내려 하는, 다시 말해, 무엇인가를 보려하는 의지의 단계라고 할 수 있다. 36원리의 우주론적 측면에서 파쉬얀티는 제3원리인 영원한 쉬바 원리에 해당한다. 이는 쉬바의 5종의 힘 중에서 의지의 측면이 드러난 것인데, 본질적으로 쉬바, 즉 절대어와 다르지 않지만, 절대parā로서 편재성과 초월성을 가지지 못한다.[130]

마드흐야마madhyama는 매개, 중간의 의미를 가진 것으로, 우주론적 관점에서 36원리의 자재신원리와 청정지원리에 해당하는 언어적 수준이다. 파쉬얀티가 언어를 드러내려 하는 의지적 수준의 언어의 단계라고 한다면, 이 의지는 마드흐야마에서 성취되어 마침내 언어가 나타나게 된다.[131] 그러나 이 단계에 나타난 언어의 대상vācya, artha은 조대한 수준의 대상, 즉 물질적 수준, 다시 말해 의식 외적인 대상이 아닌, 주관과 객관이 하나이면서도 둘인parāpara 상태의 의식 내적인 대상이므로, 일상적인 경험적 언어와는 다르다. 파쉬얀티의 대상성 없는 수준의 언어와 의식 외적인 일상적인 경험적 언어의 중간에 존재하는 언어이기 때문에 이를 마드흐야마라고 한다.

바이크하리vaikharī는 일상 현실의 언어를 말한다. 이것은 우주론적으로 36원리의 제6원리 마야원리 이하의 원리들과 대응하며, 지시자와 지시된 것은 완전히 별개의 것으로 의식 외적인, 상대적인 것apara으로 나타난다.

아a로 시작하여 크샤kṣa로 끝나는 소리의 형성된 샥티들의 윤환輪環이란 마트리카mātṛkā를 말하는 것이다. 마트리카는 일반적으로 범어음소音素들의 배열varṇa을 말하는 것이지만, 특히 범어음소들의 샥티적 성질, 즉 신적神的인 에너지의 측면을 강조하는 용어이다. 그래서 바르나

130) Padoux(1990), p. 188.

131) Padoux(1990), p. 205.

varṇa가 언어학적인 측면에서의 범어음소의 배열인데 비해, 마트리카는 범어음소들의 제의祭儀적 배열nyāsa에 사용된다.

마트리카mātṛkā는 어원적으로 어머니의 뜻을 가진 matṛ와 ka의 접미사로 구성되었다. 범어에서 ka는 어떤 단어에 붙어서, 그 단어가 잘 이해되지 않는 것을 의미한다. 그래서 마트리카의 어의 그대로의 의미는 잘 이해되지 않거나 모르는 것의 어머니, 혹은 근원이라는 것이다. 그래서 마트리카는 우주를 현현시키는 음소들, 혹은 샥티들이라는 개념과 더불어 그런 음소들의 근원이라는 의미를 가진다.[132] 음소들의 근원이라는 의미에서 이는 절대어와 다른 것이 아니다.

쉬바파 일원론의 문헌들에서 마트리카를 구성하는 음소들(샥티들), 즉 브라흐미Brāhmī와 그외 신격들이 관장하는 ka와 여타의 자음들의 형태 속의 특수한 샥티(힘)들은 보통 8종으로 아래의 표와 같이 분류된다.[133]

---

132) *SS*. p. 26.note.1. "마트리카mātṛkā의 접미사 ka는 범어에서 모르는 것, 이해되지 않은 것에 붙이는 것이다. 그래서 마트리카는 '잘 알려지지 않은 것의 어머니'의 의미가 있다. 마트리카는 조대한 말의 미묘한 형태로 잘 알려지지 않았을 때는 세속적 활동과 감정으로 사람을 몰아넣어 속박을 불러오지만, 알려졌을 때는, 즉 마트리카의 긍정적 힘이 실현되면 해탈로 이끈다."

133) 마트리카를 구성하는 음소들을 구분하는 방식은 크게 2종이다. 먼저 모음을 쉬바, 자음을 샥티로 보는 입장이 있다. 전자를 종자種子, bījā, 후자를 자궁yoni이라고도 한다. 둘째로 계열varga로 나누는 방식이 있는데 이는 다시 9종, 혹은 8종의 두 방식이 있다. 그런데 이 두 방식은 크샤kṣa를 독립된 계열로 보느냐 아니냐의 차이만을 가질 뿐이다. 원래 바르가varga는 엄격히 말해서 연구개음kaṇṭhya, 구개음tālavya, 권설음mūrdhanya, 치음dantya, 순음oṣṭhya의 k에서 m에 이르는 25자음을 5종으로 나눈 바르가만을 말하는 것이지만, 마트리카의 바르가는 여기에 모음avarga, 반모음, 치찰음(여기에 kṣa를 포함하기도, 혹은 독립적인 varga로 취급하기도 한다)을 포함하여 8종(혹은 9종)의 바르가로 본다. Padoux(1990), pp. 154~155; Goldman(1999), p. 3 참조.

【표 19】 mātṛkā의 varga와 신격

varga	음소의 언어학적 구분	음소	신격[134]
a	모음svara	a ā i ī u ū ṛ ṝ ḷ ḹ e ai o au (ṃ ḥ)[135]	Yogīśvarī
ka	연구개음kaṇṭhya	ka kha ga gha ṅ	Brāhmī
ca	구개음tālavya	ca cha ja jha ñ	Māheśvarī
ṭa	권설음mūrdhanya	ṭa ṭha ḍa ḍha ṇa	Kaumārī
ta	치음dantya	ta tha da dha na	Vaiṣṇavī
pa	순음oṣṭhya	pa pha ba bha ma	Vārāhī
ya	반모음antaḥstha	ya ra la va	Indrānī
śa	치찰음ūṣman	śa ṣa sa ha (kṣa)[136]	Cāmuṇḍā

언어의 근원인 절대어, 혹은 마트리카를 이해 못한 사람들은 언어 분별의 미혹으로 속박되지만, 이를 이해하면 언어의 근원인 힘(샥티), 다시 말해 쉬바의 속성을 이해하게 되고, 해탈하게 된다.

여기 마야의 인식자māyāpramātṛ 상태에서 절대어는 절대parā로서 자성을 숨기고, 불명료하고 제한된 대상들을 파악하는 활동의 매 순간마다 마야의 주관에 늘 새로운 분별의 활동을 만들어 낸다. 그리고 또한 절대어는 매우 순수하지만, 그것(분별)에 의해 가려진 무분별의 단계를 일으킨다. 그리고 거기에서, 브라흐미Brāhmī 등의 신들이 관장하는 ka 등의 자음들의 형태 속의 특수한 샥티들에 의해서 미혹된 이들은 신체, 생기生氣, prāṇa 등 제한된 자신들을 진아로 간주한다. 브라흐미 등의 신들은 paśu단계에서 구별들을 방사, 유지하고, 무구별은 지멸시키면서, 제한적인 분별에 적합한 것만을 발생시킨다. 그러나 pati단계에서 이[신격]들은, 구별은 지멸시

134) 여신의 명칭은 문헌에 따라 약간씩 다르게 나타나기도 한다.
135) anusvāra(ṃ)와 visarga(ḥ)도 avarga에 포함된다.
136) kṣa는 단음이 아니지만 śavarga에 포함된다. 어떤 문헌에는 kṣa를 독립적 varga로 취급하기도 한다.

키고, 무구별은 방사, 유지시키고, 단계적으로 분별을 감소시킴으로써, 축복스러운 브하이라바무드라bhairavamudra에 사람을 들어가게 하는 위대한 무분별의 단계를 현시한다. 이 단계에서 이[신격]들은 의식과 축복 속에 깊이 흡수된 청정한 분별의 샥티를 야기한다.[137]

제한된 의식citta수준에서 언어는 바이크하리vaikharī의 수준으로 나타난다. 이 수준에서 지시자vacāka와 지시된 것vācya의 모든 존재들은 서로 상대되는 개체적인 수준으로 존재하게 된다. 이 수준의 속박된 존재, 즉 파슈paśu에게 언어를 이루는 샥티들은 끊임없이 구별bheda을 방사하고 유지하기 때문에, 즉 분별을 일으키기 때문에, 무구별abheda은 일어나지 않는다. 그래서 개체적 존재들을 의식 외부의 실체로 생각하고, 그런 것들을 자아로 착각함으로써 속박된다.

그러나 절대어는 분별에 가려졌음에도 순수한 무분별의 단계를 일으킨다. 이것이 우주론적 관점에서는 36원리의 제3원리(영원한 쉬바)에서 제5원리(청정지)에 이르는 수준에 해당하는 파쉬얀티, 마드흐야마의 언어 수준이다. 이 언어 수준에서 샥티들은 구별을 지멸시키고, 무구별을 방사, 유지한다. 이런 언어나 의식의 수준이 신pati의 수준이다.[138]

137) *PH*, p. 80. "tatra ca parārūpatvena svarūpaṃ aprathayantī māyāpramātuḥ asphuṭāsādhāraṇārthāvabhāsarūpāṃ pratikṣaṇaṃ navanavāṃ vikalpakriyām ullāsayati/ śuddhām api ca avikalpabhūmiṃ tadācchāditām eva darśayati/ tatra ca brāhmyādidevatādhiṣṭhitakakārādivicitraśaktibhiḥ vyāmohito dehaprāṇādim eva parimitaṃ avaśaṃ ātmānaṃ manyate mūḍhajanaḥ | brāhmyādidevyaḥ paśudaśāyāṃ bhedaviṣaye sṛṣṭisthitī abhedaviṣaye ca saṃhāraṃ prathayantyaḥ parimitavikalpapātratām eva saṃpādayanti | patidaśāyāṃ tu bhede saṃhāraṃ abhede ca sargasthitī prakaṭayantyaḥ kramāt kramaṃ vikalpanirhrāsanena śrīmadbhairavamudrānupraveśamayīṃ mahatīṃ avikalpabhūmim eva unmīlayanti |"

138) pati단계는 2종이 있다. 원래적 쉬바anādisiddha단계의 pati단계, 그리고 이 단계로 나아가려는 요가 수행자의 발전된 의식단계yogidasā이다. 여기서 말하는

이 단계에서 샥티는 다음과 같은 청정한 분별을 발생시킨다.

> 일체가 나의 현현이라고 아는 자, 우주가 자성인 자, 분별이 활동할 때조차도 쉬바의 힘mahesatā[139][을 소유한 자].[140]

이와 같은 청정한 분별은 자신의 진아가 쉬바라는 재인식을 가져와 해탈을 성취하게 된다.

② 의식의 힘citi-śakti에 의한 미혹

앞서는 언어vāc를 힘(샥티)과 동일한 것으로 보고, 언어가 조대해지는 과정에 따라 주객의 대상들이 발생하고, 이런 주관과 객관에 미혹되어 속박되는 과정을 설명한 것이었다. 이에 비해 의식의 힘에 의한 미혹은 의식이 개체적 주체, 내부기관antaḥkaraṇa, 감각, 감각 대상으로 나타났다가, 다시 의식 속으로 지멸하는 과정을 설명하고 있다. 여기서는 인식의 주체나 객체, 인식기관이나 과정들은 단지 의식의 힘에 의해 나타난 것인데, 그것을 실체로 착각하여 속박이 발생한다는 것을 설명하고 있다.

의식의 힘에 의한 속박은 진동설을 기반으로 한 것이다. 진동설의 진동spanda 개념은 원래 방사, 유지, 지멸하는 의식 활동의 '행위' 자체를 지시하는 개념이었다. 그러나 라자나카 라마나 크세마라자 등의 주석가들이 행위보다는 행위의 힘 자체를 더 중요하게 다루면서, 진동의

---

paśyanti, madhyama의 언어 수준의 pati단계patidaśa는 후자를 의미한다. *PH*, p. 141.note.109 참조.

139) maheśa의 추상명사. maha-īśa는 어의 그대로 위대한 신이라는 뜻으로 쉬바를 말하는 것이며, 이의 추상명사인 maheśatā는 쉬바의 힘(샥티)을 의미한다.

140) *PH*, p. 81. "sarvo mamāyaṃ vibhava ity evaṃ parijanataḥ | viśvātmano vikalpānāṃ prasare 'pi maheśatā [*IPK*. IV. 12.] ‖

개념은 변화하게 되었다. 특히 크세마라자는 크라마 교설을 차용하여 진동을 일으키는 힘spandaśakti을 인식 과정을 일으키는 여신으로 이해했다.[141)]

이렇게 크세마라자는 크라마 교설을 통해 진동설을 이해하고, 이를 재인식론에 포섭하였다. 그는 인식의 순환과정들을 상징하는 크라마의 5여신Vyomavāmeśvarī, Khecarī, Bhūcarī, Saṃhārabhakṣiṇi, Raudreśvarī의 개념을 차용해서, 일원一元의 근원인 의식에서 현상계의 다양한 개체들이 방사, 유지되었다가, 다시 의식의 근원으로 지멸하는 과정을 설명한다. 그에 따르면, 다양한 현상적 개체들은 의식의 힘에 의한 인식과정의 미혹으로 인해 나타난 것들일 뿐이다. 이 진리를 알게 되면, 힘(샥티)은 오히려 의식의 무한성(쉬바성)을 드러내는 방향으로 작동하여 해탈을 얻게 된다고 한다. 크세마라자는 *PH*의 제12 수트라 주석에서 다음과 같이 말하고 있다.

> 우주를 방출하기 때문에, 그리고 윤회의 역전된 과정과 관련되기 때문에 바메쉬바리Vāmeśvari로 알려진 위대한 의식의 힘cittiśakti은 케차리Khecarī의 형태로 주관pramātr으로서, 고차리Gocarī의 형태로 내부기관으로서, 딕차리Dikcarī의 형태로 감각기관으로서, 브후차리Bhūcarī의 형태로 외부 대상으로서, 스스로를 완전히 개체적 영혼paśu의 조건 속에 나타낸다. 의식의 힘은 공空의 단계에 머물면서, 칼라kalā 등의 힘(샥티)들을 구성하는 케차리차크라khecarīcakra를 통해, 의식의 허공을 걷는 자cidgaganacarī로서 최상의 실재성을 숨기고 현현한다. 의식의 힘은 고차리차크라gocarīcakra를 통해 내부기관의 신으로 현현한다. 무차별 등의 확인을 구성하는 자성을

141) 특히 spandaśakti라는 용어는 오직 크세마라자만 사용하는 용어로, 이를 통해 그가 spanda를 이해할 때 인식의 방사, 유지, 지멸이라는 순환적 활동이라는 원래적 의미의 개념보다도, 그런 활동의 근원력으로서 spanda개념을 이해하려 했음을 알 수 있다. Dyczkowski(1989), p. 29 참조.

숨기면서 [드러나는], 그 주요한 기능은 [붓디의 국면에서는] 구별의 확인, [아함카라의 국면에서는] 다른 사물들에 [자아를] 동일화, [마나스의 국면에서는] 다른 것으로 사물을 개념화[하는 것이다]. 의식의 힘은 딕차리차크라 dikcarīcakra를 통해서, 무차별의 현현을 구성하는 자성을 숨기고, 그 주요한 기능이 차별을 지각하는 등등인 외부기관의 신의 형태로 나타난다. 의식의 힘은 브후차리차크라bhucarīcakra를 통해서, 우주적 자아로서의 자성을 숨기고, 도처에 다양한 외관들의 성질을 가진 알려지는 대상들의 형태를 드러내면서, 피조물의 심장을 미혹한다. 그러나 신pati의 단계에서 힘(샥티)은 허공을 걷는 자로서 우주적 행위자성의 자성을 구성하며, 고차리 Gocarī로서 무차별 등을 확인하는 본성을 구성하며, 딕차리Dikcarī로써 무차별 등을 지각하는 본성을 구성하며, 브후차리Bhūcarī로써 자신의 수족과 다르지 않는 [외부]대상들을 구성하면서, 이 모든 것들이 신pati의 심장을 열어젖힌다.[142)]

142) *PH*, pp. 82~83. "kiṃ ca citiśaktir eva bhagavatī viśvavamanāt saṃsāravāmācāratvāc ca vāmeśvaryākhyā satī khecarī-gocarī-dikcarī-bhūcarī-rūpaiḥ aśeṣaiḥ pramātr antaḥkaraṇa bahiṣkaraṇa bhāvasvabhāvaiḥ parisphurantī paśubhūmikāyāṃ śūnyapadaviśrāntā kiṃcit kartṛtvādyātmaka kalādiśaktyātmanā khecarīcakreṇa gopita pāramārthika cidgaganacarītva svarūpeṇa cakasti | bhedaniścaya ābhimānavikalpana pradhāna antaḥkaraṇa devīrūpeṇa gocarīcakrena gopitābhedaniścayādyātmaka pāramārthika svarūpeṇa prakāśate | bhedālocanādi pradhāna bahiṣkaraṇa devatātmanā ca dikcarīcakreṇa gopitābheda prathātmaka pāramārthika svarūpeṇa sphurati |sarvato vyavacchinnābhāsa svabhāva prameyātmanā ca bhūcarīcakreṇa gopitasārvātmya svarūpeṇa paśuhṛdaya vyāmohinā bhāti | patibhūmikāyāṃ tu sarvakartṛtvādiśaktyātmakacidgaganacarītvena abhedaniścayādyātmanā gocarītvena abhedālocanādyātmanā dikcarītvena svāṅgakalpādvaya prathāsāra prameyātmanā ca bhūcarītvena patihṛdayavikāsinā sphurati | tathā coktaṃ sahajacamatkāra parijanitākṛtakādareṇa bhaṭṭadāmodareṇa vimuktakeṣu pūrṇāvacchinnamātrāntarbahiṣkaraṇabhāvagāḥ | vāmeśādyāḥ parijñānājñānāt syur muktibandhadāḥ || iti | evaṃ ca nijaśaktivyāmohitataiva saṃsaritvam |"

크라마 교설에서 브요마바메쉬바리Vyomavāmeśvarī는 먼저 의식의 공간vyoma에서 일체를 토해내는vāma 자이며, 둘째 일체의 근원인 텅 빈 의식이며 동시에 모든 다양함의 원인이라는 상반된 의미를 가진 신이다. 인용문에서 브요마바메쉬바리가 "윤회의 역전된 과정과 관련을 가진다"는 것은 이 후자의 의미이다. 이와 같이 브요마바메쉬바리는 모든 인식 과정이 발생하고 지멸하는 근원이다.

케차리, 고차리, 딕차리 그리고 브후차리는 이 브요마바메쉬바리의 힘(샥티)의 세분된 형태이다. 케차리Khecarī로 불리는 힘의 윤환śakticakra에서 케차리란 의식의 공간kha에서 움직이는 자라는 의미이기 때문에, 의식의 허공을 걷는 자cidgaganacarī라고 불리며, 경험적 주관을 구성하는 힘이다. 고차리Gocarī로 불리는 힘의 윤환은 내부기관(붓디, 아함카라, 마나스)을 구성하는 힘으로, 그 명칭은 내부기관이 움직이는 운동go에서 나온 것이다. 딕차리Dikcarī로 불리는 힘의 윤환은 감각기관을 구성하는 힘으로써, 감각은 물질적 공간dik에서 운동하기 때문에 만들어진 이름이다. 마지막으로 브후차리Bhūcarī로 불리는 힘의 윤환에서 bhū는 존재를 의미하는 것으로서, 감각 대상으로 존재하는 모든 것을 구성하는 것이다. 이를 도표로 나타내면 아래와 같다.

【표 20】 5종의 힘들의 輪環cakra과 경험적 개체paśu, 신pati단계에서의 역할

5종의 힘들의 윤환	paśu단계에서의 역할	pati단계에서의 역할
Vyomavāmeśvarī	인식 및 우주 발생의 근원	
Khecarī	경험 주체를 형성	우주적 행위자성의 본성을 구성
Gocarī	내부기관을 구성	무차별 등을 확인하는 본성을 구성
Dikcarī	감각기관을 구성	무차별 등을 지각하는 본성을 구성
Bhūcarī	인식대상을 구성	자신의 수족手足과 다르지 않는 [외부]대상들을 구성

이 힘의 윤환은 신pati[143]에겐 인식과정의 미혹을 지멸시켜서, 인식과 우주를 발생시키는 힘들의 근원에 대한 이해를 일으켜 해탈을 이루게 한다. 그러나 속박된 경험적 개체paśu[144]에게는 인식과정에서 발생한 주객의 대상을 실재로 생각하게 하는 미혹을 발생시켜 윤회를 일으킨다.

③ 절대자유의 힘aiśvarya-śakti에 의한 미혹

앞의 속박은 각각 언어가 조대해지는 과정과 인식과정에서 나타나는 속박을 다룬 것이었다. 절대어는 일상적 언어인 바이크하리vaikharī 수준에서 짐짓 다양함을 드러내었고, 모든 인식과정의 궁극적 근거인 브요마바메쉬바리로서 의식의 힘은 하위의 힘(샥티)들을 통해 다양함의 세계를 짐짓 드러내었다. 절대자유의 힘aiśvaryaśakti, svātantryaśakti은 쉬바 그 자체이다. 우주적 수준에서 쉬바의 힘(샥티)은 절대자유의 힘으로 존재하는데, 개체적 자아의 수준에서는 인체 내의 다양한 힘들로 나타난다. 그래서 절대자유의 힘에 의한 미혹이란, 쉬바의 절대자유의 힘이 인체 내의 힘들로 나타나면서 발생하는 미혹에 의한 속박을 다루고 있다. *PH*의 제12 수트라의 주석에서 다루는 내용은 아래와 같다.

> 의식이 자성이며, 행위자성kartṛtā이 자성이며, 신성한 빛sphurattā을 발하는 최상의 자재신은 절대자유의 힘aiśvaryaśakti이다. 그것은 절대자유의 힘의 자성을 숨기고, 개체적 영혼paśu의 상태에서 프라나prāṇa, 아파나apāna, 사마나samāna의 힘들에 의해서 일상, 꿈, 숙면의 상태에 의해서 그리고 신체기관들, 프라나prāṇa, [145] 미세신puryaṣṭaka[146]에 의해서, 윤회자의 조건인

143) 깨달은 사람을 의미하기도 한다.

144) 속박된 사람을 의미한다.

145) 생기生氣, prāṇa는 큰 개념과 작은 개념이 있다. 본서, p. 259 참조.

146) 8도시pruyaṣṭaka는 미세신微細身, sūkṣmaśarīra의 동의어로, 조대신粗大身, sthūlaśarīra과 달리, 사후에도 분리되지 않는 훈습력saṃskāra의 담지자이다. puri는 도시를,

미혹을 야기한다. 그러나 그것이 중앙 기도氣道, madhyadhāma[147]에 나타나는, 제4위turīya를 자성으로 하는 우다나샥티udānaśakti를, 그 본질이 우주에 퍼지는 것이며, 제4위의 초월tryātīta의 성질로서 나타나는 브야나샥티vyānaśakti를 전개할 때, 그리고 그 양자가 한 덩어리의 의식과 축복이 될 때, 육체 등의 상태에서조차도 파티pati 단계에 도달하고, 살아 있는 동안에 해탈을 얻는다.[148]

절대자유의 힘은 인체 내에서는 다양한 힘들로 작용한다. 그 힘들은 일반적으로 5종으로 분류되는데, 프라나prāṇa, 아파나apāna, 사마나samāna, 우다나udāna, 브야나vyāna가 그것이다.[149] 이런 사상들은 마쯔엔드라나타Matsyendranātha의 사상과 밀접한 관련을 가진 것으로 보이며, 후대 하타요가의 중요한 구성 요소 중 하나이다.[150]

---

aṣṭakam은 8개의 그룹을 의미하는데, 이것은 5유唯와 3종의 내부기관(마나스, 붓디, 아함카라)을 말한다. *PH*, p. 144. note.122.

147) 인도의 신비생리학에 따르면, 인체에는 힘이 흐르는 많은 기도氣道, nāḍi들이 있는데, 그 중 가장 중요한 것이 척추를 중심으로 좌, 우, 중앙에 흐르는 3종의 기도이다. 프라나prāṇa가 흐르는 좌측의 기도가 이다iḍā이고, 아파나apānai가 흐르는 우측의 기도가 핑갈라piṅgalā이며, 우다나udāna가 흐르는 중앙기도를 수슘나suṣumnā라고 한다. 마드햐드하마madhyadhāma는 이 수슘나나디suṣumnānāḍi를 말한다. 평범한 의식 상태인 일상위나 몽위에서는 중앙 기도는 거의 작동하지 않으며, 프라나와 아파나의 움직임이 평형을 이루었을 때, 비로소 중앙 기도를 작동하며, 이 때 제4위의 의식 상태가 발생하게 된다.

148) *PH*, pp. 83~84. "api ca cidātmanaḥ parameśvarasya svā anapāyinī eka iva sphurattāsārakartṛtātmā aiśvaryaśaktiḥ | sā yadā svarūpaṃ gopayitvā pāśave pade prāṇāpānasamānaśaktidaśābhiḥ jāgrat svapna suṣupta bhūmibhiḥ deha prāṇa puryaṣṭaka kalābhiś ca vyāmohayati tadā tadvyāmohitatā saṃsāritvam | yadā tu madhyadhāmollāsāṃ udānaśaktiṃ viśvavyāptisārāṃ ca vyānaāaktiṃ turyadaśārūpāṃ turyātītadaśārūpāṃ ca cidānandaghanāṃ unmīlayati tadā dehādyavasthāyām api patidaśātmā jīvanmuktir bhavati |"

149) 고락샤나타Gorakṣaṇātha의 『싯다싯단타파다티*Siddhasiddhāntapaddhati*』의 제1장 67~73송에는 부수적인 5종의 힘들을 더 언급하고 있다. 그것이 nāga, kūrma, kṛkara(kṛkala), devadatta, dhanañjaya이다. Larson(2008), p. 444 재인용.

이 5종의 힘들이 인체 내에서 작동할 때, 프라나는 인체의 에너지나 호흡을 위로 끌어 올리거나, 혹은 인체 외부로 방출하는 활동을 한다. 날숨은 프라나에 의한 것이다. 아파나는 인체의 에너지나 호흡을 아래로, 혹은 인체 내부로 끌어당기는 활동을 한다. 들숨은 아파나에 의한 것이다. 사마나는 주로 인체 내에서 소화를 담당한다. 이 3종의 힘은 프라나의 경우, 목에서 횡경막 윗부분 사이에 자리한다. 아파나는 배꼽에서 성기의 윗부분 사이에 자리한다. 사마나는 횡격막 아래 배꼽 윗부분 사이에 자리한다. 나머지 2종의 힘들, 즉 우다나와 브야나도 전자는 머리 부분, 후자는 전신에 자리하여, 전자는 샥티를 끌어 올리는 활동을 하고, 후자는 체액이나 혈액 등을 전신에 순환시키는 활동을 한다.

일상 상태에서 인간은 들숨과 날숨을 교대로 하며, 척추 좌우의 기도, 즉 이다iḍā와 핑갈라나디piṅgalānāḍi만 작동한다. 그러나 깊은 삼매에 들거나, 죽을 때와 같은 비상非常의 경우에는 호흡이 멈추면서 프라나와 아파나가 흐르던 이다와 핑갈라나디의 작동이 중지하고, 수슘나나디가 작동하기 시작한다. 이때 우다나샥티udānaśakti는 수슘나나디를 통해 우주적인 절대자유의 힘의 인체 내적 형태의 힘인 쿤달리니kuṇḍalinī[151]를 끌어 올리게 된다. 이 상태가 소위 제4위turya[152]이다.

---

150) 우주적 힘이 인체 내에 구현된 것으로 보고, 인체 내의 힘을 조절하여 우주적 힘을 성취하려는 수행과 사상이 하타요가이다. 일반적으로 하타요가의 시조는 마쯔엔드라나타Matsyendranātha로 알려져 있다. 그의 구체적 전기는 알려지지 않았고, 실존 인물인지도 의심되지만, 쿨라의 기원과 관련을 가지며, 그런 점에서 아비나굽타도 그를 언급하고 있다. 아직 어떤 단정을 내릴 수는 없지만, 마쯔엔드라나타의 사상과 실천체계는 쉬바파 일원론과 후대 하타요가 사이의 공집합의 역할을 하는 것으로 짐작된다. 마쯔엔드라나타와 그의 제자 고락샤나타가 속한 Nath派, 그리고 Nath파와 쉬바파 일원론 사이의 관계에 대한 간략한 해설은 Muller-Ortega(1989), pp. 36~38 참조. Larson(2008), pp. 136~142; 145~147 참조.

151) 『싯다싯단타파다티*Siddhasiddhāntapaddhati*』 제4장 13~15송에 따르면 요가적 용어

쿤달리니kuṇḍalinī가 완전히 각성되어 정수리를 통해 빠져 나와, 브야나샤티vyānaśakti를 통해 전 우주에 퍼지면, 이전에 인체 내부에서만 순환하던 브야나vyāna는 절대자유의 힘 자체가 된다. 이 상태가 제4위의 초월turyātīta이다.[153] 이 상태는 인체 내부의 힘(샤티)이 우주 공간에 편재하여 우주와 하나가 된 상태이다.

절대자유의 힘은 속박된 개체paśu의 수준에서는 5풍風: prāṇa, apāna, samāna, udāna, vyāna으로서 미세신과 조대신을 포함한 신체 내에서만 작동하다가, 호흡의 조절을 통해 중앙 기도를 각성시키면, 제4위와 제4위의 초월 상태를 성취하여, 마침내 깨달은 존재pati의 단계에 이르게 된다. 이것이 절대자유의 힘에 의한 미혹에 기인한 속박과 그 해탈의 과정이다.

로 쿤달리니는 샥티의 이명異名이며, 각성된 것prabuddha과 그렇지 않은 것aprabuddha의 2종이 있다고 한다. 쿤달리니가 각성되지 않은 경우에, 인간은 영적 진보보다는 세속사에 속박되고, 각성된 경우에는 영적 진보를 추구하게 된다고 한다. Larson(2008), p. 450 재인용.

152) 제4위는 일상위jāgrat, 몽위svapna, 숙면위suṣupti의 의식 상태가 발생하는 의식의 근본 토대를 말한다. 일상위는 신체, 프라나, 마나스가 작동하고, 몽위는 프라나, 마나스가 작동하고, 숙면위는 마나스의 작용마저도 멈추고, 오직 공空을 대상으로 하는 아트만만 작동한다. 제4위에서는 대상인 공마저 사라지고 순수의식이자 축복인 아트만만 작동한다. 제4위의 상태는 일상위, 몽위, 숙면위의 상태에서도 늘 작동하지만, 3위의 상태들에 있을 때는 제4위를 알 수 없다. *PH*, p. 145. note.125 참조.

153) 제4위는 일상위, 몽위, 숙면위의 근거, 혹은 3위들의 상태를 아는 자로서의 순수의식이라는 위치를 가진다. 제4위의 초월은 이런 3위의 상태들과 제4위의 이런 상관적 관계조차도 초월한 것이다. 둘은 완전히 하나가 된다. 제4위와 제4위의 초월은 다른 것이 아니라, 제4위의 완전한 성취가 제4위의 초월이다. *PH*, p. 146.note. 127 참조. 제4위와 제4위의 초월을 성취시키는 쿤달리니 각성의 수행법에 대한 더 자세한 내용은 본서, pp. 263~268 참조.

2) 해탈론

샤이바싯단타에서 속박은 본질이 의식cit인 개체적 영혼paśu에 의식의 힘을 제한하는 요소인 끈pāśa이 결합하여 발생한다. 의례를 통해 이런 끈을 제거함으로써 의식의 무한한 힘을 회복하는 것이 샤이바싯단타의 해탈이다.

재인식론은 속박이란 무한한 의식인 쉬바의 힘이 응축된 상태라고 주장한다. 응축은 쉬바의 마야의 힘에 의한 것이다. 마야의 힘에 의해 5종으로 대표되는 쉬바의 무한한 힘들kriyā, jñāna, icchā, ānanda, cit은 제한된다. 의식이 제한되는 범주가 3종의 염오와 5종의 덮개kañcuka이다. 3종의 염오와 5종의 덮개는 샤이바싯단타 교설의 영향이다. 한편으로 쉬바파 일원론의 독창적인 속박론의 입장은 쉬바의 5종 행위의 근원인 의식에 대한 무지에 의한 3종의 미혹이라는 입장으로 설명된다.

그런데 샤이바싯단타의 해탈은 개체적 영혼을 제한하는 끈을 제거함으로써 개체적 영혼의 본질인 우주적 의식pati의 상태로 존재하는 것이지만, 재인식론의 해탈은 이런 우주적 의식cit의 상태로 존재하는 것을 말하는 것이 아니다. 왜냐하면 쉬바 외에는 아무것도 없는 일원론 입장에서, 이미 우주적 의식cit 상태는 드러나 있는 것이기 때문이다.[154)]이런 점을 *PH* 제15 수트라의 주석에는 다음과 같이 말하고 있다.

> 그러나 모든 것을 포괄하는 이것은 영원히 현현하는 것이다. 그렇지 않다면 [즉, citi가 영원히 현현하는 것이 아니라면] 몸 등조차도 현현될 수 없을 것이다. [즉, 의식의 대상으로 나타날 수 없을 것이다.]

154) *PH*. p. 90. "eṣā tu sadaiva prakāśamānā | anyathā tad dehādy api na prakāśeta |"

그래서 *PH* 제15 수트라의 주석에서는 다음과 같이 말하고 있다.

"신체 등에 인식자를 [틀리게] 동일화하는 것을 제거하기 위하여 권장되는 것이지, 그 본성이 늘 빛나고 있는 인식자의 상태를 획득하라는 것은 아니다"라는 것이 성스러운 재인식론의 저자가 의미한 것이다."[155)]

이렇게 재인식론의 해탈이란 개체적 의식citta과 우주적 의식citi이 다르지 않다는 것을 재인식하는 것이지, 샤이바싯단타처럼 끈pāśa과 같은 속박의 요소를 제거하여, 우주적 의식의 상태에 머무는 것이 아니다. *PH* 제16 수트라의 주석은 다음과 같은 설명을 하고 있다.

신체, 생기生氣, 청靑, 즐거움 등과 같은 그런 수많은 장애물들을 경험하는 일어남vyutthāna[156)]의 조건에서도, 전全 우주가 진아와 동일한 것으로 경험되는 의식의 축복을 획득하는 통일의식samāveśa[157)]을 획득하여, 우주적 의식cit과의 동일성에 대한 의식의 확고함이 있을 때, 즉 [16 수트라 다음에 나올] 다양한 방법들에 의해서 강화된 명상 동안 [발생한] 통일의식의 [뒤에 남은] 훈습saṃskāra의 힘에 의해, 우주적 의식cit과의 통일의식에 대한 지속적 경험이 있을 때, 우주적 의식cit과의 동일성에 대한 의식의 확고함이 생生해탈jīvanmukti, 즉 아직 호흡을 가진 이의 해탈이다. 왜냐하면 그 조건에서는 자신의 진성眞性의 재인식에 의지한 [무명이라는] 끈들의 완전한 해소

155) *PH*, p. 90~91. "ata eva dehādi pramātṛtābhimāna nimajjanāya abhyāsaḥ | na tu sadāprathamānatāsārapramātṛtāprāptyarthaṃ iti śrīpratyabhijñākārāḥ"

156) vyutthāna의 어의는 '일어남'이다. 명상 상태로부터 일상의 경험 상태로 일어나는 것을 의미하기에 일상적인 보통의 경험 상태를 의미한다.*PH*. p. 148.note.138 참조,

157) 통일의식samāveśa이란 개체적 의식이 완전히 사라진 쉬바의 상태를 체험하여, 우주와 자신이 동일하다고 느껴지는 통일의식의 상태이다. *PH*. p. 147.note. 137 참조,

가 있기 때문이다.[158]

샤이바싯단타의 교설에 따르면 생전해탈이란 있을 수 없다. 왜냐하면 육체는 물질세계의 원인인 마야에 속한 것이기 때문에 육체가 있는 한 완전한 해탈이 아니기 때문이다.

반면 재인식론을 비롯한 쉬바파 일원론은 자신의 본성이 쉬바임을 모르는 무지無知, ajñāna에서 속박이 발생한 것으로 보고, 무지를 없애는 지혜를 중요시했다. 그러나 이런 지혜는 단지 지식적 차원의 이해를 통해서는 얻을 수 없고, 무한한 쉬바의 의식을 직접적으로 체험할 때 모든 현상들을 자신의 진아인 쉬바로서 재인식할 수 있다고 한다.

158) *PH*. p.91~92. "viśvātmasātkārātmani samāveśarūpe cidānande labdhe vyutthānadaśāyāṃ dalakalpatayā dehaprāṇanīlasukhādiṣu ābhāsamāneṣv api yat samāveśasaṃskārabalāt pratipādayiṣyamāṇayuktikramopabṛṃhitāt cidaikātmyapratipattidārḍhyam | avicalā cidekatvaprathā saiva jīvanmuktiḥ jīvataḥ prāṇān api dhārayato muktiḥ pratyabhijñātanijasvarūpavidrāvitāśeṣa pāśarāśitvāt |"

4. 수행론

염오와 덮개kañcuka에 의한 제한, 그리고 5종 행위의 근원에 대한 무지에서 비롯된 미혹을 벗어나, 자신의 진성을 체험하여 개체적 영혼이 쉬바와 다르지 않다는 것을 재인식하는 것이 재인식론 수행의 목적이다. 재인식론의 수행 목적은 쉬바파 일원론 전체의 수행 목적과 다르지 않다. *PH*의 목적은 재인식론체계의 대의를 간결히 설명하는데 있기 때문에, 수행론의 서술이 간략하여 쉬바파 일원론의 전체적인 수행론의 대의를 파악하기에는 부족함이 있다. 그래서 여기서는 먼저 *SSV*의 내용을 위주로 쉬바파 일원론이 주장하는 수행론의 대의를 서술하고, 다음으로 *PH*에 나타난 수행론을 고찰하도록 한다.

1) 쉬바파 일원론의 일반적 수행론

*SSV*를 쉬바파 일원론의 수행론 체계를 파악하기 위한 자료로 선택한 것은, *SS*가 쉬바파 일원론의 기본 철학을 담고 있지만, 근본적으로는 쉬바파 일원론의 수행실천론을 다루고 있기 때문이다.[159] 크세마라자는 *SS*(총 77송)[160]의 주석서 *SSV*를 저술하면서, 방편upāya의 종류에 따

159) 본서 p. 113 참조.

160) 브하스카라Bhāskara의 주석 판본은 79송이다. 이는 크세마라자 판본의 한 게송이 브하스카라 판본에는 2개로 나뉘어져 있고, 크세마라자 판본에 한 게송이 빠져 있기 때문이다.

라 *SS*의 내용을 크게 3분하였다. 신적인 방편śāmbhavopāya: 총 22송, 힘의 방편śāktopāya: 총 10송 그리고 개체적 방편āṇavopāya: 총 45송이 그것이다. 여기에 무방편無方便, anupāya을 합해 쉬바파 일원론의 수행은 보통 위의 4종 방편으로 갈무리 된다.

아비나바굽타는 샴부나타Śambhunātha로부터 말리니비자욧타라탄트라*Mālinīvijayottaratantra*에 기반하여 트리카Trika의 수행을 배웠다. 말리니비자욧타라탄트라에는 무방편을 제외한 3종 수행의 구분이 이미 나타난다. 여기에 아비나바굽타는 무방편의 수행을 더하여 쉬바파 일원론의 수행론 체계를 4종으로 구분했다. 크세마라자가 *SS*를 3종 수행의 체계에 따라 파악한 것은 아비나바굽타의 제자였던 그로서는 당연한 일이었을 것이다.

각 방편은 명칭에서 알 수 있듯 śāmbhū쉬바, śakti힘, āṇu개체와 관련을 가진다. 신적인 방편은 신(쉬바)에게 다가가는 방법이며, 힘의 방편은 샥티śakti에 다가감으로써 궁극적으로 쉬바에게 다가가는 방법이고, 개체적 방편은 우주적 의식의 응축으로 나타난 모든 개체들, 예를 들어 신체나 프라나prāṇa, 기관器官, karaṇa 등을 이용하여, 궁극적으로 쉬바에게 다가가는 방법이다. 마지막으로 무방편은 실제적인 방편이라기보다는 신의 방편을 통해 수행자가 의식의 힘을 완전히 회복한 상태를 지시한다.

SS 각 장의 제1 수트라는 각 방편을 실천하는 수행자의 의식 수준을 표현한다. 딕콥스키는 아래와 같이 말하고 있다.

> 크세마라자에 따르면 *SS* 각 장 첫 수트라들은 실천의 3종 수준에 대응하는 자아의 조건과 성질을 특징짓는다. 다시 말해 그들은 자기동일성이라는 점에서 본, 각 단계의 요가 수행자의 기본적인 상태를 지시한다. 이 동일성은 해탈자로서의 진정한 자기의식으로 나아가는 과정 속에서 자기

실현의 수준으로서, 그의 존재적인 상태에 대응한다.[161]

각 장의 제1 수트라는 먼저 1장에서 'caitanyamātmā(ca-itanya가 자아이다)', 2장에서 'cittam mantraḥ(citta가 만트라이다)', 3장에서 'atmā cittam(자아가 citta이다)' 이다.

1장 제1 수트라의 caitanya는 최상의 쉬바paramaśiva를 말한다.[162] *SS*의 1장 제5 수트라는 'udyamo bhairavaḥ'[163]로 이 방편의 특징을 가장 잘 말해준다. '일어남udyama이 bhairava', 즉 쉬바라는 것은 절대적 쉬바의 상태가 어떤 노력이나 의도와 관계없이 그냥 일어난다는 의미이다. 그래서 이 방편에는 구체적인 수행법이 없다. 사실 우주의 모든 것은 원래 쉬바이기 때문에 두두물물이 다 쉬바가 드러나는 것뿐이지만 무지로 인해 이것을 알 수 없다. 단지 무지라는 제한을 일으키는 분별을 쉬면 그만이지만 제한적 의식citta 수준에서는 이것을 알 수 없다. 그래서 이 단계의 방편을 수행하는 의식 수준은 이미 우주의 모든 현상이 쉬바의 현현이라는 것을 아는 수준이기에 특별히 의도적인 수행의 필요가 없다.

2장 제1 수트라 'cittam mantraḥ'[164]에서 cittam은 제한된 개체적 의식citta을 의미하는 것이 아니라 쉬바를 숙고하는 의식이다.[165] 만트라는 그것으로 인해 비밀스럽게 숙고하는 것, 즉 최고 실제와 다르지 않은

---

161) Dyczkowski(1989), p. 204.

162) *SS*. p. 6. caitanya는 "모든 지와 행위가 절대적으로 자유로운 것을 말하는 cetana(cetanaḥ sarvajñānakriyā svatantraḥ)"와 관계, 상태를 의미하는 접미사로 이루어진 추상명사다. 그래서 "caitanya는 모든 지와 행위가 결합되어 이루어진 절대적으로 자유로운 상태를 말한다. 성스러운 최상의 쉬바만이 그것이다(caitanyaṃ sarvajñānakriyāsambandhamayam paripūraṇam svatantrayaṃ ucyate | tacca paramaśivasya iva bhagavataḥ asti)." 그래서 caitanya는 최상의 쉬바를 의미한다고 할 수 있다.

163) *SS*. p. 29.

164) *SS*. p. 82.

것을 내부적으로 숙고하는 것이다.[166] 그래서 이 수준의 방편을 수행하는 의식은 비록 신적 방편을 수행하는 의식의 수준은 아니지만, 이미 제한적 의식 수준을 넘어 쉬바에 대해 깊이 숙고하는 수준의 의식이다. 이 의식 수준은 신적 방편과 개체적 방편을 수행하는 존재들 중에서, 중간적 단계에 속하는 존재들의 의식 수준이다. 여기서는 의도적 수행법들이 실천되지만, 개체적 방편과 같은 외형적 수행법들이 아니라, 청정한 분별śuddhavikalpa을 통해 붓디buddhi의 잘못된 분별을 멈추는 형태의 수행들이 나타난다.

그러나 3장 제1 수트라 'atmā cittam'[167]의 citta는 윤회의 주체인 제한적 의식을 말한다. 일반적인 외형적인 수행법들, 즉 신체나 생기生氣, prāṇa, 기관器官, karaṇa들에 대한 집중 같은 수행법들을 행하는 존재들의 의식 수준은 여기에 속한다.

(1) 무방편anupāya

이 방편은 실제 방편으로서의 의미보다는 신적인 방편을 통해 쉬바와 완전히 동일해진 최상의 의식 상태를 의미한다고 볼 수 있다. *SS*나 진동설의 여러 저작에도 무방편이라는 개념은 나타나지 않는다. 아마도 이 방편은 아비나바굽타가 처음 제시한 것으로 보인다.[168] 그의 상수제자였던 크세마라자 역시 이 개념을 알았겠지만, *SSV*나 *PH*에서 이 방편이 구별된 독자적 형태로 나타나지는 않는다. 이것은 쉬바파 일원론의 교설이 대개 그렇듯, 아마도 교설의 전체적 체계를 맞추기

165) *SS*. p. 82. "최고실재와 다르지 않은 것을 숙고하는 것이 citta이다(cetyate vimarśyate anena param tatvam iti cittam)."

166) *SS*. p. 82. "tad eva mantrayate guptam, antar abhedena vimarśyate parameśivararupam anena, iti kṛtvā mantraḥ"

167) *SS*, p. 126.

168) 高島淳(1986), p. 59.

위해서 만들어진 것이 아닐까 한다. 예를 들어 의지icchā, 지jñāna, 행위kriyā가 신적인 방편, 힘의 방편, 개체적 방편에 배대되듯, 무방편은 쉬바의 근본적 힘 중의 하나인 환희ānanda에 배대되어 환희의 방편ānandopāya이라고도 불린다.[169)]

무방편이 의도하는 목적은 해탈을 위한 방편의 문제라기보다는, 해탈 그 자체의 상태를 보여주는 것이라고 할 수 있다.[170)] 그러나 구태여 무방편을 하나의 행법으로 취급한다면, 2종으로 나뉠 수 있다.[171)] 각자覺者로 세상에 태어나 삶 자체가 진리와 다르지 않다는 것을 보여주는 것이 상위의 무방편이라고 할 수 있다.

그러나 대다수의 수행자는 이런 의식 상태를 위하여 다양한 수행을 행하여야 한다. 그리고 마지막으로 이런 의식 상태를 성취하기에 적당한 때가 오면, 스승은 수행자에게 그가 쉬바의 광휘로 빛나고, 그의 본성이 전 우주와 같다는 것을 말해준다. 『마하아르타만자리*Mahārthamañjarī*』에서는 『라트나말라*Ratnamālā*』를 인용하여 이 상황을 "스승이 무념에 집중하여 [제자에게] 무언가 말을 하면 [제자는] 거기에서 바로 해탈하여 [육체라는] 껍데기만 남는다"[172)]라고 말한다. 이런 상황에서 제자가 할 수 있는 것은 스승을 응시하며 스승의 초월적 의식상태를 느끼는 것뿐이다. 이것을 힘의 하강śaktipāta이라고 한다. 그러나 제자가 아직 이 정도의 능력이 되지 않을 때, 스승은 이미 성취한 수행자의 지견知見, siddhadarśana을 제자에게 준다. 그리고 제자는 눈을 감은 상태의 명상nimīlanasamādhi를 행한다. 제자가 어느 순간 성취한 요기의 의식수준을 감득하면, 제자의 의식은 신체에 퍼지는 맹독처럼 확장되어 스

169) Pandit(2003). p. 267.
170) Dyczkowski(1989), p. 177.
171) 이하 본문의 내용은 Dyczkowski(1989), p. 178 참조.
172) Dyczkowski(1989), p. 178 재인용.

승과 같은 의식을 성취하게 된다. 이런 것이 하위의 무방편이다.

(2) 신적인 방편śāmbhavopāya

신적인 방편의 상태를 적시한 문장이 *SS*의 1장 제5 수트라 'udyamo bhairavaḥ' 이다. udyama는 '일어남' 혹은 '자연적인 일어남' 으로 번역될 수 있다. 이를 크세마라자는 다음과 같이 주석하였다.

> udyama는 최상의 pratibhā라는 형태 속에서 나타나는 의식이며, 전 우주의 형태로 나타나는 쉬바의 의식이다.[173)]

pratibhā는 쉬바파 일원론의 전문 용어로, 『파라트림쉬카*Parātriṃśikā*』의 정의에 따르면 절대자유의 신적인 의식을 말한다.[174)] 그래서 udyama란 쉬바의 절대자유에 따른 자연적인 발생을 의미한다. 이것은 개체적 자아의 의도와는 전혀 다른, 신적인 의지, 우주가 드러나는, 혹은 존재가 스스로 드러나는, 그런 절대적 사실이다.[175)] 이런 점에서 이 방편은 의지의 방편icchopāya으로도 불린다. 이것은 존재가 현현하는 사실, 그 자체이기 때문에 이를 성취하기 위하여 특별한 수행이 필요한 것은 아니다. 이 존재의 현현은 늘 일어나는 자연 그 자체이다. 앞서의 무방편과 다른 점을 굳이 말한다면, 무방편의 상태가 36원리의 첫 원리인 쉬바 원리의 상태에 배대된다면, udyama의 상태, 혹은 신적인

---

173) *SS*. p. 30. "yo'yam prasaradrūpāyā vimarśamayyāḥ saṃvido jhagiti ucchalanātmaka parapratibha unmajjanarūpa udyamaḥ ……"

174) *SS*. p. 31.note1.

175) 이런 존재의 현현을 유가儒家적으로 말한다면 천명天命, 도가道家적으로 말한다면 무위자연 정도로 말할 수 있지 않을까 한다. M. Heidegger의 존재Da Sine 개념과도 비교될 수 있을 것이다. 싱 역시 같은 입장을 표명한다. *SS*. introduction, p. xxxi.

방편을 수행하는 의식 상태는 제3원리인 영원한 쉬바원리의 상태에 해당한다고 할 수 있을 것이다.[176] 즉 신적인 방편의 완성이 무방편의 상태, 특히 상위의 무방편에 해당하는 것으로 볼 수 있다.[177] 신적인 방편의 특징은 자연발생적이고, 비결정적인nirvikalpa 내적 사고(혹은 명상)에 있는 것으로, 이것은 힘의 방편이나 개체적 방편의 여러 수행들을 통해 높은 영적 수준에 도달한 수행자들에게 적합한 방편이다.[178] 이 방편의 성취를 위해 사용되는 구체적 수행은 없으며, 이 방편의 의식상태를 얻기 위해서는 그 이전에 하위의 다른 수행이 필요한 것이다.

우주는 쉬바의 절대자유에 의해서 발생하는 쉬바, 그 자체임에도 우리는 분별에 의해 주관과 객관, 그리고 인식의 장으로 현상을 나눈다. 그래서 이 방편은 분별, 혹은 차별을 없애야만 성취할 수 있다. 그런 의미에서 이 방편은 무차별의 방편abhedopāya으로도 불린다. 이런 무차별의 상태를 아비나바굽타는 다음과 같이 말하고 있다.

> 어떤 것도 거부하지 않고 받아들이지도 않으면서 영원한 현재인 그대의 본질 속에 거하라.[179]

분별을 없애는 데는 마트리카mātṛkā의 이치를 아는 것이 도움이 된다. 아비나바굽타는 『탄트라사라*Tantrasāra*』에서 신의 방편에서 의지의

176) Pandit(2003). p. 263. "신적인 방편이 신의 의지와 동일하다는 것은 이 방편에서 의지가 중요한 역할을 한다는 것이 아니라 의지가 sadaśiva의 원리와 동일하다는 것을 말하는 것이다. sadaśiva의 원리는 우주가 차별되지 않고 통일 상태에 존재한다는 것을 표상한다."

177) *TA*. 1.142.(*K.S.T.S.* no.23. p. 182.) "[신적 방편은] 그 최고의 상태에서는 무방편이라고 한다(sa eva parāṃ kāṣṭhṃ prāptaścānupāya ityucyate |)."

178) Pandit(2003). p. 263.

179) *TA*. 1.331.(*K.S.T.S.* no.23. p. 305.) "mā kiñcit tyaja, yā gṛhāṇa, virama svastho yathāvasthitaḥ |"

힘icchaśakti은 지知의 힘jñānaśakti으로서 강화된다고 하였다.[180] 전 우주는 샥티의 현현이다. 이 샥티의 현현이 36원리이다. 범어의 모든 철자들은 전 우주를 이루는 샥티를 상징하는 것으로, 이 철자의 전체를 마트리카라 하는데, 이것이 36원리요, 전 우주인 것이다. 마트리카의 이치를 모르면, 이것은 속박의 경험을 가져오지만, 이를 알 때는 해탈을 가져 온다.[181]

또 크세마라자는 *SS*의 1장 제5 수트라의 주석에서 『스판다카리카 *Spandakārikā*』 3장 제9 수트라에 소개된 unmeṣa[182]로 불리는 힘의 방편에 속하는 수행법을 신적 방편에 도움이 된다고 소개하고 있다.

> 한 생각이 일어나고 또 다른 생각이 일어날 때 그 사이의 접점이 unmeṣa, 즉 두 생각의 배경인 진아의 진성의 드러남이다. 이것은 모두가 스스로 경험할 수 있다.[183]

(3) 힘의 방편śāktopāya

신적인 상태, 즉 우주와 쉬바가 동일한 상태는 성취되는 것이 아니라, 드러나는 것이다.[184] 더 직접적으로 말한다면 원래 드러나 있는 것이지만 제한적 의식citta 수준에서는 이 상태가 분별vikalpa에 의해 드러

180) 쉬바의 힘이자 본성인 icchā意志, jñāna知, kriyā行爲는 각각 신적인 방편, 힘의 방편, 개체적 방편에 배대되기 때문에, 이는 힘의 방편을 통해 신적 방편의 수행에 도움을 받을 수 있다는 의미이다. 그래서 마트리카의 이치에 대한 이해나, unmeṣa의 수행 같은 힘의 방편에 속한 수행들이 신적 방편의 수행에 도움이 된다는 것이다.

181) 본서, p. 232 참조.

182) 본서, p. 270 참조.

183) *SS*. p. 31. "ekacintāprasaktasya yataḥ syādaparodayaḥ | unmeṣaḥ sa tu vijñeyaḥ svayaṃ tamupalakṣayet ||"

184) *SS*. introduction, p. xl.

나지 않는다. 신적 방편이란 이런 분별을 받아들이지도, 거부하지도 않음으로써, 분별을 쉬게 하여 그 상태를 성취하는 것이다.[185] 그러나 이 방편은 가장 단순하면서도, 가장 어려운 것이라 할 수 있다. 왜냐하면 분별을 버리려는 생각 자체가 이미 또 다른 분별이기 때문이다.

분별에서 벗어나기 위해 힘의 방편에서 의지해야 할 것이 청정한 분별śuddha vikalpa이다. 아비나바굽타는 『탄트라사라』에서 다음과 같이 말하고 있다.

> 사람들은 스스로를 분별에 속박되었다고 간주한다. 자신들에 대한 그들의 이 잘못된 개념은 그들을 윤회의 존재로 속박하는 원인이 된다. 그래서 반대되는 분별이 일어나면 속박의 원인이 되는 분별을 밀어낸다. 그래서 향상向上의 원인이 된다.[186]

불청정한 분별aśuddha vikalpa은 위에서 보듯 자신을 속박, 혹은 쉬바와 다른 제한된 개체의 의식으로 보는 분별이다. 나를 신체나 혹은 생기生氣, 기관器官, karaṇa으로 한정시키는 분별이거나, 우주를 쉬바와 분리된 개체로 보는 분별 등을 말한다.

청정한 분별은 아비나바굽타가 『탄트라사라』에서 말한 것처럼, 예를 들어 "지地에서부터 쉬바에 이르는 제한된 각 시현示現을 초월하는 제한 없는 의식인 그것, 홀로 최고의 실제인 그것, 그것이 나이다. 그러므로 나는 우주를 초월하면서도 내재적이다"[187]같은 분별을 말한다.

---

185) *SS*. introduction, p. xl.

186) *Tantrasāra*, (*K.S.T.S.* no.17. p. 21) "vikalpabalat eva eva jantavo baddham ātmānam abhimanyante, sa abhimānaḥ saṃsārapratibandhahetuḥ । ataḥ pratidvandvarūpo vikalpa uditaḥ saṃsārahetuṃ vikalpaṃ darayati iti abhyudayahetuḥ ॥"

187) 개략적 번역이다. 원문은 *Tantrasāra*, (*K.S.T.S.* vol. 17.) p. 21. sa ca evaṃrūpḥ

이와 같이 청정한 분별이란 진아, 그리고 진아와 우주의 관계 등에 대한 바른 분별을 말한다. 그런데 이런 청정한 분별을 통해 쉬바를 자신의 진아로 이해할 수 있다는 점에 의문이 있을 수 있다. 즉, 최상의 쉬바가 분별의 영역에서 이해될 수 있는가 하는 것이다. 분별을 벗어났을 때만 최상의 쉬바의 상태가 드러나는 것이기 때문에, 이것은 가능하지 않을 것이다. 청정한 분별의 핵심적 기능은 분별의 특징인 이원성을 제거하는 데 있다.[188] 이원성의 느낌은 쉬바파 일원론의 속박의 원인인, 자신의 본성에 대한 무지[189]에서 근본적으로 비롯된 것으로, 청정한 분별은 이를 없앤다. 즉, 청정한 분별은 지식적 무지bauddha ajñāna를 제거하는 소극적 기능을 가진다. 그래서 분별의 영역에서 최상의 쉬바를 가져올 수는 없지만, 청정한 분별을 통해 불청정한 분별에서 기인한 이원성의 느낌을 제거함으로써, 마침내 분별을 초월한 상태를 체득할 수 있게 된다.

청정한 분별은 불청정한 분별을 제거하는 소극적 기능뿐만 아니라, 만트라의 힘mantraśakti, 관상觀想, bhāvanā을 이끄는 연구sattarka[190] 그리고 청정지śuddhavidyā의 방식들과 더불어 적극적 기능도 한다.[191]

만트라는 철자들로 구성되어 있는데, 이 철자들은 쉬바의 힘(샥티)들을 상징한다. 『카마칼라빌라사*Kāmakalāvilāsa*』에 인용된 『탄트라사드브하바*Tantrasadbhāva*』에서는 다음과 같이 말하고 있다.

---

samastebhyaḥ paricchinnasvabhāvebhyaḥ śivāntebhyaḥ taktvebhyo yat uktīrṇam aparicchinnsaṃvinmātrarūpaṃ tadeva ca paramārthaḥ, tat vastuvyavasthāsthānaṃ, tat viśvasya ojaḥ, tena praniti viśvam, tadevatadeva ca aham,, ato viśvoktīrṇo prāṇiti viśvātmā ca ahaṃ iti |

188) *SS*. introduction, p. xlii.

189) 이것은 다시 말하자면 5종 행위의 근원인 의식에 대한 무지를 말하는 것이다.

190) 글자 그대로 인도 정통의 6파철학을 의미하지만, 여기서는 그런 철학적 내용에 대한 연구라는 의미이다.

191) *SS*. introduction, p. xlii.

일체의 만트라를 구성하는 철자들은 샥티를 자성으로 한다. 그대여! 그런 것으로서 샥티는 마트리카로 알려져야 하고 마트리카는 쉬바의 자성으로 알려져야 한다.[192)]

만트라를 이루는 철자들 속에 내재한 힘들을 집합적으로 총칭하여 마트리카mātṛkā라고 한다. 이 마트리카의 본질은 쉬바의 힘적 측면, 즉 샥티이다. 이것은 쉬바와 다른 것이 아니다. 청정한 분별을 통해 마트리카에 내재하는 샥티와 동일하게 되는 것이 바로 힘의 방편이다. 이 방편이 힘의 방편, 즉 샥티에 다가가는 법śaktopāya이라고 불리는 것은 바로 이런 이유이다.

아비나바굽타는 *TA*에서 『말리니비자야탄트라*Mālinīvijayatantra*』를 인용하여 다음과 같이 힘의 방편을 정의한다.

수행자가 마음이 하나에 고정될 때 [미묘하거나 조대한] 읊조림의 경계에 속하지 않는 실재를 이해한다. 그래서 통일의식을 얻는데 그것을 śākta(샥티를 통해 얻어진 것)라고 한다.[193)]

이때 "[미묘하거나 조대한] 읊조림의 경계에 속하지 않는 실재uccārarahitaṃ vastu"란 힘(샥티)을 말한다. 특히 근원적 의미의 힘이기에 절대적 힘parāśakti라고 한다. 힘의 방편에서 만트라를 수행할 때는, 개체적 방편에 속한 만트라수행처럼 단지 만트라를 반복하는 것이 아니고, 만트라에 의해 불러 일으켜진 신, 즉 만트라에 내재한 힘에 스스로를 동일

192) *Kāmakalāvilāsa*, 11. "sarve varṇātmakā mantrāste ca śaktyātmakāḥ priye ǀ śaktistu mātṛkā jñeyā sā ca jñeyā śivātmikā ǁ"

193) *TA*, 1.169.(*K.S.T.S.* no.23. p. 305) "uccārarahitaṃ vastu cetasaiva vicintayan ǀ yaṃ samāveśamāpnoti śāktaḥ so'trābhidhīyate"

화해야 한다. 모든 만트라의 근원은 쉬바의 자기인식pūrṇāhantā인데, 이는 바로 의식cit의 비마르샤의 힘vimarśaśakti이다.[194] 그래서 마트리카mātṛkā, 마하마트리카mahāmātṛkā, 파라샤티parāśakti, 비마르샤샤티vimarśaśakti, 푸르나한타pūrṇāhantā는 같은 것을 지칭하는 말이다. 다시 말해 이 용어들은 의식의 활동성의 측면을 맥락에 따라 다양하게 표현한 것이다. 이것은 의식의 힘śakti을 말하는 것이고, 힘의 방편은 만트라의 근원인 샤티를 중심으로 수행되기 때문에, 힘의 방편이라는 명칭을 얻은 것이다.

연구研究, sattarka에 대해서 아비나바굽타는 『탄트라사드브하바Tantrasadbhāva』에서 "연구는 청정한 분별에 유사한 일련의 개념들을 강화시키는 숙고"[195]라고 하였다. 연구는 수행자의 진보를 돕는 것으로, 스승이나 경전āgama에 의해서 배운 것을 깊이 숙고하는 것이다. 이것은 관상觀想, bhāvanā을 가져오는데 이를 아비나바굽타는 아래와 같이 정의한다.

> 실재하고 존재함에도, 불명료함에 기인하여 이전에는 비실재와 비존재로 나타난 것이, 강한 명료성을 가지고 다시 나타나게 하는 명상이 관상이다.[196]

194) 쉬바의 자기인식pūrṇāhantā은 어의 그대로는 "완전한 나성性"이다. 이것은 쉬바가 자기 자신을 자신으로 바라보는 것으로, 이것이 비마르샤이고, 이것은 하나의 힘이기 때문에 비마르샤의 힘vimarśaśakti이라고도 불린다. 이 비마르샤성을 쉬바파 일원론은 의식의 가장 중요한 특징으로 보고 있는 것이다.

195) *Tantrasāra*, (*K.S.T.S.* no.17. p. 23) "tathāvidhavikalpaprabandha eva sattarka iti uktaḥ"

196) *Tantrasāra*, (*K.S.T.S.* no.17. p. 23) "asphuṭatvat bhūtamiva artham abhūtamiva sphuṭatvāpādanena bhāvyate yayā"

이것은 일종의 자동암시로서, 싱는 창조적 명상creative contemplation으로 번역할 수 있다고 했다.[197] 즉 어떤 진리나 대상을 심상화해 마치 실재적인 것처럼 떠올리는 명상 기술을 말한다고 할 수 있을 것이다.

이 관상은 청정지śuddhavidyā의 상태를 가져 오는데, 이것은 순수전개원리에 속한 것이다. 이 상태는 주객이 나뉘지만, 아직 통일된 의식 내적인 주객으로 나타난다. 그래서 이 상태는 주관, 객관, 인식의 장이 서로 다른 것으로 나타나지 않는다.[198] 경전의 연구나 스승의 가르침을 통하여 얻은 청정한 분별, 혹은 연구를 통해 관상을 행하면, 어느 순간 개체적 의식은 청정지śuddhavidyā의 상태로 진보하고, 즉 청정지원리의 주관인 만트라의 의식상태에 도달하고, 더욱 진보하여 주객과 인식의 장의 구분조차 사라지는 파라샥티parāśakti의 상태에 도달한다.

(4) 개체적 방편āṇavopāya

개체적 방편을 수행하는 주체는 개체적 의식citta 수준의 개체이다. 무한한 의식과 분리되어 존재하는 개체들을 aṇu라고 한다. 이 방편의 이름은 여기서 나왔다. 이들의 수행 대상들도 개체적인 것들, 조대한 것들이다. 그래서 만트라의 반복이나, 특정한 신앙의례같이 구체적 행위를 통해 실천되기 때문에 행위의 방편kriyopāya이라고도 한다. 우리의 일상의식은 개체적 의식 수준이기 때문에 보통의 일상적 수행은 대개 여기에 속한다.

비록 개체적 자아에 의해 조대한 행위를 기반으로 행해지는 방편이지만, 이 방편의 궁극적인 목적 역시 본질적인 신적 자아와의 통일의식samāveśa에 있다. 개체적 방편을 기반으로 힘의 방편이 있고, 힘의 방편을 기반으로 신적인 방편이 있는 것이다. 개체적 방편의 주체, 혹은

197) *SS.* introduction, p. xlvii.

198) 본서, p. 206 참조.

개체적 방편의 수련을 실천하는 수행자의 의식은 마음manas의 수준이다. 이 수준에서 의식은 외향적이다. 대상을 외부적인 것으로 보고, 일정한 범주로 분류하는 분별적 형태로 작동한다. 그래서 이때 자기 자신을 내향적으로 의식하는 의식의 힘, 즉 의식의 비마르샤 측면[199]은 거의 활동하지 않는다. 개체적 방편의 실천을 성취하면, 마음은 외향적 활동을 중지되고, 대신 의식의 내향적 자기 관조, 즉 비마르샤성性이 드러나는 의식 상태가 된다. 이때 수행자는 힘의 방편을 실천할 수 있는 의식상태를 이루게 된다.

개체적 방편의 주체는 분별하는 마음이기 때문에, 이 수준의 실천법은 대상적으로 지각된 의식의 내용물, 그리고 미묘한 생기生氣, prāṇa에서 물리적 신체에 이르는 대상적 요소들로 구성된 주체와 그 주위 환경들과 관련된 수행들이다. 그래서 이것에 속한 수행은 크게 2종으로 나뉜다. 먼저 심리적, 물리적 유기체 속에 존재하는 개체적 자아와 관련된 수행들이고, 다음으로 외부 실체들과 관련된 수행들이다.[200] 『말리니비자욧타라탄트라*Mālinīvijayottaratantra*』는 이 방편을 아래와 같이 설명한다.

> 통일의식은 개체[의 방편으]로 알려진 웃차라uccāra, 카라나karaṇa, 드흐야나dhyāna, 바르나varṇa와 스타나칼파나sthānakalpanā를 통해 성취된다고 말해진다.[201]

위의 인용문에서 선정禪定, dhyāna은 일반적인 탄트라 수행에서 기초

199) 이 비마르샤가 만트라의 본질이라는 것은 앞에서 언급했다.

200) Dyczkowski(1989), p. 206.

201) *Mālinīvijayottaratantra*, 2.21. (*K.S.T.S.*, no.37) uccārakaraṇadhyānavarṇasthānakalpanaiḥ | yo bhavettu samāveśaḥ samyagāṇava ucyate ||

적으로 이용되는 요소의 청정清淨, bhūtaśuddhi수행을 말한다. 이를 통해 신체는 대우주와 동일시된다. *SS*의 3장 제4 수트라에 따르면, 여기에는 '용해되는 관상layabhāvana'과 '불타는 관상dāhabhavāna, dāhacintā'의 2종이 있다.[202] 용해되는 관상은, 지地에서 쉬바에 이르는 36원리가 조대하고, 미묘한 신체 수준에서 쉬바 수준의 신체에서 용해되는 것을 관상한다. 불타는 관상은 괴겁 시에 우주를 태우는 화염으로 나타나는 루드라Kālāgnirudra가 오른 엄지발가락에서 발생하여 전신을 태운다고 관상하는 것이다. 이를 통하여 쉬바와의 통일의식이 일어난다.

웃차라uccāra, 바르나varṇa, 카라나karaṇa, 스타나칼파나sthānakalpanā는 수행의 집중 대상이라고 할 수 있다. 먼저 웃차라, 바르나는 둘 다 생기生氣, prāṇa의 '방출'이라는 의미와 연관된다. 생기는 일반적으로 호흡을 의미하고, 특수하게는 세부적인 미묘한 기운을 의미한다. 특수한 의미의 생기는 5풍風, pañcavāyu으로도 불리는 프라나, 아파나, 사마나, 우다나, 브야나이다.

웃차라는 이들 5풍의 각각에 의식을 고정시키는 수행이다. 이를 웃차라요가uccārayoga라고도 한다. 이를 통해 의식의 확장을 다양하게 체험하게 된다. 바르나는 생기의 움직임을 따라 발생하는 나다nadā, 혹은 심장의 나다nadā(anāhatanadā)소리에 집중하는 것이다. 이 나다는 숨을 내쉴 때 sa, 들여 마실 때 하ha로서 늘 들리고 있다. 그래서 이 소리를 따서 함사haṃsa만트라로도 불리며, 의도하지 않아도 반복되기 때문에 아자파자파ajapājapa만트라라고도 한다. 이 집중에 따라 회음부 근처의 에너지 집중처(물라다라차크라)에 있던 쿤달리니가 두정부의 에너지 집중처(사하스라라차크라)로 상승하여, 의식의 팽창을 체험하게 된다.

기관器官, karaṇa은 신체deha에 집중하는 수행으로, 여기서 신체는 조

202) 행법의 구체적 내용은 Dyczkowski(1989), pp. 210~211 참조.

대신, 미세신, 그리고 쉬바의 원인적 신체를 포함한다. 이 수행은 순서에 따른 7종의 집중 대상, 객관grāhya, 주관grāhka, 의식saṃvit(cit), 산니베샤sanniveśa(niveśa), 확장vyāpti, 포기tyāga, 방사ākṣepa가 있다. 먼저 모든 객관grāhya들을 개체적 주관grāhka에 동화시킨다. 다음으로는 이 모든 것을 의식saṃvit에 동화시킨다. 그 다음에 의식을 확고히 한다. 이 확고함이 완전해지는 것을 산니베샤sanniveśa라고 한다. 그리고 의식이 모든 대상들에게 확장해 나가는 것을 확장vyāpti이라고 한다. 이것은 관상을 통해서 수행된다. 포기tyāga는 이 관상마저 사라져, 모든 노력이 포기된 경지다. 확장과 포기의 상태에 도달하면, 힘의 방편의 의식 상태가 된다. 방사ākṣepa는 의식이 우주에 방사되는 것으로, 이것은 신적 방편의 경지다. 이와 같이 기관수행은 지각대상인 객관에서 시작하여 마침내 신적 방편의 경지를 이루는 수행이다.

스타나칼파나sthānakalpanā는 생기生氣의 바람prāṇavāyu, 신체, 신체 외부의 것에 집중하는 수행이다. 특히 생기의 바람에 집중한다는 것은, 코를 드나드는 입출식의 느낌에 집중하는 것이다. 숨을 내쉴 때 프라나는 심장에서 두정부 사이의 공간을 움직인다. 숨을 마실 때는 그 반대로 진행한다. 두정부와 심장의 양 꼭지점에 마음을 집중하면 바르게 분별이 사라져, 마침내 통일의식을 성취한다.[203)]

그런데 개체적 방편의 수행을 다른 범주로 분류하기도 한다. 그것이 요소의 청정bhūtaśuddhi, 좌법āsana, 호흡prāṇāyama, 응념dhāraṇā, 선정dhyāna, 삼매samādhi로 나누는 것인데,[204)] 그 구체적 내용들은 앞서 설명한 실천법들과 공통되기도 한다. 파탄잘리의 8지요가체계와 유사한

---

203) 생기의 바람에 집중하는 이 수행은 불교의 입출식념과 동일한 것으로, *PH*에서는 시종점始終点의 관찰ādyanta-koṭi-nibhālana수행으로 제시되고 있다. 보다 구체적인 내용은 본서, pp. 268~269 참조.

204) Dyczkowski(1989), pp. 210~213 참조.

방식의 분류인데, 요소의 청정이 들어가 있고, 금계와 권계 그리고 제감이 없다는 점이 다르다. 그러나 구체적 내용은 파탄잘리의 요가체계와는 다른 내용이다. 크세마라자는 파탄잘리의 고전요가수행은 제한된 성취만 있을 뿐이라며 거부했다. 이는 상키야의 이원론을 비판한 쉬바파 일원론 입장에서는 당연한 일이었을 것이다.

2) *PH*에 나타난 재인식론의 수행론

*PH*에서 수행론을 다루는 부분은 제12 수트라와 제18 수트라이다. 제12 수트라의 내용은 5종 행위의 근원에 대한 무지에서 비롯한 미혹의 발생을 다룬 것이다.[206] 이 내용은 쉬바파 일원론의 수행론 전체의 체계를 갈무리한 것으로, 앞 절에서 다룬 신적 방편, 힘의 방편, 개체적 방편에 대응하는 것이다.[207] 이것은 구체적 수행법을 제시하기보다는, 쉬바파 일원론 교설체계에 따라 수행의 수준을 의식 수준에 따라 배대한 것이다.

보다 구체적인 실천법이 제시되는 것은 제18 수트라이다. 여기서는 재인식론의 최고, 유일의 수행인 분별의 해소와 여타의 구체적인 수행법들이 제시되고 있다. 제18 수트라의 내용은 아래와 같다.

---

205) Dyczkowski(1989), p. 209.

206) 본서, pp. 225~241 참조.

207) 절대어의 힘parāvāc-śakti에 의한 미혹은 신적 방편과, 의식의 힘citi-śakti에 의한 미혹은 힘의 방편과, 절대자유의 힘aiśvarya-śakti, 즉 svātyantrya-śakti에 의한 미혹은 개체적 방편과 연관된다. 절대어는 모든 언어의 근원으로서 의식cit, 즉 쉬바를 말하는 것이다. 그렇기 때문에 신적 방편과 연관된다. citi는 cit의 활동성, 즉 힘 śakti를 말한다. 그래서 힘의 방편과 연관된다. 절대자유aiśvarya, 혹은 svātyantrya에 의하여 cit는 개체적 존재를 현현시킨다. 그렇기 때문에 개체적 방편과 연관된다.

분별의 해소, 힘śakti의 응축과 팽창, 입출식入出息의 멈춤, [호흡의] 시종점始終点의 관찰, 여타 등이 여기에서 방편方便이다.[208)]

(1) 분별의 해소vikalpakṣa

第18 수트라에서 크세마라자는 호흡prāṇāyāma, 무드라mudrā, 반다bandha 등의 엄격한 규칙을 지키지 않아도 되는, 쉬운 수행법을 제시하고 있다.[209)] 그것이 분별의 해소이다. 이것은 제18 수트라의 주석에는 다음과 같이 설명되고 있다.

> …… 자성에 머무는 것을 방해하는 분별들을, 언급된 방법들에 의해, 여타의 어떤 것도 생각지 않는 것에 의해 억제하면서, 수행자가 자신의 개체적 자아citta를 심장에 집중할 때, 무분별 상태를 붙잡음으로써 자신의 cit를 신체 등등으로 더럽혀지지 않는 [진정한] 아는 자로 간주하는 습성에 익숙해진다. 그리고 짧은 시간 내에, 제4위turīya, turya와 제4위를 초월한 상태turyatīta를 얻는다.[210)]

이 분별의 해소는 재인식론의 최고 수행이며, 재인식론에서 첫째로 가르쳐지는 것이다.[211)] 분별의 해소는 재인식론뿐만 아니라 쉬바파 일

208) *PH*, p. 94. "vikalpakṣaya śaktisaṃkocavikāsa vāhaccheda adyantakoṭinibhāla-nādaya iha upāyāḥ ||12||"

209) *PH*, pp. 94~95. "또 다른 방편들이 여기서 말해진다. 호흡, 무드라, 반다 등의 엄격한 규칙의 족쇄를 부셔버리는 쉬운 방편들이 실로 [있다](upāyāntaram api tu ucyate prāṇāyāma-mudrā-bandhādi samastayantraṇātantratroṭanena sukhopāyam eva)."

210) *PH*, p. 95. "…… hṛdaye nihitacittaḥ uktayuktyā svasthitipratibandhakaṃ vika-lpaṃ akiṃciccintakatvena praśamayan avikalpaparāmarśena dehādyakaluṣas-vacitpramātṛtānibhālanapravaṇaḥ acirād eva unmiṣadvikāsāṃ turyaturyātītasa-māveśadaśāṃ āsādayati |"

원론 수행체계의 가장 궁극적인 목표이다.[212] 비록 쉬운 수행sukhopāya 이라고는 표현되었지만, 앞서 신적인 방편과 같이 분별을 버리려는 의도 자체가 이미 분별이기 때문에 결코 쉽다고만은 말할 수 없을 것이다.[213] 다만 호흡prāṇāyāma, 무드라mudrā, 반드하bandha 등과 같은 엄격한 규칙이 없는, 단순한 방법이라는 정도로 이해하는 것이 타당할 것이다. 이것은 구체적인 수행법은 아니다.

그래서 분별의 해소를 위해 힘의 응축과 팽창 등과 같은, 힘들을 운용하는 구체적인 수행들을 언급한다.

(2) 힘의 응축과 팽창śakti-saṃkoca-vikāsa

제18 수트라의 여타의 수행법들은 재인식론의 정통적 수행법은 아니지만, 신성한 전통(쉬바파 일원론)에 속하거나, 일정한 관계를 가지기 때문에 언급된다. 또 이런 방법들을 통해서도 누군가는 해탈을 얻을 수 있기 때문이다.[214]

가장 먼저 언급되는 것은 힘의 응축saṃkoca과 팽창vikāsa에 의한 방편

---

211) *PH*, p. 96. "최고이기 때문에, 재인식론에서 설명되었기 때문에 이것이 첫 방편으로 말해진다(ayaṃ ca upāyo mūrdhanyatvāt pratyabhijñāyāṃ pratipāditatvāt ādāv uktaḥ)."

212) 본서, p. 245. "염오와 덮개에 의한 제한, 그리고 5종 행위의 근원에 대한 무지에서 비롯된 미혹을 벗어나, 자신의 진성을 체험하여 개체적 영혼jīva이 쉬바와 다르지 않다는 것을 재인식하는 것이 재인식론 수행의 목적이다. 재인식론의 수행 목적은 쉬바파 일원론 전체의 수행 목적과 다르지 않다."

213) 본서, p. 222 참조.

214) *PH*, p. 97. "샥티의 saṃkoca 등은 재인식론에서 가르쳐지지 않았지만, 그럼에도 불구하고 그들이 신성한 전통에 포함되고, 전통과의 부차적 관계 때문에 언급한다. 많은 수단들이 언급되면 누군가 그들 중의 어떤 것을 통해 [사마베사의 상태에] 들어올 수 있을 것이다(śaktisaṃkocādayas tu yady api pratyabhijñāyāṃ na pratipāditāḥ tatha api āmnāyikatvāt asmābhiḥ prasaṅgāt pradarśyante | bahuṣu hi pradarśiteṣu kaścit kenacit pravekṣyatīti |)"

이다. 힘(샥티)을 쿤달리니kuṇḍlinī[215]로 표현할 때는 샥티쿤달리니, 혹은 의식쿤달리니cit-kuṇḍlinī라고 한다. 의식은 모든 개별자의 내부적 실재이지만, 프라나prāna로 변형되어, 마야의 단계를 거치면서, 우주적 의식으로서의 진성眞性을 숨기고, 프라나샥티prāna-śakti로서 점차적으로 응축하여, 붓디, 신체 등의 수준에 머물게 된다. *PH*의 제17 수트라의 주석에는 우주적 힘이 개체적 수준의 힘으로 변화하는 과정을 설명하고 있다.

위대한 우주적 의식saṃvit 자체가 모든 것의 가장 내부[적 실체]로서 있기 때문에, 그리고 어떤 것의 형태나 속성도, 그 존재의 기반이나 지지로서의 그것saṃvit에 결합하지 않고서는, 가능할 수 없기 때문에 중심madhya[216]이다. 그것의 존재가 그러함에도 불구하고, 견해에 따르면, "우주적 의식은 가장 먼저 프라나로 변형된다." 그것은 마야의 단계에서 진성을 은폐하고, 프라나샥티prāna-śakti의 역할을 받아들이면서, 하강의 차제를 따라 붓디, 신체 등의 수준에 머물며, 수천의 기도nāḍī, 氣道의 길을 따른다. 거기서도 그것은 본질이 프라나 샥티 형태의 브라흐만인, 브라흐만의 꿈

215) 혹은 kuṇḍalīn으로도 불린다. 인체의 가장 하부 차크라인 mūlādhāra–cakra에 뱀 모양으로 세 바퀴 반 감겨 있다고 알려진 힘(샥티)이다. 하타요가는 이 힘을 각성시키는 것을 목적으로 한다. 그러나 이것은 일반적으로 알려진 쿤달리니의 개념으로, 본문의 내용처럼 이는 호흡 쿤달리니prāna–kuṇḍlinī이며, 궁극적(혹은 최상의) 의미의 쿤달리니는 의식, 혹은 의식의 힘을 지시하는 cit-kuṇḍlinī(혹은 śakti-kuṇḍlinī)이다.

216) *PH*, notes, p. 146. "madhya는 쉬바의 관점에서 모든 존재의 가장 내부, 혹은 핵심 실체인 우주적 의식이다. 그것은 쉬바의 순수한 자기의식이다. 힘(샥티)의 관점에서는 스스로를 지식과 행위jñāna와 krīyā 속에 표현하려는 영적 충동이다. 개체적 관점에서는 madhyama-nāḍī이다." 이 해설은 신적 방편에서 madhya는 의식cit이며, 힘의 방편에서는 의식이 현현하는 힘śakti이며, 개체적 방편에서는 prāna가 움직이는 중앙 기도氣道, madhyama-nāḍī, 즉 suṣumnā-nāḍī라는 것을 설명하는 것이다.

brahmarandhra의 우측에서부터 아래의 입adho vaktra까지,[217] 팔리샤palāśa잎의 중앙맥관 같이 [뻗은] 중앙 기도madhyama-nāḍī의 형태 속에 남는다.[218]

힘의 응축과 팽창 수행은, 우주적 의식이 프라나화化되어 인체 내에 깃든 쿤달리니호흡쿤달리니, prāna-kuṇḍlinī를 각성시켜, 원래의 무한한 의식성을 회복하는 수행이다. 호흡쿤달리니는 두 양상으로 전개된다. 하강쿤달리니adhaḥ-kuṇḍlinī와 상승쿤달리니ūrdhva-kuṇḍlinī가 그것이다. 먼저 규칙적인 호흡 수련에 의한 비공鼻孔의 진동으로 호흡이 점차 미묘해지면서, 프라나[219]가 강화된다.[220] 수행자의 의식이 입출식의 중간지점에

217) 중앙 기도氣道, madhyama–nāḍī, 즉 suṣumnā–nāḍi의 위치를 설명하는 것이다. 브라흐만의 틈brahmarandhra은 sahasrāra–cakra라고도 한다. 이 위치는 정수리이다. 미간의 차크라ājñā–cakra에서부터 정수리의 차크라까지 이마와 두피의 곡면을 따라, 손가락 12개의 폭의 거리의 위치dvādaśānta에 있다고도 한다. 그래서 이를 드비다샨타dvādaśānta라고도 한다. 그러나 이 위치를 정수리에서부터 위쪽으로 손가락 12개의 폭의 거리의 위치로 보기도 한다. adho vaktra는 단어 그대로는 아랫입, 혹은 하부의 (감각)기관이란 뜻이다. 위치는 mūlādhāra-cakra의 하부, 회음 근처에 있다고 한다. ṣaṣṭha-vaktra(6번째 기관), meḍhra-kanda라고도 한다.

218) *PH*, p. 93. "sarvāntaratamatvena vartamānatvāt tadbhittilagnatāṃ vinā ca kasyacid api svarūpānupapatteḥ saṃvid eva bhagavatī madhyam । sā tu māyādaśāyāṃ tathābhūtāpi svarūpaṃ gūhayitvā 'prāk saṃvit prāṇe pariṇatā' iti nītyā prāṇaśaktibhūmiṃ svīkṛtya avarohakrameṇa buddhidehādibhuvaṃ adhiśayānā, nāḍīsahasrasaraṇim anusṛtā । tatrāpi ca palāśaparṃa madhyaśākhānyāyena ābrahmarandhrāt adhovaktraparyantaṃ prāṇaśakti brahmāśraya madhyamanāḍīrūpatayā prādhānyena sthitā;"

219) 프라나prāna는 큰 개념으로는 우주적 의식saṃvit이 물질화된 첫 단계(위의 본문의 인용문 참고)로, 이것을 대大프라나mahaprāna라고도 한다. 작은 개념으로는 대프라나가 인체 내에서 5종(프라나, 아파나, 사마나, 우다나, 브야나)으로 세분되어, 즉 5風pañcavāyu으로 작동할 때의 하나를 말한다. 본문의 프라나는 작은 개념이다. 그런데 주의해야 할 것이, 이 5풍은 조대신sthūlaśarīra과 미세신sūkṣmaśarīra에서 같이 작동하는데, 본문의 프라나는, 특히 미세신에서 움직이는 5풍을 말하고 있다.

220) *PH*, p. 99. "힘의 응축과 팽창에 있어서, [팽창은] 비공진동의 규칙화를 통해 점

깊이 집중될 때, 자동적인 지식止息, kumbhaka이 발생한다.[221] 이때 입식의 에너지apānavāyu와 출식의 에너지prānavāyu는 하나로 통일되는데, 이를 중화中和의 에너지sāmanavāyu라고 한다. 이 상태에서 호흡은 약 30초 동안 목 뒤, 소위 람비카lambikā[222]에 모였다가, 일부는 비공鼻孔으로, 나머지는 중앙 기도를 타고 나선을 그리며 아래의 입adho vaktra으로 하강한다.[223] 이것이 하강쿤달리니이다. 이때 외부로 향하던 감관이 멈추고, 의식 내부로 집중된다.[224] 이것을 힘의 응축, 또는 눈을 감은 상태의 삼매nimīlanasamādhi라고 한다.

하강쿤달리니에 의해 회음부 근처의 에너지 집중처mūlādhāracakra의 쿤달리니샥티가 각성되면 중화의 에너지samānavāyu는 상승의 힘udānaśakti[225]으로 작동한다. 상승의 힘의 끌어올리는 작용으로 쿤달리니샥티

차 증가하는 미묘한 프라나의 힘으로 [이루어지는 프라나의] 미간 관통에 의해 점차적으로 발생된 상승쿤달리니 단계에서 힘의 팽창과 정지 상태의 수행을 [함의한다](śakteś ca saṃkocavikāsau nāsāpuṭaspandana kramonmiṣat sūkṣmaprāṇaśaktyā bhrūbhedanena kramāsāditordhvakuṇḍalinīpade prasara-viśrānti-daśāpariśīlanam |)."

221) silburn(1988), p. 65 참조.

222) 하강쿤달리니의 시작점으로 4계단catuṣpada이라고도 한다. 왜냐하면 이 지점은 4종의 기도氣道가 만나는 곳이기 때문이다. 먼저 둘은 숨이 폐로 내려가는 기도piṅgalānāḍī와 기관지를 통해 호흡이 나오는 기도iḍānāḍī이다. 나머지 둘은 요가수행자가 중앙 기도로 접근할 수 있게 하는 특수한 호흡의 기도로서, 하나는 하강쿤달리니가 adhovaktra에 내려가는 기도이고, 나머지 하나는 상승쿤달리니가 상승하는 기도이다.

223) Silburn(1988), p. 65 참조; *PH*, p. 99. "6번째 기관인 adhaḥ kuṇḍalini의 상태에는, 샥티를 강화하여, 그 뿌리, 끝, 중간에 들어감, 혹은 흡수가 [있다](adhaḥkuṇḍalinyāṃ ca ṣaṣṭavaktrarūpāyāṃ praguṇīkṛtya śaktiṃ tanmūla tadagra tanmadhyabhūmi spaśāveśaḥ |)."

224) *PH*, p. 97. "샥티의 응축은 감각의 문들을 통해 [대상을 향해 외부로] 확산되는 [의식의] 진행을 점차 돌려 [내면에] 주의집중하는 것이다(śakteḥ saṃkoca indriyadvāreṇa prasarantyā eva ākuñcanakrameṇa unmukhīkaraṇam)."

225) 이전까지는 바유vāyu로 불리던 에너지가 여기서부터는 샥티śakti로 불린다. 그것은 하강쿤달리니의 에너지는 호흡이나 성적 에너지 수준이었지만, 상승쿤달리니의 단계에서부터 에너지는 3위를 초월한 제4위의 의식 수준에서 작동하기 때

는 상승하여 정수리의 에너지 집중처sahasrāracakra에 도달한다. 이때 상승의 힘은 편재의 힘vyānaśakti으로 작동하기 시작한다. 쿤달리니샥티는 이에 따라 전 우주로 퍼져 나간다. 이것이 상승쿤달리니이다. 이때 감관이 외부로 확장되어 있으면서도 의식 내부로 집중된다. 이를 브하이라비무드라bhairavīmudrā라고도 한다.[226] 이것을 힘의 팽창, 또는 눈을 뜬 상태의 삼매unmīlanasamādhi라고 한다. 하강쿤달리니를 통해 제4위turya의 초입에 도달할 수 있고, 상승쿤달리니를 통해 제4위의 초월turyātīta에 도달한다.[227]

36원리에서 본 것처럼, 무한한 의식인 쉬바, 혹은 그의 힘인 샥티는 점차 응축하여, 인체 내에서는 중앙 기도 그리고 물라다라차크라에서 휴면한 쿤달리니샥티의 형태로 존재한다. 힘의 응축은 외향화한 의식을 내면화하는 수행으로서, 이를 통해 쉬바의 근원적인 힘인 쿤달리니샥티에 도달한다. 이것을 7종 주관론의 입장에서 말하면, 개체적 의식citta이 자아의 역할을 하는 마야의 주관māyāpramātṛ이 지혜의 주관vidyāpramātṛ의 수준에 도달한 것을 말한다. 이 상태에서 상승쿤달리니를 통해 샥티는 사하스라라차크라에 도달하여, 편재의 힘을 통해 전 우주에 편재하게 된다. 여기서 개체는 무한한 의식인 자신의 본성을 회복하고 쉬바가 된다. 하강쿤달리니에 의해 내면화한 의식이 팽창하여, 전 우주를 의식하면서도(감관이 열려 있으면서도), 전 우주에 대한 의식이 바로 자신의 내면의 본질인 쉬바에 대한 의식이 되는 것이, 즉 우주를 자신의 의식과 동일하게 보게 되는 상태에 도달하는 것이 힘의 팽창으로 불리는 수행의 목적이다.

문이다.

226) *PH*, p. 98. "브하이라비무드라는 내면의 통찰에 들어가는 [것이면서] 외부[에 대한] 확장으로 말해진다(bhairavīyamudrā anupraveśa yuktyā bahiḥ prasaraṇam |)."

227) silburn(1988), p. 64.

힘의 응축과 팽창은 쿤달리니샥티를 각성시키는 수행이고, 이 과정에 적용된 신비생리학은 재인식론, 더 나아가 쉬바파 전체의 우주론에 배대될 수 있다. 이런 점에서 소우주로서 인체, 그리고 인식 과정의 생멸을 우주의 생멸과 동일시한 재인식론의 범아일여적 일원론의 특징을 알 수 있다.

(3) 입출식入出息의 멈춤vāha-ccheda

바하vāha는 '실어나른다'는 어의를 가진다. 이것은 왼쪽 기도氣道, nāḍi와 연관된 프라나와 오른쪽 기도와 연관된 아파나를 의미한다.[228] 그래서 바하란 입출식prāṇāpana을 말한다. 체다ccheda는 멈춤을 의미한다. 그렇기 때문에 바하체다vāha-ccheda란 입출식의 멈춤, 즉 호흡의 정지kumbhaka를 말한다고 할 수 있을 것이다.[229] 앞에서 하강쿤달리니의 발생은 먼저 입출식의 정지에서 비롯된다는 것을 밝혔다. 그래서 이 수행은 쿤달리니 각성수행의 과정의 일부를 보다 세밀히 다룬 것으로 말할 수도 있겠다.

입출식이 멈추는 것은 anacka음音[230]을 집중하는 데서 성취된다.[231] 아파나와 프라나의 흐름은 일상적 의식 상태에서 발생한다. 삼매의

---

228) *PH*, p. 100. "vāha는 좌우에 위치한 프라나, 아파나이다.(vāhayoḥ vāmadakṣiṇagatayoḥ prāṇāpānayoḥ)"

229) 정확히 말한다면 신체적(물리적) 호흡의 정지라기보다는 신체적 호흡과 연관된 프라나적 에너지 흐름의 정지라고 하는 편이 더 타당할 것이다.

230) *PH*, notes, p. 153. "aca는 범어의 모음들을 의미하며, anacka란 모음 없는 ka, ha, 등등의 소리, 즉 k, h 등 자음만으로 이루어진 소리를 말한다. 이는 요가수행의 측면에서 만트라가 일어나는 근원자리에 의식을 집중하는 것을 말한다."

231) *PH*, p. 100. "cheda는 진행 중에 심장에서 멈추는, 내부의 ka, ha 등 같은 ancka음의 소리에 의한 중지이다.(chedo hṛdayaviśrānti puraḥsaraṃ antaḥ kakārahakārādiprāya anackavarṇa uccāreṇa vicchedanam)"

초일상적 의식 상태에 들어갈 때는 아파나와 프라나의 흐름이 멈춘다. 이는 좌우 기도의 활동이 멈추는 것을 말한다. 이때 아파나와 프라나의 바유는 중화의 에너지samānavāyu로 작동하고, 중앙 기도suṣumnānāḍī가 활동을 시작한다. 그리고 이때 샥티는 중앙 기도를 통해 움직이게 된다.

(4) 시종점始終点의 관찰ādyanta-koṭi-nibhālana

처음의 점은 심장이고, 끝점은 드바다샨타dvādaśānta이다. 관찰nibhālana이란 두 지점 사이에 프라나가 오가는 동안, 이에 집중하여 마음을 고정시키는 것이다.[232] 프라나는 심장[233]에서 시작하여 12손가락 폭의 길이dvādaśānta에서 끝난다. 아파나는 그 반대로 진행한다. 프라나와 아파나가 움직이는 동안, 그 움직임에 의식을 집중하는 것이 이 수행이다. 싱에 따르면 이것은 불교의 수행인 입출식념prāṇāpāna-smṛti, 혹은 prāṇāpāna-sati과 같은 것이라고 한다.[234] *PH*에 인용된 경증(*Vijñābhairavatantra*, 제50송)에 따르면 이 수행을 통해 빠르게 삼매를 얻는다고 한다.[235)]

12손가락 폭의 길이dvādaśānta는 3개의 각각 다른 지점을 지시한다.[236] 먼저 일상 호흡이 끝나는 지점으로, 이것은 코에서 세 손바닥 폭의 길

---

232) *PH*, pp. 100~101. 처음 점은 심장이다. 끝점은 dvādaśānta이다. 그 두 점에서 프라나가 진행하고 멈추는 시간에 마음을 집중함으로써 결합하는 것이 바라보기이다.(ādikoṭiḥ hṛdayam | antakoṭiḥ dvādaśāntaḥ | tayoḥ prāṇollāsaviśrāntyavasare nibhālanaṃ cittaniveśanena pariśīlanam |)

233) 싱에 따르면, 심장은 횡경막의 중심이라고 한다. *PH*, notes, p. 153.

234) *PH*, notes, p. 153.

235) *PH*, p. 101. "어찌하든 어디에서든 dvādaśānta에 마음을 돌린다면, 마음의 흐름은 매순간 감소하고 며칠 안에 비상한 상태를 얻게 될 것이다(yathā tathā yatra tatra dvādaśānte manaḥ kṣipet | pratikṣaṇaṃ kṣīṇavṛtteḥ vailakṣaṇyaṃ dinair bhavet ||)."

236) 이하 Silburn(1988), pp. 30~31.

이[237]만큼의 지점이다. 두 번째는 미간의 에너지 집중처ajñacakra, bhrūmadhya로부터 두정부 쪽으로 피부의 곡면을 따라 12손가락 폭 길이의 지점,[238] 즉 정수리 지점의 에너지 집중처sahasrāracakra를 말한다. 이것은 브라흐만의 틈brahmarandhra이라고도 한다. 마지막으로 정수리 지점에서 위쪽으로 손가락 12개 폭의 높이에 위치한 지점이다. 두 번째 의미의 드바다샨타는 내부의 드바다샨타로 불리기도 한다, 세 번째는 우주적 드바다샨타로 이것은 신체와는 관련이 없다. 그리고 세 번째 드바다샨타를 사하스라라 차크라로 부르기도 한다. 시종점 관찰 수행에서 말하는 드바다샨타는 두 번째 개념이다.

(5) 여타의 수행법들

크세마라자는 여타의 수행법들로 전개unmeṣa[239]의 상태unmeṣadaśa에서 행하는 수행 등을 들고 있다.[240] 여기에 감각적(혹은 美的) 체험에 대한 응념應念, dhāraṇā수행들과 축복에 찬 진아에 대한 관상觀想, ānandapūrṇasvātmabhāvana을 말하고 있지만, 구체적인 내용을 설명하고 있지는 않다.

먼저 '눈뜸, 전개'라는 어의를 가진 전개unmeṣa 상태를 설명하면서, 크세마라자는 『스판다카리카』의 일부를 경증으로 제시한다. 그런데 *PH*에는 반만 실려 있다. 그 전 구절은 다음과 같다.

---

237) 손바닥 하나의 넓이는 네 손가락의 넓이와 동일하기 때문이다.

238) 차크라와 차크라의 간격은 1 드비디샨타이다.

239) 글자 그대로는 '눈뜸'을 말한다. 쉬바파 교설의 의미로는 쉬바의 의지의 힘에 의해서 우주가 막 전개하려는 것을 말한다. 쉬바파 수행론의 특수한 의미로는 생멸하는 생각들의 기반인 의식에 집중함으로써, 의식이 원래의 무한한 힘을 회복하려고 팽창하려는 것을 말한다. *SS*, Glossary of Technical Terms, p. 239 참조.

240) *PH*, p. 94. "adi 등등이란 운메샤 상태의 수행이다(ādipadāt unmeṣadaśā niṣevaṇam ।)."

다른 [생각들이] 일어날 때, 결합점에 집중된 것, 그것이 전개unmeṣa로 알려진 것이다. 스스로 그것을 이해할 것이다.[241)]

크세마라자는 더 이상의 설명을 주지 않는다. 그러나 일반적으로 쉬바교의 수행론에서 사용되는 전개unmeṣa의 특수한 의미는 한 생각과 다음 생각의 사이의 결합점ekacinta인, 생각의 근원인 의식cit에 집중해서 발생하는 의식의 '전개, 팽창'을 의미한다. 그래서 전개 상태unmeṣadaśa란 의식의 전개되는 힘을 말하는 것이고, 전개 상태의 수행이란 그런 힘과 동일화되는 수행으로서, 힘의 방편에 속하는 수행이다.[242)]

크세마라자는 전개 상태에서 행하는 수행 등의 하나로, 감각적(혹은 美的) 체험에 대한 응념수행[243)]들을 제시하고 있다.

여기에는(전개 상태의 수행들에는) 유쾌한 영역들[에 속하는] 맛 등이 역시 총합될 것이다.[244)]

여기에는 3종의 수행을 제시하는데, *Vijñānabhairavatantra* 제72~74 수트라의 경증을 다음과 같이 제시하고 있다.

---

241) *PH*, p. 101. "(eka cintā prasaktasya yataḥ syād aparodayaḥ ǀ) unmeṣaḥ sa tu vijñeyaḥ svayaṃ tam upalakṣayet ǁ(*Spandakārika* 3.9)." ※ 괄호 안의 부분은 *PH*에 실려 있지 않다.

242) 싱에 따르면, 개체적 방편 수준에서 운메샤 수행은 어떤 대상을 신애하는 수행을 하는 수행자에게 그 신애의 대상이 현전하는 것을 말한다고 한다. *PH*, notes, p. 154.

243) 이 3종의 수행들은 *Vijñānabhairavatantra*에서 49, 50, 51번째 응념수행으로 구분되고 있다.

244) *PH*, p. 102. "tathā ramaṇīya viṣaya carva ṇādyś ca saṃgṛhītāḥ ǀ"

> 먹고 마시는 즐거움에서 발생하는 맛의 즐거움이 증장하는 것을 경험할 때, 즐거움이 충만한 [상태를] 명상해야만 한다, [그러면 수행자는] 위대한 축복으로 충만해진다.[245)]

> 노래 등의 비교할 수 없는 쾌락과 즐거움과 마음이 하나가 된, 집중된 요가수행자는 마음manas의 즐거움 때문에 하나가 된다.[246)]

> 마음이 만족을 발견하는 곳마다, 그것이(마음이) 그것에(마음이 만족을 느끼는 곳)에 집중하도록 하라. 그런 모든 경우에, 최상의 축복의 진실한 성질이 빛날 것이다.[247)]

위의 인용문들은 먹고 마시는 즐거움āsvāda의 응념dhāraṇā, 소리śabda, 혹은 음악에 대한 미적 체험에 대한 응념, 그리고 마음의 만족manastuṣṭi을 주는 대상에 대한 응념을 전개 상태에서 행하는 수행으로 제시하고 있다.

위의 인용문은 *Vijñānabhairavatantra* 제69~74 수트라의 일부로, 이 부분은 감각적인 즐거움을 대상으로 하는 응념수행을 다루는 부분이다.[248)] 제69 수트라는 성교의 쾌락을 대상으로 한다. 제70 수트라는 성교의 쾌락을 떠올리게 하는 키스, 포옹 등을 응념의 대상으로 한다.[249)] 이것은 촉觸, sparśa을 대상으로 하는 수행이라고 할 수 있다. 제71

245) *PH*, p. 102. "jagdhi pāna kṛtollāsarasa ananda vijṛmbhaṇāt | bhāvayed bharita avasthāṃ mahānandamayo bhavet || *Vijñānabhairava*, 72."

246) *PH*, p. 102. "gītādi viṣayā svāda asamasaukhya eka tātmanaḥ | yoginas tanmayatvena manorūḍhes tadātmatā || *Vijñānabhairava*, 73."

247) *PH*, p. 102. "yatra yatra manas tuṣṭir manas tatraiva dhārayet | tatra tatra parānanda svarūpaṃ samprakāśate || *Vijñānabhairava*, 74."

248) *Vijñānabhairava*, pp. 66~70.

수트라는 친구나 친척, 애인들을 보는 데서 오는 시각적인 즐거움을 대상으로 한다. 이것은 시각의 형상rūpa에서 오는 즐거움을 대상으로 한 수행이다. 그리고 제72 수트라는 미각의 맛rasa을 대상으로 한 것이며, 제73 수트라는 소리śabda를 대상으로 한 응념수행이다.

쉬바교의 미학美學에 따르면 미학적인 황홀경은, 어떤 대상에 의해 미학적인 체험을 할 때, 그를 둘러싼 모든 것이 사라지면서(즉, 制感의 상태가 발생하고) 자신의 진아에 머무를 때 발생한다고 한다. 그래서 감각적 체험을 할 때, 감각 대상과 완전히 하나가 되어 감각이 일어나는 근본인 힘(샥티)과 합일하게 되는 것이다.[250] 그래서 감각 대상들을 응념의 대상으로 하는 이 수행들은 전개 상태에서 실천되어야 하는 것이다. 즉 감각 대상이나 그 대상이 주는 쾌감이 아니라, 그것들의 근원에 집중되어 있을 때, 비로소 이 수행들은 의의를 가지게 되는 것이다.

위의 세 번째 인용문에서 만족tuṣṭi이란 미학적 황홀경을 말하는 것으로 볼 수 있다. 그래서 이 만족 상태에서는 분별과 외부 경계(감각 대상)가 사라지고, 동요kṣoba가 없다.[251]

마지막으로 크세마라자는 축복에 찬 진아에 대한 관상觀想을 말하고 있지만 구체적 설명을 하고 있지는 않다.

249) 성교를 통한 수행을 인용문으로 제시하지 않은 것은 트리카의 체계 안에 크라마의 교설이 구체적으로 나타나지 않는 것과 비슷한 이유로 생각된다. 트리카의 체계를 통해 일원론은 물론 이원론까지 포괄하여 쉬바파의 전반적인 진리를 체계적으로 해설하려 했던 아비나바굽타나 크세마라자의 입장에서, 보다 보수적인 샤이바싯단타의 쉬바파 이원론자들이나 여타의 전통적인 브라만들을 자극시킬 내용은 포함시키지 않았을 것으로 생각된다.

250) *Vijñānabhairava,* notes, p. 69 참조.

251) *Vijñānabhairava,* notes, p. 70 참조.

(6) *PH*에 나타난 수행론의 의의

*PH*는 제12 수트라에서 무지의 발생 원인에 따라 3종으로 나뉜 쉬바파 일원론 수행체계를 전체적으로 조망했지만, 구체적인 수행법들은 제18 수트라에서 제시된 것을 지금까지의 고찰을 통해 알 수 있었다.

재인식론이나, 더 나아가 쉬바파 일원론은 분별의 해소, 즉 무분별의 성취가 수행의 궁극 목적이다. 그런데 *PH*는 구체적인 행법으로 쿤달리니의 각성수행을 강조했다고 할 수 있다. 이것은 *PH*의 근본이 아비나바굽타가 완성한 트리카 체계(제3단계 트리카)이기 때문이다. 트리카의 우주론은 척추를 중심으로 하는 인체에 배대되었다. 이는 다음의 인용을 통해 이해할 수 있을 것이다.[252]

> "트리카의 주요 관심은 신神의 수준에서 감각 대상의 조대한 물질에 이르기까지의 우주적 전개의 계통도라 할 요기니 회로yoginījāla에 집중되어 있다. 트리카의 수행과 의례는 이 전개 과정을 역으로 밟고 가는 것으로, 마치 고전요가의 삼매가 전변의 과정을 역으로 밟고 가는 것과 같다.
>
> 이 전통의 수행에서 파라Parā, 아파라Aparā, 파라아파라Parāparā는 삼지창triśula의 각 끝에 달린 백색의 연꽃들 위에 혼자, 혹은 부수적인 브하이라바와 같이 좌정한 것으로 관상된다. 이 삼지창은 신체의 중심축(척추)에 겹친 것으로 관상되는데, 배꼽의 기저와 머리 위 손가락 12개의 폭의 높이 위에 겹쳐지는 이 이미지는 트리카 우주론에 따라 하부는 가장 조대한 물질적 요소들의 수준이며, 가장 꼭대기는 모든 에너지를 통합하는 절대적 의식인 파라Parā가 거하는 수준을 상징한다."

---

252) 본서, pp. 69~70.

우주적 의식saṃvit, cit은 개체적 의식citta으로 응축된다. 이 과정은 형이상학적(우주론적)으로 36원리로 설명된다. 이것은 힘(샥티)적 차원에서는 궁극적 힘paraśakti, citkuṇḍalinī이 호흡쿤달리니prāṇakuṇḍalinī로 물질화하여 개인의 물라다라 차크라 내에 응축되어 머무는 것에 배대된다.

재인식론의 절대와 현상간의 관계는, 7종 주관론 관점에서는, 쉬바에서 지혜의 주관vidyāpramātṛ, 마야의 주관māyāpramātṛ으로 응축해 간다는 것이다. 또 신체적 관점에서는 공空, śūnya, 생기生氣, prāṇa, 미세신puryaṣṭaka, 조대신śarīra으로 응축해 간다는 것을 의미한다. 절대와 현상이란 무한한 의식(절대)의 응축(현상)일 뿐인 것이다. 개체는 우주적 의식의 응축이요, 이는 의식의 절대적 힘인 의식쿤달리니citkuṇḍalinī가 호흡쿤달리니prāṇakuṇḍalinī로서 인체에 머무는 것이다.

7종 주관론에서 개체적 의식citta이 마야의 주관māyāpramātṛ의 수준에서 지혜의 주관vidyāpramātṛ의 수준으로 상승한다는 것은, 주객을 이루는 개체를 의식과 다른 실체로 보는 의식의 수준에서, 주객을 동일의식 내의 분리로 보는 의식의 수준으로 향상되었다는 것을 의미한다. 이것은 수행론 관점에서 개체적 방편의 수준에서 힘의 방편의 실천을 행할 수 있는 수준이 되었다는 것과 같은 의미이다. 쿤달리니 각성의 관점에서는 하강쿤달리니의 발생을 의미한다. 하강쿤달리니가 발생하면 외향적 의식은 내향적 의식이 되기 때문이다.

지혜의 주관vidyāpramātṛ의 의식 수준에서 단계적으로 응축을 극복하여 쉬바가 된다는 것은, 힘의 방편에서 신적 방편을 수행하는 단계로의 상승을 의미한다. 그리고 이것은 상승쿤달리니를 통해 힘(샥티)이 육체 수준을 벗어나 전 우주에 편재하게 되었다는 것과 동일한 의미이다. 위의 인용문에서 "우주적 전개의 계통도라 할 요기니 회로yoginījāla에 집중되어 있다. 트리카의 수행과 의례는 이 전개 과정을 역으로 밟고 가는 것으로, 마치 고전요가의 삼매가 전변의 과정을 역으로 밟고 가는 것과 같다"라는 것은 36원리의 전개가 역방향으로 움직이는 것을 의미한다. 이것은 7종 주관론의 관점에서 마야의 주관māyā-pramātṛ → 지혜의 주관vidyāpramātṛ → 쉬바가 된다는 것이다. 이것은 또 하강쿤달리니 → 상승쿤달리니로 발전하는 것을 말하는 것이기도 하다.

이런 점에서 대우주와 소우주, 절대와 현상의 동일성이라는 재인식론, 나아가 쉬바파 일원론의 이념은 우주와 신체의 동일성에서 잘 나타나고, 이것은 힘의 응축과 팽창이라는 쿤달리니 각성수행에서 상징적으로 드러나고 있음을 알 수 있다.[253)]

253) 후대 하타요가는 트리카의 대우주와 소우주의 동일성을 기반으로 한 쿤달리니 각성의 수행에 많은 사상적 영향을 받은 것으로 보인다. 그러나 하타요가의 구성요소를 철저히 고찰하지 않는 한, 트리카의 영향이 전부라고 말할 수는 없을 것이다. 쿤달리니와 관련된 트리카의 신비생리학의 기원을 더 추구할 때, 그리고 여타 쉬바파 일원론 지파들의 사상들을 깊이 더 고찰할 때, 보다 정확히 하타요가를 구성하는 요소들의 기원을 이해할 수 있을 것이다.

제6장 재인식론의 종교철학적 의의

제6장 재인식론의 종교철학적 의의

재인식론은 쉬바파 일원론의 형이상학을 대표하는 것으로, 쉬바파 일원론을 이루는 다양한 탄트라사상들과 의례들의 의미를 인도의 전통적인 철학적, 지식론적 분석을 통해 철저히 고찰하여 체계화한 데 그 의의가 있다. 이 과정은 상키야 이원론과 베단타 일원론을 중심으로, 미망사 언어철학과 불교사상까지도 포함한 인도 고대철학과, 중세 인도 탄트라사상의 융합으로 볼 수도 있을 것이다.

재인식론은 쉬바(즉 의식)를 현상의 절대원인으로 주장하면서, 현상은 의식의 응축일 뿐, 의식과 현상은 다른 것이 아니라고 한다. 의식의 응축은 분별에 의한 것이기 때문에, 의식의 힘을 온전히 발휘하면, 역으로 말해서 분별이 사라지면, 개체가 그대로 쉬바라고 깨닫게 된다. 이것은 신과 인간의 본질은 의식으로 동일하지만, 쉬바와 해탈된 존재muktātman 사이의 차이를 인정했던 샤이바싯단타의 이원론과는 큰 차이를 가진다.

인도 중세 이후 발흥한 탄트라의 조류는 토착 문화의 산스크리트화 과정이라고 볼 수도 있을 것이다. 이는 인도 고대의 브라만전통이 토착 대중의 전통을 흡수하는 과정이기도 하며, 한편으로 인도 상층 계급의 전통 가치가 일반 대중에게 전파되는 과정이라고도 할 수 있다. 쉬바파 일원론을 구성하는 탄트라 의례와 사상들이 상층 브라만 사회에 퍼져나가고, 또 그들에 의해 철저한 철학적 검증을 받는 과정은 바로 이런 현상을 나타내는 것이다.

이 현상은 탄트라로 대표되는 중세철학과 인도 고대철학의 만남이자, 상층 지배계급의 철학과 토착적, 대중적 사상의 통합이다. 이 통합의 정점에 쉬바파 일원론의 형이상학 체계인 재인식론이 있었다.[1] 또한 개체가 쉬바와 다르지 않다는 일원론적 입장[2]은 인간 개체의 주체성을 고양시켜 샤이바싯단타의 이원론적 입장을 초월한다. 그래서 재인식론은 철학적으로는 인도 고대철학의 극복이며, 종교적으로는 인간의 주체성을 고양시킨 사상이라는 점에, 그 의의의 일단을 찾을 수 있을 것이다. 이하에서는 좀 더 자세히 정리해 보기로 한다.

---

1) 비쉬누 신앙 역시 발전하며 현상과 절대의 관계에 대한 다양한 철학을 양산하였고, 다양한 탄트라적 특징들을 보여주지만, 쉬바파들 보다는 정통적인 입장에 가까웠다. Flood(1996), pp. 148~149 참조.

2) 일원론에 속하더라도, 샹카라 베단타의 입장은 개체는 현상에 속하여 실재성이 인정되지 않기 때문에, 개체는 중요시되지 않는다고 할 수 있다.

1. 상키야 이원론과 샹카라 베단타 일원론의 극복

이원론과 일원론의 서로 다른 입장이지만, 상키야와 베단타는 변화하는 현상을 초월한 절대를 추구한다는 점에서 공통적이다. 이것은 상키야와 베단타에만 한정된 특징은 아니며, 무상한 현상을 초월한 절대의 세계에서 안심입명의 해탈을 찾으려 했던 인도사상들 대개의 특징일 것이다.

그래서 현상과 절대, 그리고 이 양자의 관계는 상키야와 베단타의 핵심적인 철학적 과제이다. 현상세계는 무상, 즉 변화라는 시간성의 제한을 가진다. 이를 초월한 절대의 세계는 시간성의 제한을 받지 않아야 한다. 그래서 변화하는 현상세계와 변화하지 않는 절대, 즉 프라크리티와 푸루샤의 이원二元을 다 실재로 인정하는 상키야 이원론의 입장은 인간 사고의 자연스런 발로라 할 수 있을 것이다.

그러나 변화와 무변화라는 반대되는 속성을 가진 이원의 실재를 인정하면, 이 두 실재가 어떻게 상호 관련되는가 하는 문제가 발생한다. 자족적인 의식이라는 실재로서 변화 없는 푸루샤는 프라크리티와 관련을 가질 필요가 없다. 또 프라크리티는 비의식성으로 정의되기 때문에 자발적 의지를 가질 수 없다. 그래서 푸루샤와 프라크리티의 관련은 불가능한 일이다.

이런 점에서 일반적인 심신이원론처럼 "상키야철학을 상투적인 이원론으로 파악하려는 데 상키야 전반에 대한 오해가 소지가 있다"라는 난점이 지적되었다.[3] 이런 난점을 해소하기 위해 상키야 이원론의

3) 정승석(1992), p. 15.

성격은 아래와 같이 재고될 수 있다.

> 정신과 물질이라는 이원二元의 형이상학이 지닌 한계는 거기에 내재된 실천적 의의를 통해 극복된다. 이 실천적 입장에서 보면, 상키야의 이원二元은 정신과 물질의 차원이 아니라 정신 활동의 순수와 오염이라는 일심의 양면적 차원에서 윤회와 해탈의 문제를 설명하는 원리이다.[4]

위의 견해는 상키야가 외면상으로는 이원적 형이상학을 구축하고 있으나, 내적으로는 일원론적 입장을 가진다는 것이다. 여기서는 더 나아가 상키야 이원론을 유심唯心적 이원론으로 명명하고, 상키야 이원론의 유심적 성격이 전변설에 배어 있음과 이런 사고가 불교에서 승화됨을 확인하려 하였다.[5]

이런 유심적 이원론의 관점은 재인식론에서도 확인할 수 있다. 특히 36원리설을 통해 도식적으로 고찰할 수 있다. 36원리설은 크게 순수전개원리와 불순전개원리로 나뉜다. 불순전개원리들 중 6종의 kañcuka를 제외한 나머지는 상키야 전변설의 25원리와 정확히 일치한다. 이를 통해 재인식론은 개체들의 변화하는 현상세계를 설명하고 있다. 그리고 그 상위에 쉬바를 원인으로 하는 순수전개원리를 둠으로써, 현상세계의 원인은 의식 밖의 원인인 프라크리티가 아니고 쉬바(의식)라는 일원一元에서 기인한 것이라고 재인식론은 주장한다. 이렇게 36원리설은 쉬바라는 일원一元을 중심으로, 그것의 응축이 현상세계라는 논리를 통해 이원론을 자체自體에 포괄하고 있다. 이것은 위의 인용문에서 "상키야의 이원二元은 정신과 물질의 차원이 아니라 정신 281활동의 순수와 오염이라는 일심의 양면적 차원"이라는 말과 대응하는 것이다.

4) 정승석(1992), p. 18.
5) 정승석(1992), p. 18.

상키야 이원론을 유심적 이원론으로 보는 위의 관점을 따른다면, 재인식론은 상키야 스스로가 미처 드러내지 못한 진리를 새롭게 표현하여, 이원적 사고를 극복한 발전된 사상으로 볼 수도 있을 것이다.

재인식론이 이와 같이 일원론적 사고와 이원론적 사고를 융합시킬 수 있는 것은 무엇보다 일원一元으로서의 쉬바, 즉 의식에 대한 그들의 독특한 관점에 기인한다. 그런 재인식론의 의식론은 베단타 일원론의 교설을 비판하면서 성립하였다.

『브라흐마 수트라*Brahmasūtra*』와 샹카라는 공히 브라흐만의 본성을 존재sat와 의식성cit, caitanya, jñāna으로 규정한다.[6] 이것은 브라흐만의 속성을 긍정적 형태로 표현한 것이다. 부정적 표현으로는 무한한 부정neti neti으로 불려왔으며[7], 샹카라의 경우, 어떠한 속성을 말해도 결국 브라흐만은 무속성aguṇa, nirguṇa이라 일컬어진다.[8]

존재sat와 의식성cit으로 말해지면서도, 그 어떤 것으로도 브라흐만을 규정할 수 없다는 것은, 브라흐만의 현상에 대한 초월성을 말하는 것이다. 그렇기에 브라흐만은 현상 밖에서, 다만 현상을 드러내는 것일 뿐인데, 그렇다면 브라흐만을 유일한 실재로 보는 베단타에서 현상은 어떻게 발생하는 것인가. 샹카라는 우주의 질료인質料因으로써, 특유의 용어인 미전개의 명칭 형태avyākṛte nāmarūpe라는 개념을 제시하였다. 상키야의 프라크리티에 해당할 이것은 『브라흐마수트라브야샤*Brahmasūtraabhāśya*』에서 질료인upādāna의 의미로 사용되고 있다.[9]

샹카라는 미전개의 명칭 형태를 "이것이라고도, 다른 것이라고도 언표할 수 없으며tattvānyatvābhyām anirvacanīya, 브라흐만 자체에게만 알려

6) 마에다 센가쿠(2005), pp. 114～115 참조.
7) Sharma(1996), pp. 187～188 참조.
8) 마에다 센가쿠(2005), p. 121.
9) 마에다 센가쿠(2005), p. 123.

지는svayaṃvedya 초감각적 세계의 종자jagadbīja"라고 하였다.[10] 그러나 샹카라는 이를 결코 질료인으로 언급하지는 않았고, 브라흐만과 본성을 달리하지만svatmavilksana[11], 한편으로는 브라흐만에서 전개, 혹은 브라흐만 중에 있다svātmastha[12]고 규정하여 영원한 실재인 프라크리티와는 다른 것임을 주장했다.[13]

샹카라의 일원론은 실제로는 프라크리티와 같은 우주의 질료인의 개념을 제시하면서도, 일원론의 절대성을 유지하기 위하여 이 질료인이 브라흐만과 다르면서도, 브라흐만 안에 있다는 모순되는 주장을 하고 있다.

이에 대하여 재인식론은 베단타의 일원론이 실제적으로는 새로운 이원론을 제시한 것일 뿐이라고 날카롭게 비판하고 있다. 그러면서 절대적 일원인 쉬바, 즉 의식에 현상의 질료인으로서 의미를 부여하고 있다. 다시 말해 우주는 의식 이외의 다른 원인에 의한 것이 아니라, 의식 자체에 내포되어 있다고 주장한다.

『브라흐마수트라』와 샹카라가 주장한 형태의 베단타 교설을 재인식론에서는 불활적不活的 브라흐만의 교설śāntabrahmavāda이라고 한다. 왜냐하면 이런 형태의 브라흐만은 단지 정신성, 혹은 의식성의 주체jñānatṛ일 뿐, 행위성의 주체kartṛ가 아니기 때문이다. 행위한다는 것은 변화를 말하는 것이고, 이것은 시간성에 종속되는 것이기 때문에, 영원불변의 실재인 브라흐만에게는 맞지 않다. 그래서 브라흐만은 어떤 작용성도 가질 수 없다. 그러나 지jñāna 자체가 이미 행위이기 때문에,

---

10) *Upadeśasāhasrī*, 2.1.18., 마에다 센가쿠(2005), p. 128 재인용. 이 개념에 대한 보다 자세한 내용 및 무명avidyā, ajñāna과 마야에 관련한 내용은 마에다 센가쿠(2005), pp. 127~128.note.1. 참조.

11) *Upadeśasāhasrī*, 2.1.18.

12) *Upadeśasāhasrī*, 2.1.19.

13) 마에다 센가쿠(2005), pp. 128~129 참조.

의식의 행위성을 인정하지 않는다면, 지 자체가 성립하지 않을 것이다. 만약 의식을 태양빛이나 불빛처럼 존재를 밝히는 수동적 존재로 생각한다 하더라도, 일원론 입장에서는 의식 이외의 다른 존재는 없기 때문에, 현상의 존재는 설명되지 않는다.

그래서 재인식론은 의식을 지성jñānatva과 행위성kriyātva을 가졌다고 주장하면서, 전통적인 의식의 지적 측면을 프라카샤, 행위적 측면을 비마르샤라는 개념으로 나타낸다. 의식은 무한한 지성과 행위성을 통해 절대자유로서 우주를 현현시킨다. 그래서 다른 물질적 원인을 상정할 필요 없이 의식 자체로 우주의 원인이 될 수 있다. 이를 *PH*의 제2 수트라의 주석에서는 다음과 같이 말하고 있다.

> 브라흐만에 관한 지식은 다른 의지력에 의해서가 아니라, 자신의 의지력에 의해, 또한 [어떤 외적인] 물질적 원인 등에 의해서가 아니라, 오직 그것(자신의 의지력)에 의해 [획득된다]. 이와 같이 실로 앞서 말한 절대자유가 결여된 것에 의해서는 의식cit의 상태가 결코 초래되지 않는다.[14)]

이와 같이 의식의 본성을 프라카샤와 비마르샤로 봄으로써 쉬바파 일원론은 샹카라 베단타의 일원론을 넘어선다.

인도의 철학, 종교들의 원천으로서 우파니샤드의 중요성은 말할 필요가 없다. 우파니샤드에는 일원론과 이원론, 혹은 다원론까지, 후대에 발전한 인도철학 제파諸派의 사상적 맹아가 이미 내포되어 있다. 그러나 가장 중요한 전통은 일원론의 전통이다. 그것은 모든 것을 통괄하는 진리로써 브라흐만을 아는 지식이 우파니샤드의 궁극적 지식인데서 쉽게 이해할 수 있다.[15)] 그러나 이런 브라흐만의 절대성을 설명

14) *PH*, p.51. "svecchayā na tu brahmādivad anyecchayā | tayaiva ca na tu upādānādyapekṣayā | evaṃ hi prāguktasvātantryahānyā cittvam eva na ghaṭeta |"

하는 동시에, 현상의 문제를 설명하기 위해, 후기 우파니샤드 시기에는 상키야의 이원론적 입장이 득세하였다. 그럼에도 불구하고 인도사상의 핵심은 해탈의 정점으로서 절대적 원인을 설명하는 것이기에, 정승석의 견해처럼 이원론이라 하더라도 그것은 단지 외피에 불과한 것이고 본질적으로 유심론적 이원론으로 불려도 좋을 만큼 일원론적 색채를 지니고 있다. 세계에 대한 샹카라의 일원론적 해석은 상키야 이원론의 모순을 해소하고, 우파니샤드의 전통적인 일원론적 특징에 대한 복귀의 열망을 이루는 것이었으나, 아직 샹카라의 일원론은 현상까지 설명해낼 수 있는 충분한 이론은 될 수 없었다.

이런 점에서 쉬바파 일원론의 의식에 대한 새로운 조망은 인도 고대의 이원론과 일원론을 포괄하고, 우파니샤드 사상에 내재한 혼란을 극복하여, 우파니샤드 일원론의 진정한 의미를 드러낸 이론으로 볼 수 있을 것이다.[16]

9세기 이후 카쉬미르의 상층 계급 학자들은 쉬바파의 탄트라적 의례와 사상들을 받아들이고, 주석서를 통해 이들의 내용을 철학적으로 세련시켰다. 이것은 비산스크리트 문화와 산스크리트 문화의 상호침투를 말해주는 현상이다. 한편으로는 인도의 특수한 지방 문화와 낮은 계층의 문화가 브라만 계급들에 영향을 주었다고 볼 수 있다. 반대로 브라만의 윤리가 비아리안족과 하층 백성들, 혹은 이전보다 광범한 지역에 영향을 미친 것으로 볼 수도 있을 것이다. 이것은 중세인도의 큰 특징 중의 하나이다.

인도 중세철학의 중심을 현상, 육체, 여성원리를 중시하는 탄트라의 조류가 차지한 것은, 관심 밖에 있던 지방적 특색과 일반 대중들의

15) 길희성(1988), p. 32.

16) 그래서 쉬바파 일원론을 통합적 일원론integral monism으로 지칭하기도 한다. Dyczkowski(1989), p. 33.

부각으로 인한 것으로 생각된다.[17] 인간 개체의 현실에 대한 관심이 점증하던 시대 상황에서 상키야 이원론과 베단타 일원론 같은 인도 고대철학의 절대중심적 사고는 당대 사회의 인간의 위치를 철학적으로 설명하기에는 만족스럽지 않았을 것이다. 웃팔라데바가 그의 스승 소마난다의 재인식론을 새로운 길navamārga로 *IPK*, 4.1.1에서 지칭한 것은 바로 이런 이유 때문이 아니었을까.[18] 그래서 재인식론은 변화하는 인도 중세사회의 가치를 새로운 일원론을 통해 확립하려 했던 9세기 이후 카쉬미르 지역의 일단의 상층 계급 학자들의 사상적 노력으로도 말할 수 있을 것이다. 그들은 절대와 현상을 동일한 것으로 치부하였다. 그럼으로써 한편으로는 인도전통의 일원론적 입장에 충실하면서 당대 점증하던 개인과 지방 문화에 대한 관심을 자신들의 사상에 반영한 것으로 보인다.

17) 이를 증명하기 위해서는 탄트라 발흥기의 인도의 사회, 경제적 여러 요인을 고려해야 할 것이다. 서구 중세의 신 중심의 철학은 근대에 들어서며 인간 중심이 되었다. 유물사관을 견지하는 학자들은 이것이 경제적 요인들에 의한 사회 구조의 변화에 의한 것이라고 주장한다. 이런 입장은 인도 중세 탄트라의 발흥에도 역시 고려해볼 만한 관점으로 생각된다.

18) Dyczkowski(1989), p. 39.

2. 샤이바싯단타 의례주의와 이원론적 인간관의 극복

쉬바교의 궁극적 성취라는 의미를 가진 샤이바싯단타Śaivasiddhanta라는 용어에서 보듯, 샤이바싯단타의 학자들은 자신들의 교설이 전통적인 쉬바파 사상의 핵심을 가장 체계적으로 성취한 것으로 보았던 것 같다. 샤이바싯단타 이전 격외의 길의 대표적 교설이라 할 파슈파타는 이원론의 입장을 견지한다. 쉬바교는 이미 기원 전후에 종파적으로 쉬바신을 신앙하는 종교로 나타났다. 또 마하바라타에서는 쉬바신이 개인의 요구에 보답하는, 구체적인 절대적 인격신으로 나타나고 있기 때문에, 이런 이원론적 입장은 충분히 예상할 수 있다. 그래서 샤이바싯단타의 이원론은 상키야처럼 형이상학적 이원을 포함하는 동시에 신과 인간의 구분이라는 종교적 이원을 강조한다. 이런 이중적 이원론의 구조 속에서 신pati, 개체적 영혼paśu 그리고 끈pāśa이라는, 우주를 구성하는 3종의 실재를 설명하고, 해탈을 위한 신적 측면의 은총anugrāha과 인간적 측면의 노력으로서 의례dīkṣā의 문제를 다루는 것이 샤이바싯단타의 교설체계이다.

일원론과 이원론이라는 근본적 차이에도 불구하고 신과 개체의 본질이 의식이라는 것과, 현상세계가 가현된 비실재가 아니라 실재라는 점 등에서 샤이바싯단타는 재인식론의 교설에 심대한 영향을 주었다. 이외에도 36원리설, 7종 주관론 등의 많은 이론들이 샤이바싯단타의 이론을 기반으로 성립된 것이다.[19]

그럼에도 불구하고 샤이바싯단타와 쉬바파 일원론은 종파적인 대

19) Dyczkowski(1989), pp. 19~20 참조.

극점에 서 있었다. 이 점에 대해 산더슨은 이렇게 말하고 있다.

> 우리는 카쉬미르의 쉬바교가 두 권위로 분리됨을 보아왔다. 우측이 제의적 샤이바싯단타로, 그들은 반신비주의적이며 이원론과 외부실재론적 입장을 견지하였다. 좌측에는 영지주의적 비이원론의 입장을 가진 트리카와 크라마이다. 우측은 좌측을 이단적인 것으로 보았으며, 좌측은 우측을 죽을 때만 해탈하는, 쉬바파 계보의 하위에 속하는 대중적 기초로만 보았다.[20]

카쉬미르의 상층 계급 학자들이 쉬바파 일원론의 교설과 의례들을 받아들이던 9세기에 보다 대중적인 쉬바파는 베다의 가치를 유지하던 샤이바싯단타의 교설이었다. 그래서 당시의 브라만들은 내적으로는 쉬바파 일원론의 의례를 행하였더라도, 외적으로는 베다나 샤이바싯단타의 의례를 행하면서 처세했을 것이다.[21]

그러나 당시의 가장 대중적 쉬바파 의례는 *ST*의 신앙 대상인 스바찬다브하이라바Svacchandabhirava의 의례였다. 이는 만트라피타mantrapīṭha에 속하여 일원론의 색채도 포함한 의례였다. 이에 샤이바싯단타의 학자들은 이원론적 교설의 입장에서 이 의례를 해석하여 자신들의 의례에 포함시켰다. 이와 같이 10세기까지의 카쉬미르 지역의 쉬바교는 샤이바싯단타의 영향 아래 놓여 있었다.[22]

그렇기 때문에 아비나바굽타, 크세마라자와 같은 쉬바파 일원론의 학자들은 쉬바파 일원론의 정당한 지위를 찾으려 노력하였다. 아비나바굽타는 트리카의 사상을 통해 일원론뿐 아니라 이원론까지 포괄하

---

20) Sanderson(1988), p. 699.

21) Sanderson(1988), p. 699 참조.

22) Sanderson(1988), p. 700 참조.

여 전체 쉬바교의 근본적 교의를 드러내려 하였다. 크세마라자는 이에 더하여 일원론 사상을 직접 선양하려 노력하였다. 그 대표적인 노력이 쉬바파 일원론 교설의 핵심이라 할 재인식론의 대중적 전달과, 당대 의례의 핵심이던 *ST*의 일원론적 해설이었다. 전자는 *PH*를 저작함으로써, 후자는 *ST*의 주석 『스바찬도드도야타*Svacchandoddoyata*』를 통해 결실을 맺었다.

쉬바파 일원론자들이 샤이바싯단타를 비판한 핵심은 일원론적 관점에서 당연히 의식 외의 실재인 물질jaḍa, 혹은 acit을 비판하는 것이었다. 이와 관련하여 의례가 끈pāśa을 없애는 구체적인 힘을 가졌다는 의례만능주의 역시 비판의 대상이었다. 쉬바파 일원론자들은 일원론적 관점에서 개체의 의식이 신적인 의식 수준에 도달한다면 구태여 의례가 필요 없을뿐더러,[23] 육체는 다른 물질적 원인을 가진 것이 아니라 의식을 원인으로 하는 것이기 때문에 죽기 전에도 해탈을 이룰 수 있다고 주장하였다. 쉬바파 일원론자들은 의례를 경시하지는 않았으나 샤이바싯단타의 이원론적 관점의 의례는 일원론적 관점에서는 낮고 극복 가능한 지식의 양태로 보았다.[24]

이런 쉬바파 일원론자들의 노력에 의해 11세기 이후 카쉬미르사상계의 판도는 쉬바파 일원론이 주도하게 되었다. 쉬바파 일원론의 교설들은 샤이바싯단타의 교설보다 탄트라의 사상과 의례들을 더욱 받아들이고 있다. 쉬바파 일원론의 의례와 사상들이 비정통적임에도 카쉬미르의 상층 계급들에게 받아들여져 11세기에 주도권을 장악한 이유는 "탄트라적 요가와 신비적 교설에 접근할 때 초기 전통처럼 탄트라 의례의 수행에 전면적으로 자신을 던져 넣을 필요가 없어졌기 때문"[25]이다.

23) Sanderson(1988), p. 703 참조.
24) Sanderson(1988), p. 703 참조.
25) Sanderson(1988), p. 703 참조.

이것은 재인식론을 통해 탄트라의 의례와 사상을 받은 쉬바파 일원론의 여타 교설들이 이 정통적인 사상의 맥락 속에서 재해석되었기 때문이다.[26] 쉬바파 일원론이 샤이바싯단타의 의례주의를 넘어선 것은 마치 베다의 의례 전통이 우파니샤드사상가들에 의해 수정주의修定主義적 맥락에서 재해석된 것과 유사하다고도 볼 수 있을 것이다.

이렇게 쉬바파 일원론은 샤이바싯단타에 많은 이론적 빚을 지고 있음에도 일원론적 관점에서 샤이바싯단타의 의례주의를 극복하였다는 종교적 의의를 가진다. 의례주의를 극복했다는 것은 인간 주체성의 확대를 말한다고도 할 수 있다. 의례는 신과 인간 사이의 간격을 인정하는 형식적 틀이다. 이런 의례를 행하지 않고서도 인간이 신과 동일하게 될 수 있다는 것은 신과 인간의 관계가 동일해졌다는 것을 말하는 것이기 때문이다.

쉬바파 일원론의 인간관은 신과 인간을 둘로 보는 이원론적 관점은 물론이고, 일원론이라 하더라도 현상의 포기를 통해 브라흐만에 합일하는 베단타의 일원론과는 다르다. 인간 의식의 본질은 개체적 의식citta의 수준이 아니고 쉬바, 즉 무한한 의식cit이지만, 쉬바파 일원론에서 요구하는 것은 개체를 포기하고 무한한 의식에 합일하는 것이 아니다. 개체의 본질은 쉬바이지만 개체는 샹카라 베단타처럼 가현된 허상이 아니고 쉬바 자체가 응축한 실재이다. 개체의 진아가 쉬바라는 사실을 깨달아(재인식) 자신과 여타의 모든 개체적 현상을 쉬바로 아는 것이 재인식론의 해탈이다. 이런 개체에 대한 긍정은 육체, 현상, 여성원리 등을 중요시하는 당대 탄트라의 형이상학적 발현일 것이다. 이와 같은 인간 주체성에 대한 관심은 쉬바파 일원론의 중요한 종교적 의의가 된다고 할 것이다.

---

26) 이것은 이원론의 샤이바싯단타도 마찬가지이다.

3. 탄트라의 대표적 형이상학 체계로서의 재인식론

지금까지 탄트라적 조류, 탄트라 의례, 탄트라 수행, 탄트라의 신, 탄트라사상, 탄트라의 형이상학 등의 다양한 용어를 사용하면서도, 이에 대한 정의를 내리지 않았다. 여기서는 탄트라의 개념을 고찰하면서, 재인식론은 탄트라의 대표적 형이상적 체계라는 의의를 가진다는 점을 서술하려 한다.

파더는 탄트리즘에 대한 객관적, 과학적 평가가 쉽지 않다고 하였다. 그 이유로 학자들마다 다른 정의를 내리고, 심지어 그 존재를 부정하는 경우도 있어 주제가 논쟁의 여지가 있고 복잡하기 때문이라고 한다.[27]

아발론A. Avalon같은 초기의 탄트라 연구자들은 탄트라라고 지칭할 만한 한정된 사상이 없음에도, 힌두교나 불교의 약간 특수한 측면으로서 그 범위를 한정할 수 있는 사상으로 생각했다. 그러나 학문적 연구가 진행되면서 탄트라는 힌두교나 불교의 특수한 측면이 아니라 매우 광범위하고 실로 중세인도의 종교 전반에 걸친 공통적인 특성임을 알게 되었다.[28]

인도에서 탄트라사상tantrism에 해당하는 용어는 없으며, 단지 탄트라의 가르침을 담은 문헌tantraśāstra과 의례에 있어서 베다를 따르는 정통의례주의자vaidika와는 다른 의례를 행하는 자들을 지시하는 탄트리카(tantrika, 탄트라 의례자)라는 용어만이 나타날 뿐이다.[29]

---

27) A. Padoux(1987), p. 272.

28) A. Padoux(1987), p. 273.

불교는 붓다의 가르침이고, 베단타는 베다의 가르침을 근거하여 발전한 사상으로, 이런 사상들은 분파적 사상 체계들의 다양성에도 불구하고 공통적 체계를 가지고 있다. 그러나 탄트라는 쉬바교나 비슈누교와 같은 힌두교는 물론 불교와 자이나 등의 비정통 종교에도 나타나는 포괄적 현상이다. 이런 광범위한 외연으로 인하여 탄트라의 정의를 명확히 내린다는 것은 어려운 일이다. 그래서 권터H. Guenther같은 불교학자는 탄트리즘을 "서구적 정신이 만들어 낸 가장 모호하고 잘못된 개념"이라고까지도 말했다.[30]

탄트라, 혹은 탄트리즘이라는 용어가 서구에서 발생한 이유를 생각해 보면, 탄트라로서 일반적으로 알려진 내용을 담고 있는 문헌들에서 무엇보다 먼저 이 용어가 기인한 것을 알 수 있다. 스와미 하르사난다Harshananda에 따르면 탄트라라는 용어는 과학이나 지식을 의미했고, 이것이 점차 이런 내용을 담은 문헌을 지칭하게 되었다고 한다. 그리고 이 문헌들에는 종교, 철학, 비의적인 의례, 천문학, 점성학, 의학, 예언 등이 혼합되어 있다고 한다.[31]

인도중세의 여러 종파들은 각자의 고유한 문헌군을 가지고 있었다. 대표적으로 쉬바파의 아가마, 비슈누파의 상히타, 샥티파의 탄트라가 그것이다.[32] 문헌군의 이름을 통해서 알 수 있듯 탄트라는 가장 먼저 샥티파와 관련을 가진다. 샥티파는 여신들에 대한 신앙으로 여신이란 우주의 힘, 즉 샥티를 말하는 것이기 때문에 샥티파로 불리는 것이다. 여신은 대개 쉬바나 비슈누의 배우자들이다. 그래서 샥티파는 자연스럽게 이들 종파들과 연관을 가진다. 그렇기 때문에 비슈누파나 쉬바

---

29) A. Padoux(1987), p. 273.

30) A. Padoux(1987), p. 273 재인용.

31) N. N. Bhattacharyya(1999), p. 23 재인용.

32) 이것은 일반적인 상식일 뿐, 실제로 이 용어들은 혼용되고 있다. 본서, p. 35 각주 27) 참조.

파의 문헌들 중에도 탄트라의 명칭을 가진 다수의 문헌이 있다. 그러나 인도의 정통 윤리, 즉 베다적 가치에 가까웠던 비슈누파보다는 원래 비아리안의 신이었던 루드라에서 발전한 신앙인 쉬바교와 더 밀접한 관련을 가진다.[33)]

일반적인 쉬바파 문헌군의 분류 방식인 10종, 18종, 64종의 문헌 분류법에 있어서 보다 정통적인 쉬바파적인 색채를 가진 앞의 2종이 주로 아가마로 불리는데 비해, 특히 후자의 64종의 문헌군은 브하이라바탄트라로 불린다.[34)] 즉 64종의 문헌군은 샥티파의 영향이 쉬바파에 깊이 스며들었음을 보여 주는 것이다. 혹은 그 반대현상도 생각할 수 있다. 그러나 누가 먼저 영향을 미쳤던 이 둘의 밀접한 관련성은 부정할 수 없다. 이 때문에 학자들은 브하이라바탄트라를 산출한 집단을 샥티쉬바파로 부르는 것이다. 이 문헌군 내에서도, 특히 샥티파의 영향을 강하게 보여주는 것은 비드야피타에 속한 문헌들로 트리카탄트라Trikatantra와 칼리탄트라Kālītantra는 가장 비베다적인 의례를 행하던 일파들의 문헌들이다.

---

33) 샥티파와 쉬바파가 더 밀접한 관련을 가진다는 것은 현재 학계의 입장에서 그렇다는 것이다. 아직 비슈누파와 샥티파 사이의 관계, 혹은 비슈누파의 탄트라적인 측면의 연구는 쉬바파와 샥티파 사이의 관계보다도 더 적게 연구되었다. 만약 향후에 비슈누파와 샥티파 사이의 관련을 보여주는 문헌군들이 발견되고, 이 분야가 더욱 연구된다면 꼭 본문과 같이 말할 수 없을지도 모른다. 그러나 비슈누파가 베다적 가치에 보다 가깝고 쉬바파는 기원이 비아리안적인 요소들과 많은 관련을 가진 것을 볼 때, 지방 토착적, 비아리안적 요소가 크게 나타나는 샥티파들과 쉬바파들이 더 큰 관련이 있을 개연성은 충분히 있다

34) 이것은 쉬바파적 입장에서 명칭이고, 샥티파적인 입장에서는 이 문헌군을 쉬리쿨라Śrīkula와 칼리쿨라Kālīkula의 2종으로 대분하여 지칭하고 있다. 이미 앞에서도 말했지만 쉬바파의 아가마Śaivāgama 문헌군과 샥티파의 쿨라아가마Kulāgama 문헌군이 있고, 이 두 문헌군의 교집합 부분이 브하이라바탄트라 문헌군이며, 특히 그 중에서도 비드야피타에 속한 문헌들이다. 이 브하이라바탄트라 문헌군을 쉬리쿨라와 칼리쿨라의 문헌군으로 나누는 것은 샥티파적 입장이다. 본서 pp. 101~102.

파더는 탄트라의 역사가 아직 불명료함에도 현재까지 확정된 몇 가지 사실을 기술하고 있다.[35] 그중 하나가 최소한 6~7세기 이후에는 탄트라가 인도에 잘 확립되어 있었고, 8~9세기에서 시작하여 12세기까지 전성기를 구가하였다는 것이다.

이 책에서는 이 시기에 베다의례와는 다른 의례와 실천을 행하며, 그들의 의례를 탄트라의 명칭이 붙은 문헌들의 기록으로 남긴 일단의 실천자들의 사상을 잠정적으로 탄트라, 탄트리즘으로 정의하려 한다. 그리고 그런 의례와 사상을 실천하던 자들을 탄트라 수행자tantrika로 정의한다. 그리고 꼭 탄트라의 명칭이 붙지 않았더라도, 그와 같은 사상과 관련한 내용을 담은 문헌을 탄트라 문헌으로 정의한다.

탄트라 문헌이 다루는 내용들을 고찰함으로써 그들의 사상의 특징을 어느 정도 이해할 수 있을 것이다. 고드리안은 아래와 같이 탄트라 문헌의 특징과 내용을 밝히고 있는데, 이 인용문을 통해 탄트라라는 개념과 관련된 주제들을 파악할 수 있을 것이다.

> 탄트라는 보다 신비적 주제를 다루는 경향으로 절대자의 (양극적) 본성, 우주론, 소리와 말의 창조적 성질, 소우주와 대우주의 동일성, 말의 힘, 만트라의 소통과 조절(매우 중요하고 빈번함), 단어와 이름의 상징적 해석, 만달라의 구성과 입문, 그 안의 신에 대한 숭배(탄트라의 전승에 있어서 이 의례적 측면 역시 매우 중요하다)를 언급하며, 예언, 초능력의 획득, 다양한 쿤달리니요가 등에 많은 양을 할애하고 있다. 탄트라는 일원적 세계관을 가진다(아가마는 이원론적, 매개적 입장을 가진다). 탄트라 문헌들 속에서 집중적으로 조명되는 것은 해탈, 즉 육체적이고 영적인 완전을 추구하는 인간의 탐구이다.[36]

35) A. Padoux(1987), p. 275.

36) Goudriaan(1981), p. 8.

인용문에서 나타나듯이 탄트라의 이념은 소우주와 대우주의 동일성이라는 점에서 찾을 수도 있을 것이다. 파더는 "탄트리즘을 간단히 말하자면 우주적 재통합이라는 특수한 이념에 근거한 특수하고 복잡한 실천법들의 수련을 통해 초자연력과 현생에서의 해탈을 얻으려는 실천도"[37]라고 말하고 있다. 또 밧다차리야N. N. Bhattacharyya 역시 "탄트라의 좌우명은 단적으로 '육체에 없는 것은 우주에도 없다' 라고 표현할 수 있다"[38]라고 탄트라의 이념을 표명하고 있다. 그렇기 때문에 소우주로서의 육체가 탄트라에서는 크게 강조된다.

대우주와 소우주의 동일성이란 이념은 우주적 의식citi이 개체적 의식citta으로 응축되었다는 재인식론 교설의 핵심이다. 쉬바가 또 다른 자신의 모습인 우주를 자신의 신체로 가지듯이, 응축된 개체적 의식을 가지는 개체도 자신의 몸 안에 응축된 우주를 가진다. 대우주와 소우주의 동일성이라는 탄트라의 이념이 트리카의 우주론과 인체론에 나타나는 것을, 이미 *PH*의 수행론을 고찰하며 파악하였다.[39]

그러면 탄트라의 이념인 소우주와 대우주의 동일성이란 개념이 어떻게 재인식론의 핵심이 되었는가. 이것을 다시 말하면 어떻게 재인식론이 탄트라의 형이상학을 대변할 수 있게 되었느냐 하는 물음으로 치환할 수 있을 것이다.

탄트라는 특히 여신신앙자들인 샥티파에서 현저하였으나, 나중에 쉬바파와 밀접한 관련을 가지게 되어 소위 샥티쉬바파로 발전하게 된다. 이들이 이룬 문헌이 브하이라바탄트라 문헌이며, 이중에서도 탄트라의 이념이 가장 두드러지게 나타나는 문헌들이 트리카탄트라와 칼리탄트라를 포함한 비드야피타 문헌군이다. 쉬바파 일원론을 대성한

37) A. Padoux(1987), p. 274.
38) N. N. Bhattacharyya(1999), p. 24.
39) 본서, pp. 274~276 참조.

아비나바굽타가 특히 의지한 문헌은 바로 비드야피타에 속한 문헌들이다. 그는 트리카의 체계를 통해 극단적인 칼리 신앙의 일원론적 사상에서부터 온건한 샤이바싯단타 이원론까지도 포함한 쉬바파 전체의 진리를 일원론적 관점에서 해설하려 하였다. 이 과정에서 샥티쉬바파로 대변될 수도 있을 탄트라[40]는 하나의 체계적 틀을 가지게 되었고, 이 체계적 틀에서 형이상학적 측면의 시금석 역할을 한 것이 재인식론의 사상이다.

재인식론은 작게는 비드야피타에 나타난 탄트라사상의 형이상학적 시금석 역할을 했다고도 볼 수 있다. 하지만 비드야피타에 속한 문헌들이 인도중세 탄트라의 정화精華라고 인정한다면 크게는 탄트라의 형이상학을 대표하는 체계로서의 의의를 가진다고도 할 수 있다. 그래서 딕콥스키의 "재인식론을 통해 탄트라파들의 일원론과 관념론은 건전한 논의와, 철저한 인도철학이라면 어떤 학파라도 대결했던 근본적인 문제들의 분석을 통해 떠받쳐지게 되었다"라는 주장은 매우 바른 지적이라 할 것이다. 그렇기 때문에 재인식론은 고대 인도사상의 철학적이고 논리적인 형식과 더불어 인도 중세사상의 탄트라의 내용이 결합한 인도사상사의 가장 특기할 만한 사상들 중의 하나로 자리매김할 수 있다.

40) 탄트라의 외연이 정확히 규정되지 않은 현재의 상황에서 이 명제는 단지 가설적인 수준이지만 현재까지 발견된 문헌과 연구 결과를 놓고 본다면 결코 과장된 표현은 아닐 것이다.

결론

결 론

쉬바교의 기원은 미해결의 상태이다. 다만 그 종교적 전통은 인도 원주민시대의 원형原形적 쉬바proto-śiva인 파슈파티獸主의 개념에서부터, 베다의 루드라—쉬바의 개념, 우파니샤드의 추상적 진리의 개념, 그리고 마하바라타와 푸라나에서 볼 수 있는 인격적 절대신의 개념을 거치면서 형성되었다.

이후 쉬바교는 베다의 가치를 유지하는 푸라나적 쉬바교와 비베다적 쉬바교로 분화해서 발전한다. 후자는 격외의 길Atimārga과 만트라의 길Mantramārga로 나뉘게 된다. 전자는 비베다적이라는 의미에서 격외의 길로 불리지만, 만트라의 길보다는 정통 가치에 대해 온건한 입장을 취했다. 격외의 길도 비베다적인 탄트라의 요소들이 보이지만, 더욱 극단적인 의례를 행했던 것은 만트라의 길이었다.

격외의 길과 만트라의 길을 나누는 가장 큰 특징은 샥티적 요소의 유무이다. 비베다적인 탄트라 의례를 행했지만 격외의 길은 절대와 현상 중에서 절대를 중시하는 입장이었다. 이것은 인도 고대철학과 동일한 입장이다. 그러나 만트라의 길에 속한 쉬바파들은 현상, 혹은 현상의 힘śakti에 깊이 주목했다.

만트라의 길은 이원론의 샤이바싯단타와 일원론의 카팔리카로 이분된다. 격외의 길의 대표 종파인 파슈파타의 이원론적 입장을 계승한 샤이바싯단타는 신과 인간의 종교적 이원, 물질과 정신의 형이상학적 이원이라는 이중적 이원론의 입장을 견지했다. 샤이바싯단타는 북인도 카쉬미르와 남인도 타밀의 두 지역에서 동시적으로 발전하다가, 13세기 이후 타밀에서 통합되었다. 타밀 지역은 주로 신애적 쉬바교를 기반으로 발전하였고, 카쉬미르는 철학적 교설이 발전하게 된다. 격외의 길은 고행수행자 중심이었으나, 점차 철학적으로 해설되어 9세기 이후 카쉬미르의 재가자들에게 받아들여졌다.

카팔리카 전통은 매우 비베다적이다. 그래서 베다의 가치를 신봉한 상층 지식인 사회에 받아들여지기 어려웠다. 그러나 쿨라의 개혁을 통해 극단적 의례들의 의미가 철학적으로 순화되어, 9세기 이후 카쉬미르 재가자들에게 받아들여졌다.

카팔리카의 사상적 기반은 브하이라바탄트라의 사상이다. 이 문헌들은 일원론적 성격을 가지고 있었다. 9세기 이후 카쉬미르의 일부 학자들은 쉬바교의 일원론적 입장에 관심을 가지게 되었다. 이는 9세기 바스굽타의 *SS*에서 시작하여, 10~11세기 아비나바굽타에 의해 트리카 사상을 기반으로 대성되었다. 아비나바굽타는 트리카체계를 바탕으로 일원론 교설들은 물론 샤이바싯단타의 이원론까지도 포괄하였다. 아비나바굽타가 대성한 트리카의 구성요소의 핵심은 트리카, 크라마, 재인식론과 진동설이었다.

9세기 카쉬미르에서 쉬바파 일원론이 철학적으로 저술되는 첫 계기는 *SS*의 출현이었다. *SS*는 쉬바파 일원론의 실천법을 집대성한 것이었다. *SS*의 형이상학적인 부분을 계승, 발전시킨 것이 재인식론이고, 수행 실천적 부분을 계승, 발전시킨 것이 진동설이다.

진동설은 쉬바파 일원론의 도그마적인 사상 범위 내에서 교설을 확립해갔다. 반면 재인식론은 쉬바파 일원론 사상들을 전통적인 형이상학과 인식론, 논리에 입각하여 설명했다. 쉬바파 일원론이 신비주의의 그늘을 벗고 정통적 형이상학의 세계에 등장한 것은 재인식론의 덕택이었다.

쉬바파 일원론을 구성하는 다양한 쉬바파들의 사상적 공통분모는 절대와 현상이 하나라는 것이다. 그들은 의식(종교적 측면으로는 쉬바)을 절대와 현상의 유일한 원인으로 주장했다. 현상은 의식(절대, 쉬바)이 자신 내부에 스스로를 투사한 것이다. 그래서 현상은 쉬바와 다르지 않다. 재인식론은 쉬바파 일원론의 근본적인 교설인 이 명제를 전통철학과 지식론으로 철저히 검증하고 체계화하였다.

재인식론은 9세기 카쉬미르의 소마난다의 *SD*에서 비롯하였다. 이는 웃팔라데바에게 전수되어 *IPK*가 저술되었다. 재인식론의 학파명은 이 저작에서 비롯하였다. 이는 11세기 아비나바굽타와 그의 제자 크세마라자에게 전수되었다. 아비나바굽타는 *IPK*의 주석인 *IPV*와 *IPPV*를 저술하였고, 크세마라자는 *HP*를 통하여 *IPK*의 내용을 간추림으로써 재인식론을 요약하였다.

재인식은 원래 인도지식론의 한 개념이다. 샤이바싯단타는 불교의 무아설을 비판하고, 자아의 존재 증명을 위해 이 개념을 이용했다. 그들은 사물들이 찰나만 존재한다면 재인식은 존재할 수 없으며, 재인식이 존재한다는 것은 과거, 현재의 인식을 연속시키는 자기동일성을 유지하는 자아 존재를 증명한다고 주장하였다. 웃팔라데바 역시 불교를 비판하기 위해 이 주장을 받아들였는데 이것이 자아의 본성에 대한 깨달음이라는 의미로 전화轉化하여, 마침내 개체의 진아가 무한한 의식인 쉬바라는 사실을 깨닫는 것이라는 개념으로 발전하였다.

상키야 이원론이나 샹카라 베단타의 일원론은 절대(푸루샤나 브라흐만)의 성질을 지자성知者性, jñānatṛtva으로만 한정했다. 재인식론은 그와 더불어 절대는 행위자성行爲者性, kartṛtva을 가진다고 주장했다. 재인식론은 의식이 전통철학의 의식의 특징인 프라카샤와 더불어 창조적 측면인 비마르샤를 가진다고 한다. 이 의식의 비마르샤성이 쉬바파 일원론과 재인식론이 강조한 의식의 측면이다. 쉬바는 무한한 지성과 행위성을 가지고 절대자유svātantrya로서 우주를 현현시킨다.

상키야는 프라크리티를 우주의 질료인으로 주장했다. 샹카라 베단타는 무명을 통해 우주가 가현한다고 하였다. 재인식론은 쉬바(의식)아닌, 우주 창조의 원인은 없다고 주장한다. 의식의 창조성인 비마르샤성이 의식 스스로를 인식함으로써 우주는 인식된다(즉 창조된다). 이런 논리로 재인식론은 상키야의 이원론과 브라흐만 아닌 무명에 우주 발생의 원인을 둠으로써 실제적으로는 또 다른 이원론을 주장한 샹카라 베단타의 난점을 극복하였다.

재인식론에서 개체는 프라크리티의 전변도, 무명에 의한 가현도 아니며, 쉬바(의식)의 무한한 힘(샥티)이 제한되어 존재하는 것일 뿐이다. 이런 쉬바의 무한한 힘의 제한은 쉬바의 힘 중의 하나인 마야의 힘 māyāśakti에 의한 것이다. 그래서 개체는 의식의 무한한 힘을 회복하면 쉬바와 동일하다. 재인식론에서 속박이란 자신의 본성이 쉬바라는 것을 모르는 무지에서 비롯된 것이다. 무지는 염오와 5종의 덮개kancuka에 쌓인 제한된 자신을 진정한 자아로 생각하는 것이다. 해탈은 자신의 본성이 쉬바라는 것을 아는 것이다. 재인식론에서는 해탈을 성취하여도 현상이 사라지거나 수행자가 개체 아닌 다른 무엇이 되는 것이 아니다. 현상세계의 존재는 쉬바의 축복이다. 개체와 속박을 만들어 내는 마야의 힘도 쉬바의 본성이다. 모든 것이 쉬바의 현현임을 깨닫는 것이 재인식론의 해탈이다.

그래서 재인식론은 무한한 힘을 가진 의식이 개체로 응축되는 과정을 36원리로써 설명한다. 특히 의식 수준의 활성화 정도를 따라 주관의 수준을 분류한 것이 7종 주관론이다. 이 이론들을 통해 현상을 이루는 개체들의 세계를 설명한다. 의식은 절대자유를 가진다. 절대자유에 기인하여 마야의 힘에 의한 응축이 발생한다. 응축의 범주 형태가 3종의 염오mala와 5종(혹은 표제적 의미를 가진 마야를 포함하여 6종)의 덮개이다.

이 염오에 의해 하나의 의식이 의식 외적인 개체로 분리되고āṇavamala, 주관, 객관, 이것, 저것 등의 형태를 가진 것으로 분별된다māyāyamala. 그리고 이런 분별에 의해 무한한 힘을 잃고, 현상에 욕망을 일으킴으로써 카르마가 발생하여kārmamala 생사를 윤회한다.

5종의 덮개는 의식의 무한한 힘이 제한되는 범주를 말한다. 그 5종은 부분kalā, 지혜vidyā, 욕망rāga, 시간kāla, 제한niyati으로서 의식의 5종의 힘인 행위kriyā, 지jñāna, 의지iccha, 환희ānanda, 의식cit을 제한한다.

재인식론의 해탈은 자신을 제한된 개체가 아니라 쉬바로 아는 데서 발생한다. 내가 쉬바이기 때문에, 전 우주이기 때문에 우주를 구성하는 어떤 개체도 나 아닌 것이 없다. 나의 자아가 쉬바라는 것을 안다는 것은 다른 말로는 모든 것을 나로 본다는 것이다. 그래서 재인식론은 분별의 해소를 가장 중요하고도 유일한 수행으로 본다.

재인식론, 나아가 아비나바굽타에 의해 대성된 트리카 교설은 수행을 실천하는 주관의 의식의 확장 정도에 따라, 수행의 차제를 4단계로 나누고 있다. 무방편無方便, anupāya, 신적인 방편śāmbhavopāya, 힘의 방편śāktopāya, 개체적 방편āṇavopāya의 4종 방편이 그것이다. 상위 두 방편(무방편과 신적인 방편)은 주객을 초월한 의식 상태이므로 구체적인 실천법이 없다.

하위의 두 방편 중에서도 힘의 방편은 외부 대상에 대한 관심을 거두어 내관內觀의 경지에 이른 고도의 수행자에게 적합한 방편이다. 일상적 인간은 개체의 의식 수준에 머물기 때문에 주객이 구분된 상태의 대상들을 명상 대상으로 하는 일상적 실천법들은 개체적 방편에 속한다.

현상과 절대의 동일성을 이념으로 하는 쉬바파 일원론은 육체에 우주의 원리가 응축되었다고 본다. 그래서 무한한 의식의 인체 내 응축 형태인 쿤달리니샥티를 각성시켜 우주에 편재하게 하는 쿤달리니의 각성수행을 중요하게 다룬다. *PH*에서도 제18 수트라에서 힘의 응축과 팽창 수행으로 이를 중요하게 다루고 있다.

쉬바파 일원론은 인도중세의 탄트라 조류를 대표하는 사상 및 실천체계이다. 탄트라의 정확한 정의를 내릴 수는 없지만, 현재 일반적으로 알려진 탄트라의 의례 형태나 사상 체계는 대개가 쉬바파 일원론 연구를 통해 알려진 것이기 때문이다. 물론 순환논증의 오류를 범할 위험은 있으나 기존의 연구만을 놓고 봤을 때 이 주장은 결코 틀렸다고 할 수는 없을 것이다.

쉬바파 일원론의 신비주의적 사상들이 공정한 철학적 검증을 받고, 아비나바굽타에 의해 고준한 사상 체계로 완성될 때, 그 형이상학적 틀의 역할을 한 것이 재인식론이다. 재인식론은 인도 고대 정통철학의 형이상학과 지식론, 논리학을 이용하여 대우주와 소우주의 동일, 혹은 절대와 현상의 동일이라는 쉬바파 일원론의 이념을 철학적으로 정초하였다.

이것은 인도 고대 정통철학의 모순점을 극복하는 과정이면서, 한편으로 고대철학과 중세탄트라의 통합이라는 인도사상사의 특기할만한 변증적 발전들 중의 하나로 볼 수 있다.

부록

부록 : *PH*의 게송

歸敬만트라

논의 시작

귀경頌

논의 목적을 밝힘

Sutra 1 의식citi의 정의

citiḥ svatantrā viśvasiddhihetuḥ

(우주적) 의식은 절대자유이며 우주 발생의 원인이다.

Sutra 2 의식(절대)의 자기 분열

svecchayā svabhittau viśvam unmīlayati

스스로의 의지에 의해 자신에게 우주를 현현시킨다.

Sutra 3 우주(현상)가 다양하게 나타나는 이유

tan nānā anurūpagrāhyagrāhakabhedāt

그것(우주)은 주관과 객관의 구별에 따라 다르게 [나타난다]

Sutra 4 절대와 개체의 동일

citisaṃkocātmā cetano 'pi saṃkucitaviśvamayaḥ

(우주적) 의식이 응축된 자아의 의식은 또한 응축된 우주로 구성된다.

Sutra 5 개체적 의식citta은 우주적 의식citi의 응축일 뿐 다른 존재가 아니다.

citir eva cetanapadād avarūḍhā cetyasaṃkocinī cittam

(우주적) 의식은 실로 [응축되지 않은] 의식cetana 단계에서 하강함으

로써, 응축된 의식 대상인 (개체적)의식이 [된다].

Sutra 6 개체적 의식citta의 의식 수준은 마야의 주관mayāpramātṛ

tanmayo māyāpramātā

그것cittam으로 구성된 것이 幻인 주관māyāpramātā이다.

Sutra 7 의식의 현현태

sa caiko dvirūpas trimayaś caturātmā saptapañcakasvabhāvaḥ

그리고 그cit는 하나로, 두 형태로, 셋으로 구성된 것으로, 넷의 자아로, 35개의 자성으로 [현현한다].

Sutra 8 타 학파에 대한 비판

tadbhūmikāḥ sarvadarśanasthitayaḥ

그 지점들에 일체의 교설들은 위치한다.

Sutra 9 염오mala

cidvat tac chaktisaṃkocāt malāvṛtaḥ saṃsārī

의식cit의 성질인 힘(샥티)의 응축으로부터, 그것은 염오에 덮인 윤회자가 된다.

Sutra 10 윤회 상태에 나타나는 쉬바의 5종 행위(pañcakṛtya)

tathāpi tadvat pañcakṛtyāni karoti

실로 거기(윤회자), 그 성질에서도 5종 행위들은 작동한다.

Sutra 11 쉬바의 5종 행위의 비의적秘義的 양식

ābhāsana-rakti-vimarśana-bījāvasthāpana-vilāpanatastāni

현전, 관심, 반성, [훈습력의] 종자의 출현, 해소[1]가 그것들이다.

Sutra 12 윤회를 발생시키는, 쉬바의 5종 행위에 대한 무지를 일으키는 미혹들

tad aparijñāne svaśaktibhir vyāmohitatā saṃsāritvam

그(5종 행위의 근원)[것에 대한] 무지로부터 [발생한] 스스로의 힘śakti에 대한 미혹으로부터 윤회자성性이 [발생한다].

Sutra 13 5종 행위의 근원에 대한 지知, parijñāna를 통해 우주적 의식citi이 됨

tat parijñāne cittam eva antarmukhībhāvena cetanapadādhyārohāt citiḥ

그 원만지圓滿知에서 (개체적) 의식은 실로 내적인 방향으로 돌아섬으로서 [응축되지 않은] 의식의 단계로 상승하여 (우주적) 의식이 [된다].

Sutra 14 우주적 의식citi은 무분별의 성질을 가지므로, 낮은 의식 단계에서도 무분별을 일으킴

citivahnir avarohapade channo 'pi mātrayā meyendhanaṃ pluṣyati

(우주적) 의식의 불은 하강단계에서 [마야에] 덮여도 부분적으로 [인식] 대상이라는 연료를 태운다.

Sutra 15 우주적 의식citi의 힘bala에 의해 우주를 흡수한다(인식한다).

balalābhe viśvam ātmasātkaroti

[우주적 의식의] 힘을 얻음으로써 우주를 자신에 머무르게 한다.

1) 각각 방사sṛṣṭi, 유지sthiti, 지멸saṃhāra, 은폐vilaya, 은총anugraha에 해당한다.

Sutra 16 생해탈生解脫, jīvanmukti의 정의

cidānandalābhe dehādiṣu cetyamāneṣv api cidaikātmya-pratipatti-dārḍhyaṃ jīvanmuktiḥ

의식의 환희를 얻어서 몸 등에서, [인식] 대상의 현현에서도, 실로 의식의 통일성을 지각하는 확고함이 生해탈이다.

Sutra 17 중심madhya의 팽창vikāsa에서 의식cit의 축복이 얻어짐을 밝힘

madhyavikāsāc cidānandalābhaḥ

중심의 팽창으로부터 의식의 환희를 얻음이 [있다].

Sutra 18 해탈을 위한 수행들

vikalpakṣaya śaktisaṃkocavikāsa-vāhaccheda-ādyantakoṭinibhālana-ādaya iha upāyāḥ

분별의 해소, 힘śakti의 응축과 팽창, 입출식入出息의 멈춤, 시종점始終点 관찰, 여타餘他 등이 여기에서 방편方便이다.

Sutra 19 일상日常삼매nityoditasamādhi의 성취

samādhisaṃskāravati vyutthāne bhūyo bhūyaḥ cidaikyāmarśān nityoditasamādhilābhaḥ

삼매의 훈습력으로 [삼매에서] 일어난 상태에서도 의식의 통일성의 접촉으로 인해 반복하여 영원히 일어나는 삼매(日常삼매)를 얻는다.

Sutra 20 일상삼매를 성취함으로 발생하는 신성iśvaratā의 획득

tadā prakśa-ananda-sāra-mahāmantravīryātmaka-pūrṇāhanta-aveśāt sadā sarva-sarga-saṃhāra-kārinija-saṃvid-devatā-cakra-īśvaratāpraptir bhavatīti śivam

그때, 빛이며, 환희이며, 마하만트라의 힘의 본성인 충만한 자기 동일성으로 들어간 것으로부터 일체의 방사와 지멸을 행하는 신들의 차크라를 획득하는 의식saṃvid의 신성神性, īśvaratā이 있다 : 이[와 같은] 것이 쉬바이다.

【약호 및 참고문헌】

| 약호 |

AV :	*Atharvaveda*
IPK :	*Īśvarapratyabhijñākarika*
IPV :	*Īśvarapratyabhijñāvimarśini*
IPVV :	*Īśvarapratyabhijñāvivṛttivimarśini*
K.S.T.S. :	*Kashimir Series of Texts and Studies*
NK :	*Nyāyakośa*
NS :	*Nyāyasūtra*
PH :	*Pratyabhijñāhṛdayam*
RV :	*Ṛgveda*
SD :	*Śivadṛṣṭi*
SS :	*Śivasūtra*
SSV :	*Śivasūtravimarśinī*
ST :	*Svacchandabhairavatantra*
SU :	*Śvetāśvataraupaniṣad*
TA :	*Tantrāloka*

1. 원전

Atharvaveda: *Hymns of the Atharvaveda*, 2vols, translated by Ralph T.H. Griffith in English., Veranasi, India: Chowkhamba Sanskrit Series Office, 1985(the 1st published in 1895-1896).

Brahmasūtra: Unknown, *The Brahma Sutra*, translated by S. Radhakrshnan in English, London: George Allen & Unwin, 1960.

Brahmasūtraśaṅkarabhāśya: Śaṅkara, *Vedanta explained*: *śaṅkara's commentary on the Brahma-sūtra*, 2vols, translated by Vinayak Hari Date in English., New Delhi: Munshiram Manoharlal Publishers., 1973(the 2nd ed.).

Īśvarapratyabhijñāvimarśinī: Abhinavagupta, *Īśvarapratyabhijñā-vimarśini of Abhinavaguta*, 3vols, Sanskrit text and Bhāskarakaṇṭha's commentary Bhāskarī(vol. 1,2) and English translation(vol. 3), ed. and translation in English by Subramania Iyer, K. A. & Pandeya, Kanti Chandra., Delhi: Motilal Banarasidasa, 1986.

Kāmakalāvilāsa: Puṇyānanda, *Kamakalavilasa of Srimanmahesvara Punyananda Natha Alongwith 'Cidvalli' Sanskrit Commentary of Sri Natanananda Natha and English Translation*, ed by Ramayana Prasad Dwivedi and Sudhakar Malaviya, NewYork: Chaukhamba Sanskrit Pratishthan, 2004. 본 논문은 이 책의 梵文만을 2009년 7월에 아래 인터넷 사이트에서 이용하였다. http://muktalib5.org/DL_CATALOG/TEXTS/ETEXTS/kamakalavilasaDEV.pdf

Kurma purana, Unknown *The Kurma Mahapuranam*, Delhi: NAG Publishers, 2002(the 3rd. ed).

Mahābhāṣya: Patañjali, *The Mahābhāṣya of Patañjali: with annotations,* ed. by Sibajiban Bhattacharyya, translation in English by Surendranath Dasgupta, New Delhi: Indian Council of Philosophical Research Distributed by Munshiram Manoharlal Publishers, 1991.

Mālinīvijayottaratantra: Unknown, *Sri Mālinīvijayottaratantram,* ed. by Madhusādan Kaul, *K.S.T.S.* 37., Bombay: Tatva-vivrohaka Press, 1928.

Nyāyakośa: Jhalakikar, Mahamahopadhyaya Bhimacarya., *Nyāyakośa or dictionary of technical terms of Indian philosophy,* Poona: Bhandarkar Oriential Research Inst., 1978.

Nyāyasūtra: Gautama, *The Nyāya-sūtra of Gautama: with the bhāśya of Vātsyāyana and the Nyāyavārttika of Uddyotakāra*(4vols), translated in English by Ganganatha Jha, Delhi: Motilal Banarsidass, 1984.

Parātrīśkālanghuvṛttiḥ: Abhinavagupta, *The Parātrīśkā langhuvṛtti,* ed. by J. Z. Shāstri, *K.S.T.S.* vol. 68. Srinagar: Research Department, Jammu and Kashimir State, 1947; *The short Gloss on the Supream the Queen of The Three,* tr. in Eng., by P. E. Muller Muller-Ortega in *The Tradic Heart of śiva:Kaula tantricism of Abhinavagupta in the non-dual Shaivism of Kashmir,* Delhi: Sri Satguru publications, 1997(the 1st ed, 1989). pp.203-232.

Pratyabhijñāhṛdayam: Kṣemarāja, *Pratyabhijñāhṛdayam: the secret of self recognition,* tr. by Jaideva Singh, Delhi: Motilal Banarsidass, 1998(the 4th rev).

Śivasūtra, Śivasūtraavimarśinī: Vasugupta*(SS)*, Kṣemarāja*(vimarśinī)* *Śiva sūtra: the yoga of supreme identity :* translated into English with Śivasūtravimarśinī commented by Kṣemarāja, by Jaideva Singh, Delhi:

Motilal Banarsidass, 1991.

Ṛgveda: The hymns of the Rigveda, translated with a popular commentary by Ralph T. H. Griffith., edited by J. L. Shastri, Delhi,: Motilal Banarsidass, 1986(New rev. ed).

Tantrāloka: Abhinavagupta, *The Tantrāloka*(12vols), ed. by Mukunda Rāma and Madhusūdan Kaul, *K.S.T.S.* 23, 28, 30, 35, 36, 29, 41, 47, 59, 52, 57, 58., Srinagar: Research Department, Jammu and Kashimir State, 1918～1938.

Tantrasāra: Abhinavagupta, *The Tantrasāra of Abhinavagupta,* ed by Paṇḍit Mukund Rām Shāstrī, *K.S.T.S.* 17, Srinagar: Research Department, Jammu and Kashimir State, 1918.

Vijñānabhairavatantra: Unknown, *Vijñānabhairava or divine consciousness: a treasury of 112 types of yoga,* ed and trans into English by Jaideva Singh, Delhi: Motilal Banarsidass, 1993.

2. 단행본

마에다 센가쿠, 『웨단따 철학: 샹까라를 중심으로』, 강종원 옮김, 서울: 동국대학교 출판부, 2005.

엘리아데, 머르치아, 『이미지와 상징』, 이재실 역, 서울, 까치, 1998.

이즈쓰 도시히코, 『의미의 깊이 (동양 사상으로 본 언어, 언어 철학)』, 이종철 역, 서울: 민음사, 2004.

정승석, 『인도의 이원론과 불교』, 서울: 민족사, 1992.

침머, 하인리히, 『인도의 신화와 예술』, 이숙종 역, 서울, 대원사. 1995.

Alper, Harvey P., ed, *Understanding mantras,* Delhi: Motilal Banarsidass, 1991.

Bhandarkar, R. G., *Vaisnavism, saivism, and minor religious systems,* Poona: Bhandarkar Oriental Research Institute, 1982(the 1st ed, 1927).

Bhattacharyya, Narendra Nath., *Indian religious historiography,* New Delhi: Munshiram Manoharlal Publishers, 1996A.

Bhattacharyya, Narendra Nath., *History of the Sakta religion,* New Delhi: Munshiram Manoharlal Publishers, 1996B(the 2nd rev. ed.).

Bhattacharyya, Narendra Nath., *History of the Tantric Religion: an historical, ritualistic, and philosophical study,* New Delhi: Manohar Publishers & Distributors, 1999(2nd rev. ed).

Chattopadhyaya, Sudhakar., *Evolution of Hindu sects up to the time of Samkaracarya,* New Delhi: Munshiram Manoharlal, 2000(the 2nd rev. ed.).

Chitgopekar, Nilima., *Encountering Sivaism: the deity, the milieu, the entourage,* New Delhi: Munshiram Manoharlal Publishers, 1998.

Dasgupta, Surendranath., *History of Indian philosophy,* London: Cambridge University Press, 1975(the 1st ed, 1969).

Davis, Richard H., *Worshiping Siva in medieval India: ritual in an oscillating universe,* Delhi: Motilal Banarsidass Pub, 2000.

Dupuche, John R., *Abhinavagupta: the kula ritual, as elaborated in chapter 29 of the Tantrāloka,* Delhi: Motilal Banarsidass Publishers, 2003.

Dyczkowski, Mark S.G., *The Canon of the Śaivāgama and the The Kubjikā Tantras of the Western Kaula Tradition,* Delhi: Motilal banarsidass, 1989b.

Dyczkowski, Mark S.G., *The doctrine of vibration: an analysis of the doctrines and practices of Kashmir Shaivism,* Delhi: Motilal Banarsidass, 19 89.

Flood, Gavin., *The tantric body: the secret tradition of Hindu religion,* London, New York: I.B.Tauris, 2006.

Flood, Gavin., *An Introduction to Hinduism,* NY: Cambridge University Press, 1996.

Goldman, Robert. P. and Sally J. Sutherland., *Devavāṇipraveśikā: An Introduction to the Sanskrit Language,* Berkeley: Center for South & Southeast, 1999(3rd ed.).

Gonda, Jan, *Medieval religious literature in Sanskrit,* Wiesbaden: Otto Harrassowitz, 1977.

Gonda, Jan, *Visnuism and Sivaism: a comparison,* New Delhi: Munshiram Manoharlal, 1976.

Goudriaan, Teun & Sanjukta Gupta, *Hindu tantric and Sakta literature,*

Wiesbaden: Otto Harrassowitz, 1981.

Kramrisch, Stella, *The Presence of Siva,* Princeton, New Jersey: Princeton University Press, 1981.

Lorenzen, David N., *The Kapalikas and Kalamukhas, two lost Saivite sects,* Delhi: Motilal Banarsidass, 1991(the 2nd ed.)

Michaels, Axel., *Hinduism: Past and Present,* Princeton, New Jersey: Princeton University Press. 2004.

Muller-Ortega, Paul Eduardo., *The triadic Heart of Śiva: Kaula tantricism of Abhinavagupta in the non-dual Shaivism of Kashmir,* Delhi: Sri Satguru publications, 1997(the 1st ed, 1989).

Murphy, Paul E., *Triadic mysticism: the mystical theology of the Saivism of Kashmir,* Delhi: Motilal Banarsidass, 1986.

Pandey, Kanti Chandra., *An outline of history of Saiva philosophy,* Delhi: Motilal Banarsidass, 1986.

Pandit, Moti Lal., *The Trika Saivism of Kashmir,* New Delhi: Munshiram Manoharlal, 2003.

Pardoux, Andre., *Vāc: the concept of the word in selected Hindu Tantras,* translated by Jacques Gontier into English, Delhi: Satguru Pub., 1992.

Larson, G. James., and R. S. Bhattacharya., ed., *Encyclopedia of Indian Phlosophies*(vol.7), *Yoga: India' Philosophy of Meditation,* Delhi: Motilal

Banarsidass Publishers, 2008.

Samuel, Geoffrey,. *The Origins of Yoga and Tantra: Indic Religions to the Thirteenth Century,* NY: Cambridge University Press, 2008.

Silburn, Lilian., *Kuṇḍalinī : The Energy of the Depths : A Comprehensive Study Based on the Scriptures of Nondualistic Kasmir Saivism,* translated by J. Gontier in English, NY: State University of New York Press, 1988.

Sinha, L.P.N., *Nyaya Theory of Perception,* New Delhi: Classical Pub. Co., 1982.

Swami Lakshman Jee, *Kashmir Shaivism the secret supreme,* Delhi: Sri satguru publications indian books centre, 1998.

White, David Gordon., *Kiss of the yogini : "Tantric sex" in its South Asian contexts,* Chicago: University of Chicago Press, 2003.

Zvelebil, Kamil., *Tamil literature,* Wiesbaden, Germany : Otto Harrassowitz, 1974.

3. 논문

박문성, 「Pasupata(獸主派)의 실천 원리 연구」, 동국대학교 대학원 인도철학과 석사논문, 2003.

高島淳, 「カシミ-ル・シヴァ派におけるupayaとsaktipataの體系」『宗教研究』 60卷 3輯(270號), 東・京: 日本宗教學會, 1986. 9., pp. 55~84.

佐藤道郎,「カシュミ-ル・シャイヴャの修道階程」『印度學佛教學研究』37卷 2號(通卷74), 東京: 日本印度學佛教學會, 1989. 3., pp. 964~958.

Flood, Gavin., "The Śaiva Tradition" *in The Blackwell companion to Hinduism,* Gavin Flood. ed., Malden, MA: Blackwell Pub, 2003.

Hatley, Shaman., "The *Brahmayāmalatantra* and early Saiva cult of yoginīs" , Doctoral dissertation, Univ. of Pennsylvania, January 1, 2007.

Lorenzen, David N., "Śaivism; an overview", the article In: *The Encyclopedia of Religion* vol.13., edited by M. Eliade. et al., New York: Macmillan Publishing Company, the 1st. ed. 1987, pp. 7~11.

Padoux, Andre., "Tantrism; an overview", the article In: *The Encyclopedia of Religion* vol.13., edited by M. Eliade. et al., New York: Macmillan Publishing Company, the 1st. ed. 1987, pp. 272~274.

Sanderson, A., "The Lākulas: New evidence of a system intermediate between Pāñcārthika paśupatism and Āgamic śaivism." Ramalinga Reddy Memorial Lectures, 1997. In: The Indian Philosophical Annual 24, 2006, pp. 143~217.

Sanderson, A.,"The Visualization of the Deities of the Trika." *In L'Image Divine: Culte et Méitation dans l'Hindouisme,* edited by A. Padoux. Paris: Éditions du Centre National de la Recherche Scientifique, 1990, pp. 31~88.

Sanderson, A., "Religion and the State: śaiva Officiants in the Territory of the Brahmanical Royal Chaplain (with an appendix on the provenance and date of the Netratantra)." In: *Indo-Iranian Journal* 47, 2004, pp. 229～300.

Sanderson, A., "Śaivism and the Tantric Traditions." *In The World's Religions,* edited by S. Sutherland, L. Houlden, P. Clarke and F. Hardy. London: Routledge and Kegan Paul, 1988, pp. 660～704.

Sanderson, A., "Śaivism in Kashmir", the article In: *The Encyclopedia of Religion,* vol. 13., edited by Mircea Eliade. et al., New York: Macmillan Publishing Company, the 1st. ed. 1987, pp. 14～17.

【찾아보기 - 한글/로마자】

[한글]

12kālī/ 123, 130, 133, 134
25원리/ 178, 197, 198, 201, 282
35원리→36원리
36원리/ 143, 178, 190. 198, 199, 201, 202, 212, 221, 230, 233, 251, 252, 259, 267, 275, 276
3단계 언어론(trayīvāc)/ 229
3종의 내부기관(ahaṃkāra, buddhi, manas)/ 130, 197
3종의 힘(icchā, jñāna, kriyā)/ 222, 240
4단계의 국면→4종 국면
4변형(āmnāya)→4부변형
4부변형(gharāmnāya)/ 122
4종 국면/ 126, 130
5대(pañca māhābhūta)/ 37
5유(pañca tanmātra)/ 128, 130
5작근(pañca karmendriya)/ 128
5종 행위(sṛṣṭi, sthiti, saṃhara, vilaya, anugraha)/ 87, 211, 227, 255, 257, 242, 245, 261
5지근(pañca jñānendriya)/ 128
5풍/ 241, 259
6차크라/ 123
7종 주관론/ 198, 212, 213, 224, 267, 275, 276, 288, 305
8도시(pruyaṣṭaka)/ 197, 238
8모신/ 105
8종 현신(aṣṭamūrti)의 쉬바/ 29

【ㄱ】

가정경/ 51, 52, 58
가탁(adhyāsa)/ 183, 215
가현설(vivartavāda)/ 86, 194
개체의 염오(āṇavamala)/ 221~225
개체적 의식(citta)/ 121, 125, 219~223, 225, 243, 247, 257, 267, 275, 291, 296
격외의 길(Ati-mārga)/ 30, 33, 58, 63~65, 67~69, 78~81, 94
결정적(savikalpaka) 지각/ 148, 150
고행자/ 17, 33, 55, 62, 63, 72, 73, 75, 93~95, 101
공작의 난황(mayūrāṇḍarasanyāya)/ 156
관상(bhāvanā)/ 107~110, 118, 124, 126~130, 132, 133, 251, 256, 257, 259, 260, 270, 273, 274
구별(bheda)/ 201, 233
규정불가능한 것(anirvacanīya)/ 184, 283
기관(karaṇa)/ 246, 248, 253, 260
기억(smṛti)/ 148, 149, 163

길희성/ 55, 286

끈(pāśa)/ 33, 85~90, 92, 115, 211, 224, 225, 242, 243, 288, 290

【ㄴ】

나는 나, 이것은 이것(ahamaham-idamidam)/ 207, 213

나는 이것이다(ahamidam)/ 206

나성(ahantā)/ 205, 207

날숨(prāṇa)/ 110, 240

남근(liṅga)/ 45, 53, 55, 57, 58

남근(śiśna)/ 57

남근숭배/ 58

남근신앙→남근숭배

남부변형(Dakṣināmnāya)/ 122

내적 자각이 있는 의례/ 118

【ㄷ】

다섯 얼굴(pañcavaktra)의 쉬바→ pañcavaktra

대서(mahāvrata)/ 72, 79, 94, 95

대수주파(Mahāpāśupata)/ 62

대의례주의자/ 65

대프라나(mahapṛāna)/ 265

동부변형(Pūrvāmnāya)/ 122

【ㄹ】

라마누자/ 54, 77

루드라/ 28, 29, 35, 27, 41, 44, 46~54, 56, 58, 63

【ㄹ】

루드라-쉬바/ 27, 29, 44, 46, 48, 49, 51~55, 57, 58, 81, 82, 301

루드라와 쉬바/ 48, 53, 64, 70, 71, 73~75, 93, 110, 294

【ㅁ】

마야의 염오(māyīyamala)/ 88, 221, 223, 224

마야의 주관(māyāpramātṛ)/ 220, 232, 267, 275

만트라의 길(Mantramārga)/ 30, 32, 33, 62~64, 64, 74, 76, 78~82, 92, 113, 301, 302

매일의례(nitya)→일상의례

모신신앙/ 119

모헨조다로/ 28, 29, 43~46

몽위(svapna)/ 164

무리(衆)의 바퀴(vṛndacakra)/ 129

무명(avidyā)/ 156, 163, 185, 215, 243, 304

무아론/ 160, 163

무지(ajñāna)/ 185, 204, 210, 216, 223, 225~227, 242, 244, 245, 247, 254, 261, 274, 304

문법학파(Vaiyākaraṇa)/ 162, 228, 229

미세신(sūkṣmaśarīra)/ 130, 197, 238, 241, 260, 275

【ㅂ】

박문성/ 68, 70, 72, 321

반얀나무(vaṭa)/ 217

반의례주의자/ 65

반트리얌바카(Ardha-Tryambaka)/ 154, 156, 157

방사(sṭṣṭi)/ 87, 109, 115, 123, 125~127, 130, 132, 164, 232~235, 260

범아일여/ 65, 268

베단타/ 7, 23, 88, 89, 137, 149, 176, 177, 181, 186, 194, 211, 279, 281, 283, 284, 285, 287, 291, 293, 303, 304

부동의 동자/ 188

북부변형(Uttaṛāmnāya)/ 122

분별(vikalpa)/ 219, 251, 262

분별의 해소(vikalpakṣa)/ 262, 263, 274, 305

불가설명성/ 191

불교착루파/ 94

불순전개원리(aśuddhasṛṣṭi tattva)/ 200, 201, 213, 282

불청정한 분별(aśuddha vikalpa)/ 248, 253, 254

브라흐만/ 54, 72, 94, 137, 172, 176, 177, 181, 193, 184, 193, 194, 195, 215, 265, 270, 283~285, 291, 303, 304

비결정적(nirvikalpaka) 지각/ 147, 148, 150, 251

비공의 진동/ 265, 266

비교(upamāna)/ 147, 149, 153

비쉬누와 쉬바/ 53

비실재(mithyā)/ 185, 191, 192, 256, 288

비일상적(alaukika) 지각/ 147

비푸라나의 쉬바교/ 63

빙의(āveśa)/ 124, 125

빛의 바퀴(prakaśacakra)/ 128, 129

【ㅅ】

삭승/ 85

삼두브하이라바(Triśirobhairava)/ 217

상승쿤달리니(ūrdhva-kuṇḍalini)/ 265, 267, 275, 276

상히타/ 58, 293

새로운 길(navamārga)/ 176, 287

생기(prāṇa)/ 226, 232, 243, 248, 253, 258~260, 275

생해탈자(jīvanmukta)/ 211

샤이바싯단타/ 30, 31, 35, 36, 64, 67, 80~93, 97~99, 109, 113~115, 117, 118, 121, 231, 134, 139, 141~143, 161, 163, 167, 172, 215, 217, 222, 224, 225, 242~244, 279, 280, 288~291, 297, 302, 303

샤티쉬바파/ 27, 102, 294, 296, 297

샤티신앙/ 100

샤티적 성격의 강약/ 92

샤티쿤달리니/ 264

샹카라/ 23, 52, 54, 56, 66, 88, 114, 115, 137, 164, 171, 176, 180, 181, 183~185, 189, 193, 194, 211, 215, 281, 283~286, 291,

303, 304
샹키야/ 86
서부변형(Paścimāmnāya)/ 122
성적의례/ 110. 123
성화관정(ācāryābhiṣeka)/ 92
소리의 브라흐만(śabdabrahman)/ 29
소우주와 대우주의 합일/ 65
수주파/ 18, 29, 63, 64, 66~71, 79, 82, 85, 288, 302
숙면위(suṣupti)/ 164
순수전개원리(śuddhasṛṣṭi tattva)/ 1198, 200, 201, 209, 211, 212, 214, 221, 225, 257, 282
순수한 인식성(upalabdhṛtā)/ 137, 208
쉬바/ 17~19, 22, 27~29, 35, 37, 41, 44~49, 52~58, 61~64, 69~72, 82~84, 86~89, 92~94, 96, 98, 99, 103, 105, 109, 115, 117, 118, 120, 121, 136, 142, 143, 152, 155~161, 163, 167, 175, 177, 178, 181, 184~187, 191~194, 196~199, 201~207, 210~215, 217~219
쉬바교/ 18, 19, 21, 27~34, 41, 42, 44, 57, 58, 61~64, 80, 82, 84, 90, 98, 113, 140, 165, 172, 173
쉬바-루드라 아가마/ 81~83
쉬바만트라/ 37, 76
쉬바의 5종 만트라→쉬바만트라
쉬바지견/ 22
쉬바파 아가마/ 34, 36, 37, 39, 42, 85, 90, 114, 293
쉬바파 일원론/ 23, 28, 31, 32, 35, 103, 107, 116~119, 121, 122, 133, 135~144, 154, 155, 157, 159, 162, 164, 167, 173, 176, 187, 193, 194, 196, 198, 215, 216, 225, 228, 229, 231, 242, 244~246, 248~250, 254, 261, 263, 274, 276, 279, 280, 285, 286, 288~291, 297, 302~304, 306
쉬바파/ 18~23, 29~33, 40~42, 54, 55, 61~64, 66, 67, 68, 73, 74, 77~80, 82~85, 89, 91, 93~95, 97, 102, 104, 107, 113, 114, 117, 118, 133~135, 141, 142, 154~157, 164, 173, 177, 215, 217, 268, 286, 288, 289, 294, 296, 301, 303
습기(vāsanā, 혹은 saṃskāra)/ 129, 130, 223
시간적 인과관계/ 190
시종점의 관찰(ādyanta-koṭi-nibhālana)/ 262, 269, 270
신적인 방편(śāmbhavopāya)/ 121, 246, 248~251, 258, 263, 305
신체(deha)/ 143, 260
심장(hṛdaya)/ 55, 202

【ㅇ】

아가마들의 구조/ 41, 85
암송경(smṛtisūtra)/ 63~65
양극성의 합일/ 53
업의 염오(karmamala)/ 88, 221, 223, 224
여성력/ 78, 82

여성정령(yoginī)→요기니
연구(sattarka)/ 254, 256
영상설(pratibimbavāda)/ 192
영웅쉬바파/ 76
영원한 쉬바(sadāśiva)/ 37, 87, 98, 109, 142, 177, 178, 199, 201, 204~207, 230, 233, 251
외형적 의례의 연속(pujakrama)/ 127
요기니(yoginī)/ 101, 105, 127~130
요기니신앙/ 101, 102, 119, 122
우주(viśva)/ 178, 185, 203
우주계층론(bhuvanādhvan)/ 74
우주적 의식(citi)/ 175, 177, 196, 210, 217, 219, 224~226, 243, 264, 265, 275, 296
우주적 현현 이전의 원리/ 199
우주적 현현 이후의 원리/ 199
원형적 쉬바/ 28, 29, 44
유지(sthiti)/ 87, 115, 125, 126, 130, 132
융합의 바퀴(mūrticakra)/ 129
은총(anugraha)/ 87, 89, 92, 288
은폐(tirobhāva, 혹은 vilaya)/ 87, 211
음신비주의/ 120, 121, 134
응축(saṃkoca)/ 120, 129, 263, 264
의례만능주의/ 117, 290
의식(cetana)/ 216, 217, 219
의식(cit)/ 28, 90, 139, 185, 186, 202, 212, 217, 218, 220, 227, 242, 243, 256, 271, 285, 291, 305
의식의 연속(saṃvitkrama)/ 217
의식의 진동(spanda)/ 110, 124, 136
의식의 충만성(pūrṇatā)/ 187
의식의 통일성(cidaikya)/ 204
의식쿤달리니(cit-kuṇḍlinī)/ 264
의지의 힘(icchāśakti)/ 205
이것성(idantā)/ 205~207
이것은 나다(idantāhantā)/ 206
인도 중세철학/ 20, 280, 286
인식자적 주체성(jñātṛtva)/ 137, 138
인중유과론/ 196, 203
일상위(jāgrat)/ 239, 241
일상의례(nitya pūjā)/ 90~92
일상의례의 응축성/ 90, 91
일상적(laukika) 지각/ 147
일즉다, 다즉일/ 180
입문의례(dīkṣā)/ 90~92

【ㅈ】

자아재인식(self-recognition)/ 153
재인식(再認識, pratyabhijñā)/ 147, 148, 151
재인식론과 인도지식론의 재인식 개념/ 153
재인식의 어의/ 151
재인식의 정수/ 22
전변설/ 178, 182, 184, 196, 282
절대어(parāvāc)/ 227
절대와 현상/ 110, 137~139, 161, 172, 180, 194, 215, 275, 276, 301, 303, 306
정기적의례(naimittika)/ 117
정승석/ 70, 182, 281, 282, 286

정의할 수 없는 것(anākhyakrama)/ 126, 130
조대신(sthūlaśarīra)/ 197, 241, 260, 275
존재론적 무지(pauruṣa ajñāna)/ 186, 226
종파적 신앙/ 57, 61
주관(grāhaka)/ 217～219
주관(pramātṛ)/ 106, 197
주체(sākṣī)/ 179
증언(śabda)/ 147
지각(pratyakṣa)/ 147
지멸/ 87, 115, 125, 126, 129, 130, 132, 137, 232～235
지성(jñānatva)/ 139, 285
지시된 것(vācya)/ 229, 233
지시자(vacāka)/ 229
지식(kumbhaka)/ 226, 268
지적인 무지(bauddha ajñāna)/ 226, 254
진동(spanda)/ 110, 124, 136～138, 158, 234
진동설/ 18, 136, 138, 158, 234
질료인(upādāna)/ 181, 193, 194, 203, 283, 284
집합설(ārambhavāda)/ 194

【ㅊ】

착루파/ 17～19, 21, 64, 67, 79, 80, 82, 90, 92～95, 98, 101, 102, 106, 108, 119, 121, 124, 131, 135, 141, 302
착루파의 상징/ 105, 110
찰나멸설/ 163
천계경(śrautasūtra)/ 64
청정지(śuddhavidyā)/ 207, 233, 254, 257
청정한 분별/ 233, 234, 248, 253～257
초월과 내재/ 188
촉(sparśa)/ 130, 193, 273
최고천/ 47, 78
최상의 쉬바/ 28, 186, 187, 201～206, 220, 223, 247, 254
추리(anumana)/ 147
카쉬미르/ 21, 22, 28, 30～34, 73, 81～83, 85, 93, 97, 102, 113, 115～117, 119, 121, 123～127, 134, 135, 140～143, 154～157, 159, 160, 164, 166, 167, 172, 173, 176, 286, 287, 289, 290, 302, 303

【ㅋ】

쿤달리니/ 240, 241, 259, 264, 265, 268, 274～276, 306
쿤달리니샥티→샥티쿤달리니
쿤달리니요가/ 42, 123, 295

【ㅌ】

탄트라라는 용어/ 293
탄트라 문헌/ 34, 39, 42, 102, 103, 134, 118, 295
탄트라의 개념/ 292
탄트라의 역사/ 295
탄트라의 이념/ 296
탄트라의 형이상학/ 176, 177, 291, 292, 296, 297
탄트라 의례/ 104, 280, 290～292, 301

【ㅍ】

파탄잘리의 요가체계/ 261

폭풍의 신/ 47

푸라나의 쉬바교/ 63

푸루샤/ 137, 182, 183, 193, 197, 209, 214, 226, 281, 303

【ㅎ】

하강(śaktipāta)/ 92, 121, 171, 185, 219, 220, 249, 264, 266

하강쿤달리니(adhaḥ-kuṇḍalini)/ 265~268, 275, 276

하타요가/ 7, 18, 20, 239, 240, 264, 276

하타요가의 사상적 기원/ 7, 18

하타요가의 형이상학/ 20

한정불이론(viśiṣṭādvaita)/ 54, 77

행위성(kriyātva)/ 139, 284, 285, 304

행위의 방편(kriyopāya)/ 257

행위의 힘(kriyāśakti)/ 210, 221, 223, 234

행위자적 주체성(kartṛtva)/ 137, 138

호흡쿤달리니/ 265, 275

환희(ānanda)/ 125, 186, 202, 203, 249, 212, 305

환희의 바퀴(ānandacakra)/ 128, 129

[로마자]

【A】

Abhinavabhāratī/ 165

Abhinavagupta/ 28, 62, 164, 166

adho vaktra/ 265, 266

āgama/ 33, 256

Aghoraśiva/ 82, 116

Aghoreśvarī/ 98, 113, 142

aiśvarya/ 2186, 193, 261

ajapājapa/ 259

Amardaka/ 156

anādiśiva/ 115, 118, 259

anāhatanadā/ 259

Ananda/ 156

Ānandavardhana/ 165

anāśritaśiva/ 200, 204, 207

āṇavopāya/ 136, 246, 257, 305

antaḥkaraṇa/ 234

anugrāha/ 89, 92, 288

anupāya/ 165, 246, 248, 305

anuttaravimarśa/ 178

anuvyavasāya/ 148

apāna/ 40, 238, 239, 241, 268,

Aruṅaditya/ 156

Aśani/ 51

aśṭamurti/ 29

aṣṭamūrti→8종 현신(aṣṭamūrti)의 쉬바

atimārga/ 30, 63, 301

avasthā/ 200, 204

avatāra/ 109

【B】

Baindavī kalā/ 191

Bāṇa/ 61
bandha/ 262, 263
Basava/ 76
Bhagavadgītārtha-saṃgraha/ 166
Bhairavāgama/ 35, 133
Bhairavānukarṇastotra/ 168
bhairavīmudrā/ 267
Bhandakar, R.G./ 28, 31, 44, 54, 56, 58, 76~78, 82
Bhartṛhari/ 162, 228
bhāsā/ 109, 126
bhasaman/ 70
Bhaṭṭa Bhāskara/ 134, 158
Bhāṭṭa Mīmaṃsaka/ 117
Bhaṭṭendurāja/ 166
Bhairavatantra/ 35, 79, 122
Bhoja/ 84, 116
Bhūcarī/ 127, 128, 235~237
bhūtaśuddhi/ 259, 260
bimba/ 36, 191, 192
bindu/ 38, 88, 208
Bodha-pañcadaśikā/ 165
Brahmasūtra/ 66, 283
Brahmayāmala → Picumatabrahmayāmalata
ntraBṛhaspati/ 83, 116, 117

【C】
Caṇḍā kāpālinī/ 104
cetana→의식
Chatterji, J. C./ 31, 172
citā→의식(cit)
citi→우주적 의식
citta→개체적 의식
Civaḻñāṇapōtam/ 84

【D】
dāhabhavāna/ 259
Dasgupta, S./ 34, 36, 70, 71, 78, 84, 85
Davis, Richard./ 41, 42, 89~92, 224
Devabala/ 83, 116
Devīpañcaśataka/ 126
Dharmarājā/ 194
Dhvanyāloka/ 165
Dhvanyālokalocana/ 165
Dhvanyālokalocanoddyota/ 168
dhyāna/ 258~260
Dikcarī/ 235~237
dīkśā/ 76, 90
duḥkhānta/ 70
Dupche, R. John./ 132, 142
Durvāsa/ 156
dvādaśānta/ 269, 265
Dyczkowski, Mark. S.G./ 19, 30, 31, 33~35, 38~40, 61, 62, 67, 95~97, 99, 102~104, 128, 134, 136, 138, 158, 176, 180, 184, 187~190, 193, 235, 247, 249, 250, 258, 261, 287, 288

【E】

ekacinta/ 271

【F】

Flood G./ 46, 62, 65~72, 75, 79, 82, 89, 94, 101, 102, 123, 125, 280

【G】

Gocarī/ 235~237

Gonda, J./ 28, 33, 34, 36~38, 77, 83, 85, 98, 103, 104, 116

Goudriaan, T./ 35, 36, 38~40, 42, 295

gṛhyasūtra/ 51, 65

Guhyakālī/ 122

Guru/ 156

【H】

haṃsa/ 259

Hara/ 52

Harivṛsabha/ 228

【I】

Iḍā/ 239, 240

Īśāna/ 50

Īśvarādvayavāda/ 181

Īśvarapratayabhijñā-vivṛtti/ 155

Iśvarapratyabhijñākarika/ 22, 23, 152, 155, 160~163, 171, 172, 176, 187, 234, 287, 303

Iśvarapratyabhijñāvimarṣnī/ 23

Īśvarapratyabhijñāvivṛttivimarśini/ 155

【J】

jaḍa/ 86, 290

Jayadrathayāmala/ 96, 99, 103, 108, 124

Jayanta Bhaṭṭa/ 150

Jayaratha/ 34, 38, 96, 165

Jñānanetranātha(Śivānanda)/ 125, 126, 131

【k】

Kādambarī/ 62

kalā/ 38, 209, 210, 212, 222, 235, 305

Kāla/ 108, 209, 211, 212, 305

Kālāgnirudra/ 259

Kālāmukha/ 66, 67, 74

Kālasaṃkarṣiṇī/ 108, 124, 130

Kāli/ 144

Kālīkrama/ 109, 124, 126

Kālīkula/ 102, 124, 294

Kālītantra/ 93, 100, 108, 110, 294, 296

kali-yuga/ 122, 156

Kallaṭa/ 166

Kallaṭabhaṭṭa/ 136

kañcuka/ 198, 199, 201, 211, 212, 223, 242, 245

kapālavrata/ 72

Kapāleśvarabhairava/ 104, 105

Kāpālika/ 17, 30, 66, 67, 92

Kapardin/ 49
karaṇa/ 246, 248, 253, 258~260
karma/ 86~88, 210, 222~224
Kaula/ 101, 119, 142
Kaula Trika/ 106, 131
Kauṇḍinya/ 68
Kaviraj, G./ 36, 184
Keith, A. B./ 48
khaṭvāṅga/ 73, 108
Khecarī/ 127, 128, 235, 237
Kosambi, D. D./ 46
Koṭarākṣa/ 98
Krama/ 108, 109, 114, 123~126, 237, 289
Kramasadabhāva/ 126
Kṣemarāja/ 22, 97, 102, 167
Kubjikā/ 122
Kula/ 93, 101, 102, 106, 114, 119, 142
kula와 kaula의 의미/ 118
kuṇḍalinī/ 240, 241

【L】

Lakṣmaṇagupta/ 166
Lākula/ 30, 64, 71
Lakulīśa/ 68, 69
Lakulisapāśupata/ 68, 69, 71
lambikā/ 266
layā/ 213
layabhāvana/ 259
liṅga/ 44, 53, 57
liṅgasvāyatta-dīkṣā/ 76
Liṅgāyata/ 74, 75
Liṅgāyata의 구성원/ 76
lokātītavrata/ 72
Lorenzen, David N./ 46, 48, 50, 54, 61, 66, 71, 74~76, 94, 95
Loṭaka/ 166

【M】

madhyama/ 228~230
Mahādeva/ 50, 57
Mahākāla/ 62
Mahākālī/ 110, 123, 124
mahāmāyā/ 86, 89, 207, 208, 213, 221
Mahānayaprakāśa/ 127
Mahāpāśupata/ 62
mahāpāśupatavrata/ 72
mahāsaṃhāra/ 109, 126
mahāvrata/ 72
maheśvara/ 109, 126
mala/ 86~88, 115, 164, 197, 201, 208, 209, 214, 220, 222, 224, 305
Mālinivījayavārtika/ 142
Mālinīvijayottaratantra/ 100, 107, 134, 166, 246, 258
Maṅgalā(혹은 Virasiṃha)/ 38, 130
mantra/ 38, 95, 103, 207, 213, 224, 257
mantramaheśvara/ 205, 206, 213, 224
mantramārga/ 78, 80, 301

Mantrapīṭha/ 80, 93, 95, 96, 289
mantraśakti/ 254
mantreśvara/ 213, 224
Marshall, Jhon./ 45
Mata→Mahākālī
maṭha/ 74, 77
Mātṛsadbhāva/ 106, 132
Matsyendranātha/ 239, 240
māyā/ 86~88, 115, 198, 199, 201, 207, 209, 213, 224
Meykaṇḍadeva/ 84
Meykaṇṭa Tēvar/ 84
Meykaṇṭaśāstra/ 36, 82, 84
Michaels, Axel./ 48
Mṛda/ 52
mudrā/ 95, 262, 263
muktaśiva/ 115, 118
Mukula/ 166
Muller-Ortega, Paul. E./ 28, 29, 31, 41, 55, 81, 84, 116, 119~122, 164, 166, 167, 240
nadā/ 259

【N】

Nakuliśapāśupata/ 68
Narasiṃhagupta/ 166
Nārāyaṇakaṇṭha/ 31, 116
Nāṭyaśāstra/ 165
Nāyaṉār/ 84
Netroddyota/ 168
nimīlanasamādhi/ 249, 266
nirvikalpa/ 110, 251
niṣṭhā/ 71
Niśvāsatattvasaṃhitā/ 73, 94
Nityāsoḍaśikarṇava/ 123
nityatva/ 199, 210, 212
niyati/ 199, 209, 211, 212, 222, 305
nyāsa/ 124, 231
Nyāyamanjari/ 150
Nyāyasūtra/ 150

【O】

Oḍḍiyāna/ 127, 130

【P】

paddhati/ 85
pañcakṛtya/ 115
pañcavaktra/ 36, 37, 44, 87, 98
Pandey, K. C./ 68, 69, 78, 84, 85, 113, 114, 116, 119, 161
Pāṇinidarśanam/ 228
Parā, Aparā, Parāparā/ 105, 131, 274
Paramārthasaṃgrahavivṛtti/ 168
paramaśiva/ 28, 186, 187, 201, 223, 247
Parameśvarī/ 138
Parāpraveśika/ 168
paraśakti/ 28, 275
Parātriṃśikāvivarana/ 142
Parātriṃśikā-vivṛtti/ 165

Pardoux, A./ 27, 30, 108
pariṣad/ 75
pāśa/ 85~88, 90, 115, 208, 222, 224, 225, 242, 243, 288, 290
paśu/ 85~87, 89, 115, 164, 232~235, 238, 241, 242
Paśupa/ 47
Pāśupata/ 47, 49, 68
Pāśupatasūtra/ 34, 68, 69, 71
paśupati의 인장/ 43
paśyanti/ 228, 229, 234
pati/ 66, 85, 87, 89, 115, 164, 233, 236~239, 241, 242, 288
Picumatabrahmayāmalatantra/ 100
piṇḍa/ 104
piṅgala/ 38
pīṭha/ 95
prakaśa/ 139, 285, 304
pramāṇa/ 73, 107, 132, 147, 191,
pramātṛ/ 106, 132, 197
prameya/ 107, 132
prāṇa/ 110, 143, 197, 226, 232, 238, 239, 241, 246, 248, 258~260, 268, 275
pṛāna-kuṇḍlinī→호흡쿤달리니
prāṇāpāna-smṛti/ 269
pṛāna-śakti/ 264, 265
prāṇāyāma/ 262, 263
pratibhā/ 250
pratibimba/ 191, 192
Pratyabhijñā/ 148, 151
Pratyabhijñāhṛdayam/ 172
Pratyabhjñā-darśana/ 22
pūrṇāhantā/ 256
pūrṇatva/ 199, 210, 212

【R】
rāga/ 199, 209, 210, 212, 222, 305
Rājānaka Rāma/ 138, 139
Rājataraṅgiṅī/ 167
Rāmakaṇṭha/ 84
Rāmakaṇṭha I / 29, 83~85, 117
Rāmakaṇṭha II / 29, 84
Raudreśvarī/ 127, 129, 235
rodhaśakti/ 86, 89
Rudrāgama/ 35, 36
rudrasāyujyam/ 71
Ruru/ 38, 84, 97

【S】
sādākhyatattva/ 205
sadāśiva/ 37, 87, 98, 99, 109, 142, 177, 178, 199, 205, 213, 214, 229
Sadyojyoti/ 83, 116
sahasrāracakra/ 267, 270
śaktaśiva/ 27
śakti/ 27, 78, 79, 87, 121, 139, 186, 187, 201, 212, 227, 246, 252, 256, 262
śakticakra/ 237

śaktipāta/ 92, 121, 171, 185, 249
śakti-saṃkoca-vikāsa/ 263
śaktitantra/ 80
śāktopāya/ 136, 246, 252, 305
samāna/ 238, 239, 241
sāmarasya/ 189
samāveśa/ 125, 243, 258, 243
Sāmbapañcāśikā/ 168
Śambhu/ 49
Śambhunātha/ 166, 246
saṃhāra/ 87, 132
Saṃhārabhakṣiṇi/ 127, 129, 235
saṃkucita/ 218
saṃvit/ 28, 126, 195, 260, 264, 275
Sanderson, A./ 27, 30~32, 34, 37, 64, 65, 68 ~75, 80, 93, 94, 97~99, 101, 102, 104 ~109, 113, 114, 117, 118, 123~127, 130 ~135, 142, 143, 289, 290
Saṅgamāditya/ 156
Śaṅkarananadan/ 116
śāntabrahmavāda/ 177, 284
saptapañcakasvabhāvaḥ/ 197
Śarva/ 49
Sarvadarśanasaṃgraha/ 228
sarvajñātva/ 199, 212
sarvakartva/ 199
Śatarudrīya/ 29, 44
sat-cit-satcitānanda/ 186, 187, 283
satcitānanda/ 186
satya-yuga/ 156
Savitṛ/ 50
Siddhatrayaī/ 162
siddhi/ 79, 106, 177, 178
Singh, J./ 172, 184, 193, 203, 250, 257, 269, 271
śiśna/ 57
śivabhagavat/ 33, 61
Śivadṛṣti/ 22
Śivāgama/ 35
Śivastotrāvalī/ 162, 168
Śivastotrāvalīkā/ 168
Śivasūtravārttika/ 136, 158
Śivasūtravimarśini/ 136
śivavyoma/ 109
smārta/ 64, 65
smṛtisūtra/ 63
Somananda/ 159
Spanda/ 110, 124, 136~138, 158, 234
Spandakārikā/ 136, 138, 158, 159, 168, 226, 252
Spandanirṇaya/ 168
spandaśakti/ 138, 235
Spandasandoha/ 168
śrauta/ 64, 65
śrautasūtra/ 64
Śrikantha/ 156
Śrīkula/ 102, 294
Śrīnātha/ 156

Śrīvidya/ 32
sṛṣṭi/ 87, 109, 126, 132, 211
Stavacintāmaṇi/ 168
Stavacintāmaṅivivṛtti/ 167, 168
sthānakalpanā/ 258~260
śuddhavikalpa/ 248
sukhopāya/ 263
śūlagava/ 51
Sumati/ 166
suṣumnānāḍi/ 237
Svacchandabhairava/ 31, 109, 113, 142
Svacchandabhairava-tantra/ 142
Svacchandoddoyata/ 168, 290
svatantra/ 98, 131, 136, 185, 182, 183, 199, 203, 250, 305
svātantrya→svatantra
Svetāśvarata-upaniṣad/ 29
Swami Lakshman jee/ 140

【T】
Tantrāloka/ 34, 107, 198
Tantrasāra/ 142, 165, 203, 252~257
tantrika/ 292, 295
Tirrumurai/ 36, 82, 83
Torella, R./ 174
Trika/ 28, 105, 114, 122, 124, 131, 140, 164, 246, 274, 289, 302
Trikatantra/ 78, 105, 294
Tripurasundarī/ 122, 123
triśula/ 107, 274
Tryambaka/ 154, 156
turyātīta/ 241, 267

【U】
uccāra/ 255, 258, 259
udāna/ 239, 241
udānaśakti/ 239, 240, 266, 267
Uḍḍiyāna/ 124
udyama/ 247, 250
Ugra/ 50
unmeṣa/ 252, 270, 271
unmeṣadaśa/ 270, 271
unmīlanasamādhi/ 267
upādāna/ 194, 196, 283
upāgama/ 37, 82
Upamanyu/ 57
uryātīta/ 241, 267

【V】
vāha-ccheda/ 268
vaikharī/ 229, 230, 233, 238
Vākyapadīya/ 228
vapā/ 51
varṇa/ 38, 230, 231, 258, 259
Varṣāditya/ 156
Vasugupta/ 31
Vedāntasāra/ 171
vidyā/ 95, 96, 103, 185, 199, 207, 209, 210,

212, 222, 305
Vidyāpīṭha/ 80, 93, 95, 99, 108, 110, 119, 122
Vijñānabhairavoddyota/ 168
vijñānākala/ 208
vimarśa/ 139, 185, 186, 187, 193, 229
Vīraśaiva/ 76
Viryakālī/ 107, 124, 126
viśiṣṭādvaita/ 54
Viveka/ 165
Vyādhibhakṣa/ 98
vyāna/ 239, 241
vyapakatva/ 199, 211
Vyomavāmeśvarī/ 127, 128, 235, 237
vyutthāna/ 243
yāmala→yāmalatantra
Yāmalatantra/ 80, 93, 100, 103
yoginī/ 93, 102
Yoginihṛdaya/ 123
yoginījāla/ 105, 274, 275
Yoginītantra/ 94